Stollenwerk
Brandenburgisches Nachbarrechtsgesetz
mit Hinweisen zur außergerichtlichen
Streitschlichtung

Brandenburgisches Nachbarrechtsgesetz mit Hinweisen zur außergerichtlichen Streitschlichtung

Kommentar

von

Detlef Stollenwerk
Verwaltungsfachwirt

5. Auflage

KOMMUNAL- UND SCHUL-VERLAG · WIESBADEN

Bibliografische Information der Deutschen Nationalbibliothek
Die Deutsche Nationalbibliothek verzeichnet diese Publikation in der Deutschen Nationalbibliografie; detaillierte bibliografische Daten sind im Internet über http://dnb.dnb.de abrufbar.

5. Auflage 2021

Satz: C.H.Beck.Media.Solutions · Nördlingen
Druck: Druckerei C.H.Beck · Nördlingen

ISBN 978-3-8293-1678-1

Inhalt

Abkürzungsverzeichnis ... 5

Literaturverzeichnis ... 7

Einführung ... 9

Brandenburgisches Nachbarrechtsgesetz – Text – ... 21

Brandenburgisches Nachbarrechtsgesetz – Kommentar –

ERSTER ABSCHNITT: **ALLGEMEINE VORSCHRIFTEN**

§ 1 Grundsatz ... 39
§ 2 Nachbar, Erbbauberechtigter ... 40
§ 3 Anwendungsbereich ... 40
§ 4 Verjährung ... 41

ZWEITER ABSCHNITT: **NACHBARWAND**

§ 5 Begriff der Nachbarwand ... 42
§ 6 Errichten und Beschaffenheit der Nachbarwand ... 43
§ 7 Anbau an die Nachbarwand ... 44
§ 8 Anzeige des Anbaus ... 45
§9 Vergütung im Fall des Anbaus ... 45
§ 10 Unterhaltung der Nachbarwand ... 46
§ 11 Abriss eines der Bauwerke ... 47
§ 12 Nichtbenutzen der Nachbarwand ... 48
§ 13 Beseitigen der Nachbarwand ... 49
§ 14 Erhöhen und Verstärken der Nachbarwand ... 50
§ 15 Schadensersatz bei Erhöhung und Verstärkung ... 51

DRITTER ABSCHNITT: **GRENZWAND**

§ 16 Begriff ... 52
§ 17 Errichten einer Grenzwand ... 53
§ 18 Errichten einer zweiten Grenzwand ... 54
§ 19 Einseitige Grenzwand ... 55
§ 19a Überbau durch Wärmedämmung ... 56

VIERTER ABSCHNITT: **FENSTER UND LICHTRECHT**

§ 20 Inhalt und Umfang ... 61
§ 21 Ausnahmen ... 62
§ 22 Ausschluss des Beseitigungsanspruchs ... 63

FÜNFTER ABSCHNITT: **HAMMERSCHLAGS- UND LEITERRECHT**

§ 23 Inhalt und Umfang ... 64
§ 24 Nutzungsentschädigung ... 67

SECHSTER ABSCHNITT: **HÖHERFÜHREN VON SCHORNSTEINEN UND LÜFTUNGSLEITUNGEN**

§ 25 67

SIEBTER ABSCHNITT: **BODENERHÖHUNGEN; AUSCHICHTUNGEN UND SONSTIGE ANLAGEN**

§ 26 Bodenerhöhungen 70
§ 27 Aufschichtungen und sonstige Anlagen 71

ACHTER ABSCHNITT: **EINFRIEDUNGEN**

§ 28 Einfriedungspflicht 72
§ 29 Anzeigepflicht 73
§ 30 Ausnahmen von der Einfriedung 73
§ 31 Einfriedungspflicht des Störers 74
§ 32 Beschaffenheit 76
§ 33 Standort 77
§ 34 Kosten der Errichtung 78
§ 35 Benutzung und Kosten der Unterhaltung 78

NEUNTER ABSCHNITT: **GRENZABSTÄNDE FÜR PFLANZEN**

§ 36 Grenzabstände für Wald 79
§ 37 Grenzabstände für Bäume, Sträucher und Hecken 79
§ 38 Ausnahmen von den Abstandsvorschriften 82
§ 39 Beseitigungsanspruch 83
§ 40 Ausschluss des Beseitigungsanspruchs 84
§ 41 Ersatzanpflanzungen 84
§ 42 Nachträgliche Grenzänderungen 85
§ 43 Wild wachsende Pflanzen 85

ZEHNTER ABSCHNITT: **DULDUNG VON LEITUNGEN**

§ 44 Leitungen in Privatgrundstücken 86
§ 45 Unterhaltung 88
§ 46 Schadensersatz und Anzeigepflicht 88
§ 47 Nachträgliche erhebliche Beeinträchtigung 89
§ 48 Anschlussrecht des Duldungspflichtigen 89
§ 49 Leitungen in öffentlichen Straßen 90
§ 50 Entschädigung 90
§ 51 Anschluss an Fernheizungen 91

ELFTER ABSCHNITT: **DACHTRAUFE UND ABWÄSSER**

§ 52 Niederschlagswasser 91
§ 53 Anbringen von Sammel- und Abflusseinrichtungen 92
§ 54 Abwässer 93

ZWÖLFTER ABSCHNITT: **WILD ABFLIEßENDES WASSER**

§ 55 Abfluss und Zufluss 94
§ 56 Wiederherstellung des früheren Zustands 95
§ 57 Schadensersatz 96
§ 58 Anzeigepflicht 96
§ 59 Wegfall der Verpflichtung zur Sicherheitsleistung und zur Anzeige 96
§ 60 Veränderung des Grundwasserspiegels 96

DREIZEHNTER ABSCHNITT: **SCHLUSSBESTIMMUNGEN**

§ 61 Übergangsvorschriften 97
§ 62 Inkrafttreten, Außerkrafttreten 98

Anhang

1. Bürgerliches Gesetzbuch (BGB) – Auszug – 99
2. Brandenburgische Bauordnung (BbgBO) – Auszug – 104
3. Brandenburgisches Gütestellengesetz (BbgGüteStG) 113
4.. Schiedsstellengesetz (SchG) 116
5. Gesetz zur Einführung einer obligatorischen außergerichtlichen Streitschlichtung (BbgSchlG) 125

Stichwortverzeichnis 127

Abkürzungsverzeichnis

a. A. = andere Auffassung
Abs. = Absatz
AG = Amtsgericht
AGBGB = Gesetz zur Ausführung des Bürgerlichen Gesetzbuchs und anderer Gesetze
Anm. = Anmerkung
Aufl. = Auflage
BauGB = Baugesetzbuch
BauR = Zeitschrift für Baurecht
BayVBl. = Bayerische Verwaltungsblätter (Zeitschrift)
Bbg = Brandenburg, Brandenburgisch
BbgNRG = Brandenburgisches Nachbarrechtsgesetz
BbgWG = Brandenburgisches Wassergesetz
BGB = Bürgerliches Gesetzbuch
BGH = Bundesgerichtshof
BImSchG = Bundes-Immissionsschutzgesetz
bspw. = beispielsweise
BVerfG = Bundesverfassungsgericht
DAR = Deutsches Autorecht (Zeitschrift)
DDR = Deutsche Demokratische Republik
d. h. = das heißt
DtZ = Deutsche Rechtszeitschrift
DVBl = Deutsches Verwaltungsblatt (Zeitschrift)
DWW = Deutsche Wohnungswirtschaft (Zeitschrift)
EGBGB = Einführungsgesetz zum BGB
ErbbauVO = Erbbaurechtsverordnung
Erl. = Erläuterung
ff. = fortfolgende
GVBl. = Gesetz- und Verordnungsblatt
HessNachbRG = Hessisches Nachbarrechtsgesetz
JuS = Juristische Schulung (Zeitschrift)
LG = Landgericht
MDR = Monatsschrift für Deutsches Recht (Zeitschrift)
NachbG NRW = Nachbarrechtsgesetz Nordrhein-Westfalen
NJ = Neue Justiz (Zeitschrift)
NJW = Neue juristische Wochenschrift (Zeitschrift)
NJW-RR = NJW-Rechtsprechungsreport (Zeitschrift)
Nr. = Nummer
NuR = Natur und Recht (Zeitschrift)
NVwZ = Neue Zeitschrift für Verwaltungsrecht
NVwZ-RR = NVwZ-Rechtsprechungsreport (Zeitschrift)
NZM = Neue Zeitschrift für Mietrecht
OLG = Oberlandesgericht
OVG = Oberverwaltungsgericht

RhPf	=	Rheinland-Pfalz
Rn.	=	Randnummer
SH	=	Schleswig-Holstein
u. Ä.	=	und Ähnliches
UPR	=	Umwelt- und Planungsrecht (Zeitschrift)
usw.	=	und so weiter
u. U.	=	unter Umständen
VersR	=	Versicherungsrecht (Zeitschrift)
VG	=	Verwaltungsgericht
VGH	=	Verwaltungsgerichtshof
vgl.	=	vergleiche
VR	=	Verwaltungsrundschau (Zeitschrift)
VRS	=	Verkehrsrechtssammlung
WEG	=	Gesetz über Wohnungseigentum und Dauerwohnrecht
WHG	=	Wasserhaushaltsgesetz
WuM	=	Wohnungswirtschaft und Mietrecht (Zeitschrift)
z. B.	=	zum Beispiel
ZGB-DDR	=	Zivilgesetzbuch der früheren DDR
ZMR	=	Zeitschrift für Miet- und Raumrecht
ZPO	=	Zivilprozessordnung

Literaturverzeichnis

Bassenge/Olivet Nachbarrecht in Schleswig-Holstein, 13. Aufl. 2017

Bauer/Schlick Thüringer Nachbarrecht, 6. Aufl. 2018

Bayer/Lindner/Grziwotz Bayerisches Nachbarrecht, 2. Aufl. 1994

Dehner Gesamtdarstellung des Nachbarrechts (mit Ausnahme Bayern), Loseblattsammlung

Grziwotz/Lüke/Saller Praxishandbuch Nachbarrecht, 3. Aufl. 2020

Hinkel/Stollenwerk Nachbarrechtsgesetz Hessen, 9. Aufl. 2020

Hodes-Dehner Hessisches Nachbarrecht, 4. Aufl. 1986

Hoof/Keil Das Nachbarrecht in Hessen, 17. Aufl. 1997

Horst Rechtshandbuch Nachbarrecht, 1. Aufl. 2000

Hülbusch/Bauer/Schlick Nachbarrecht Rheinland-Pfalz und Saarland, 7. Aufl. 2017

Münchner Kommentar (Hartmann) zum Artikel 124 EGBGB (nachbarrechtl. Beschränkungen)

Münchner Kommentar (Quack) Band 6, Sachenrecht, 5. Aufl. 2009

Palandt BGB, 77. Aufl. 2018

Postier Nachbarrecht in Brandenburg, 5. Aufl. 2012

Rüssel Das Gesetz zur Förderung der außergerichtlichen Streitbeilegung – der Weg zu einer neuen Streitkultur?, NJW 2000, S. 2800 ff.

Schäfer Niedersächsisches Nachbarrecht, 2. Aufl. 2015

Schäfer/Fink-Jamann/Peter Nachbarrechtsgesetz Nordrhein-Westfalen, 16. Aufl. 2012

Schmidt Die obligatorische außergerichtliche Streitschlichtung, DAR 2001, S. 481 ff.

Seidel Öffentlich-rechtlicher und privatrechtlicher Nachbarschutz, 1. Aufl. 2000

Staudinger Kommentar zum BGB Sachenrecht, Stand: 2012

Stollenwerk Meine Rechte als Nachbar, 2. Aufl. 2018

Stollenwerk Nachbarrecht Thüringen, 3. Aufl. 2007

Wieth/Högner/Krzesnk Nachbarschutz im Freistaat Sachsen, 1. Aufl. 1998

Zöller Zivilprozessordnung, 29. Aufl. 2011

Einführung

Übersicht

1. Öffentliches und privates Nachbarrecht
2. Nachbarliches Gemeinschaftsverhältnis
3. Obligatorische Streitschlichtung

1. Öffentliches und privates Nachbarrecht

Das Verhältnis zwischen dem **privaten** und **öffentlichen Nachbarrecht** ist juristisch in einigen Fällen nicht zu trennen und daher auch für den Laien nur schwer durchschaubar. So greifen Zivilgerichte in Privatklageverfahren in öffentlich-rechtlich betriebene Sportanlagen ein und verfügen Benutzungsbeschränkungen und -verbote (z. B. ein feiertägliches Spielverbot), was natürlich die Verwirrung komplett macht. Wenn man vom **öffentlichen Nachbarrecht** spricht, denkt man natürlich in erster Linie an das **Baurecht**, aber eine Reihe anderer öffentlich-rechtlicher Bestimmungen enthalten nachbarrechtliche Ansprüche, so z. B. **das Baugesetzbuch, das Bundes-Immissionsschutzgesetz, die Straßengesetze der Länder usw. Öffentlich-rechtliche Ansprüche** werden vor den **Verwaltungsgerichten** geltend gemacht, während das **private Nachbarrecht** vor den **ordentlichen Gerichten** verhandelt wird. Allerdings ist die Zuordnung in der Tat nicht immer einfach. Erfolgt z. B. eine Störung durch die öffentliche Hand im Rahmen privatrechtlicher Betätigung, so ist der Zivilrechtsweg gegeben. Liegt eine Beeinträchtigung durch die öffentliche Hand in Ausübung hoheitlicher Gewalt vor, besteht ein Abwehranspruch, der vor dem Verwaltungsgericht einklagbar ist. Die Zivilgerichte befassen sich bspw. mit Fragen der Staubentwicklung im Zuge von Straßenbauarbeiten, Straßenlärm, soweit er nicht unmittelbar durch die öffentliche Hand verursacht wird. Geht es um hoheitliche Störungen (z. B. Lärmbelästigungen durch Feuerwehrsirene), sind die Verwaltungsgerichte gefragt. Wird dagegen wiederum kein Abwehranspruch geltend gemacht, sondern eine Entschädigung wegen der Wertminderung des Grundstücks, so sind wiederum die Zivilgerichte am Zug. Im Immissionsschutzrecht können Streitgegenstände unter Umständen sowohl nach öffentlichem und/oder zivilem Recht angegangen werden. Bestehen zweierlei Rechtswege gibt es keinen Vorrang des Zivilrechts.

Beim privaten Nachbarrecht kann grob zwischen dem **bürgerlich-rechtlichen Nachbarrecht** und den Vorgaben des **Landesnachbarrechts (Nachbarrechtsgesetze der Bundesländer)** unterschieden werden. Die nachbarrechtlichen Regelungen des Bürgerlichen Gesetzbuches umfassen die Bestimmungen der §§ 903 bis 924 und 1004 BGB (Vorschriften sind im Anhang abgedruckt). Das BGB verfolgt das Ziel, die für wesentlich angesehenen Konflikte durch Abwehrrechte, Duldungspflichten und Ersatzansprüche zu regeln. Der Schwerpunkt der Ansprüche ergibt sich aus dem sogenannten **„Immissionsschutz"** des § 906 BGB. Die Grundaussage des Eigentumsrechts, dass der Eigentümer einer Sache grundsätzlich mit der Sache nach Belieben verfahren und andere von jeder Einwirkung ausschließen kann, solange das Gesetz oder Rechte Dritter dem nicht entgegenstehen, wird im bürgerlichen Nachbarrecht konkretisiert. Das Nachbarrecht beschränkt sich nicht nur auf die Erdoberfläche, sondern erfasst ebenso den Luftraum und den Erdkörper unter der Erdoberfläche (§ 905 Satz 1 BGB). Weiterhin regelt das Nachbarrecht nicht ausschließlich Rechtsverhältnisse angrenzender Grundstücke, sondern behandelt auch entfernte Grundstücke, wenn die dortigen Auswirkungen grundstücksbezogene Einflüsse verursachen. Nach § 906 BGB kann der Eigentümer wesentliche Grundstückseinwirkungen vom Nachbargrundstück abwehren, wobei die dortige Immissionsaufzählung nicht abschließend ist. Die Bestimmung ist systematisch bestrebt, durch eine Schablone eine gewisse Ordnung innerhalb der vielfältig möglichen Abwehransprüche vorzunehmen. Ausdrücklich genannt sind **Einwirkungen wie Gase, Dämpfe, Gerüche, Rauch, Ruß, Wärme, Geräu-**

sche, Erschütterungen oder ähnliche Einflüsse. Sind diese **wesentlich**, kann die Zuführung **verboten** werden, falls sie nur **unwesentlich** sind, muss der Nachbar diese **dulden**.

Liegt eine Beeinträchtigung **wesentlicher Art** vor, so kann der Nachbar sie dennoch nicht verbieten, wenn die Benutzung des einwirkenden Grundstücks **ortsüblich** ist und die Beeinträchtigung nicht durch **wirtschaftlich zumutbare Maßnahmen** verhindert werden kann (§ 906 Abs. 2 BGB). Ist die Abwehrmaßnahme wirtschaftlich unzumutbar, muss der Nachbar sie dulden, hat aber eine Art **„Entschädigungsanspruch"** gegenüber dem Nachbarn.

Ähnliches gilt für die Fälle, bei welchen ein Grundstückseigentümer eine Gefahrenlage geschaffen hat, an deren Beseitigung er durch Rechtsvorschriften (hier: Naturschutz) gehindert ist. Hier kann ein Ausgleichsanspruch nach § 906 Abs. 2 Satz 2 BGB gegeben sein (vgl. BGH, Urt. vom 17.9.2004 – V ZR 230/03 –).

Die Auslegung verbleibender unbestimmter Rechtsbegriffe erfolgte durch die Rechtsprechung nicht immer schlüssig und nachvollziehbar. Auch der BGH blieb bei Entscheidungen nicht von der Kritik verschont (vgl. *Hermann*, NJW 1997 S. 153 ff.). Hier ging es um die Frage der Verantwortung des Nachbarn für Naturereignisse (siehe hierzu auch BGH, MDR 2001 S. 628 in Zusammenhang mit der Schädlingsbekämpfung in Weinbergbereichen). Während der BGH im zitierten Wollläusefall (BGH, NJW 1995 S. 2633) dem Eigentümer eine Naturstörung nur dann zurechnet, wenn er sie durch Handlungen ausdrücklich ermöglicht oder die Beeinträchtigung durch pflichtwidriges Handeln herbeigeführt hat, wird die Verantwortlichkeit im Falle des Eindringens von Baumwurzeln in den Abwasserkanal (BGH, NJW 1991 S. 2826) einfach beim Eigentümer vorausgesetzt, weil er den Baum angepflanzt hat oder unterhält. Im Froschteichfall (Lärmbelästigung durch Froschquaken, BGH, NJW 1993 S. 925) wurde dem Eigentümer die Schuld übertragen, da er die Bedingungen durch die Errichtung der Teichanlage geschaffen habe. *Hermann* (NJW 1997 S. 153 ff.) ist der Ansicht, dass in allen Fällen des Naturwirkens eine Störung durch die Grundstücksbeschaffenheit ausgeht. Im Rahmen der Prüfung der Verantwortlichkeit stellt sich die Frage, ob in diesem Falle von einer Sicherungspflicht ausgegangen werden muss und ob eine solche mit zumutbaren Regeln erreichbar ist. Im Zusammenhang mit der Prüfung von Schadensersatzansprüchen beim Fall des Unkrautsamenflugs (OLG Düsseldorf, NJW-RR 1995 S. 1231) und beim Gülledüngungsfall (OLG Düsseldorf, NJW-RR 1995 S. 1482) schlägt *Hermann* (NJW 1997 S. 153 ff.) einen Lösungsansatz vor, der als Haftungskriterium auf die Kausalität durch positives Tun oder Unterlassen abstellt. Einem Grundstückseigentümer steht auch dann ein Anspruch nach § 906 Abs. 2 Satz 2 BGB zu, wenn die wesentliche Beeinträchtigung von einer von dem Nachbarn eigennützig auf fremden Grund gelegten Leitung (hier: erlaubte Nutzung eines Wasseraußenanschlusses für die Zuleitung von Bauwasser auf das Nachbargrundstück) ausgeht. Kehrseite einer solchen aus Sicht des Eigentümers fremdnützigen Duldung ist, dass der Nachbar als der alleinige Nutznießer der Gefälligkeit alle Schäden auszugleichen hat, die aus der damit geschaffenen erhöhten Gefahr resultieren (OLG SH vom 6.12.2012 – 16 U 64/12 –). Zur rechtlichen Einordnung von Versorgungsleitungen für ein Nachbargrundstück und etwaige Beseitigungsansprüche bei Eigentumsstörungen vgl. BGH, Urt. vom 10.6.2011 – V ZR 233/10 –.

Als **unwesentliche Beeinträchtigungen** vom Nachbargrundstück wurde bspw. eine begrenzte Taubenhaltung (vgl. OLG Celle, NJW-RR 1989 S. 150; *Stollenwerk*, Schiedsamtszeitung 2001 S. 217 ff.), der jährliche Laubfall (LG Stuttgart, NJW 1985 S. 2340; LG Karlsruhe, MDR 1984 S. 401; u. U. kann allerdings in krassen Ausnahmefällen ein Ausgleichsanspruch nach § 906 Abs. 2 Satz 2 BGB dem Nachbarn zustehen, vgl. BGH, Urt. vom 14.11.2003 – V ZR 102/03 –), der Bienenanflug (LG Memmingen, NJW-RR 1987 S. 530; LG Dessau-Roßlau, Urt. vom 10.5.2012 – 1 S 22/12 –; a. A. bei bestehender Bienengiftallergie, OLG Bamberg, NJW-RR 1992 S. 406), das kirchliche Glockenläuten (BVerwG, NJW 1984 S. 989) oder Lärmbelästigungen durch Kinderspielplätze (OLG Frankfurt, NJW-RR 1991 S. 1360, vgl. zur Gesamtthematik von Kinderlärm, *Stollenwerk*, NZM 2004 S. 289) angesehen. Zwischenzeitlich hat der Gesetzgeber durch die Einfügung des § 22 Abs. 1a

BImSchG Kinderspielplätze als privilegierte Vorhaben eingestuft. Lärmbelästigungen von solchen Einrichtungen sind von den Nachbarn hinzunehmen. Vgl. hierzu OVG RhPf (Urt. vom 16.5.2012 – 8 A 10042/12 –). Dies gilt auch für die Benutzung der Spielgeräte (Seilbahn) (vgl. OVG RhPf, Urt. vom 24.10.2012 – 8 A 10301/12 –).

Ortsüblich sind dagegen Lichtreflexe durch Straßenlaternen (OVG Koblenz, NJW 1986 S. 953, anders aber Lichtzufuhr durch nachbarlichen Bewegungsmelder, vgl. LG Wiesbaden, NJW 2002 S. 615) oder Lichtimmissionen durch beleuchtete Werbepylonen, die eine „psychologische Blendung" auslösen, vgl. VG Aachen, Urt. vom 28.8.2012 – 3 K 2277/10 –, Verkehrslärm (BGH, NJW 1980 S. 582), Geruchsbelästigungen durch Schweinestall im ländlichen Bereich (VGH Mannheim – 8 S 10408/89 –), ein Deponiebetrieb (BGH, NJW 1980 S. 771) oder die Belästigung durch Kläranlagen (BGH, NJW 1984 S. 1876) eingestuft.

Für die Bestimmung der Ortsüblichkeit von nächtlichem Krähen eines Hahnes ist das tatsächliche Gepräge einer Gegend entscheidend. Der Eigentümer eines Grundstücks habe das Krähen eines Hahnes zu dulden, wenn sich das Grundstück in einem typisch ländlichen Gebiet befindet, in dem zahlreiche Wohngebäude mit landwirtschaftlichen Nebengebäuden vorhanden sind (AG Kenzingen, Urt. vom 23.8.2011 – 1 C 81/11 –). Der Nachbar muss Hundegebell eines außerhäusig gehaltenen Hundes, das über das anlassbezogene Anschlagen hinausgeht, auch in einem Mischgebiet während der nächtlichen Ruhezeiten nicht hinnehmen. Dies gilt umso mehr für mehrere Hunde, die in offener Zwingerhaltung gehalten werden (vgl. hierzu *Stollenwerk*, VR 2003 S. 255 f.). Im Hinblick auf die Beweisführung durch Lärmprotokoll, OLG Bbg, Urt. vom 8.6.2017 – 5 U 115/15 –.

Beeinträchtigungen durch Elektrosmog (Mobilfunkanlagen) sind jedenfalls dann hinzunehmen, wenn die elektromagnetischen Felder die Grenzwerte der 26. BImSchV einhalten. Im Zweifel muss der Betroffene beweisen, dass ein wissenschaftlich begründeter Zweifel an der Richtigkeit der festgelegten Grenzwerte und ein fundierter Verdacht einer Gesundheitsgefährdung besteht (BGH, Urt. vom 13.2.2004 – V ZR 217/03 –).

Grillgerüche, sofern nicht gezielt Qualm in die Wohn- und Schlafräume unbeteiligter Nachbarn dringt und die Grillaktivitäten in dicht besiedelten Wohnbereichen nicht mehr als viermal jährlich stattfinden (vgl. zur Thematik OLG Düsseldorf – 5 Ss 149/95 –; BayObLG – 2 Z BR 6/99 –; OLG Oldenburg – 13 U 53/02 –). Vgl. zum Thema Ballüberflug OLG Bbg, ZfS 2003 S. 225; LG München, Urt. vom 3.11.2003 – 5 O 545403 –. Gänsehaltung in unmittelbarer Angrenzung zu Wohngebieten ist problematisch (VG Hannover, Beschl. vom 1.11.2011 – 12 B 3701/11 –) und regelmäßig unzulässig. Dies gilt auch für Pferdehaltungen (BayVGH, Urt. vom 5.10.2009 – 15 B 08.2380 –) und Ziegenhaltungen (VGH Mannheim, UPR 1998 S. 273).

Die Störungen (Geräuschkulisse tagsüber, Pkw-Verkehr) in Zusammenhang mit der Aufstellung von öffentlichen Abfallcontainern wird von Gerichten überwiegend als sozialadäquat eingestuft mit der Folge, dass diese grundsätzlich hinzunehmen sind (vgl. VG Düsseldorf, NVwZ-RR 2001, 23; VG Schleswig, NVwZ-RR 2001 S. 22; OVG Münster, NVwZ 2001 S. 1181 und VG Osnabrück, NVwZ 2003 S. 1010). Hintergrund dieser Entscheidung ist nicht zuletzt der Umstand, dass derartige Einrichtungen in Nähe der Wohnbebauung sinnvoll sind, da sie dort eher angenommen werden und die Altglasentsorgung überwachbar bleibt.

Durch das Sachenänderungsgesetz (BGBl. I 1994 S. 2457) wurde § 906 Abs. 1 BGB novelliert mit dem Ziel, eine Anpassung des privaten an das öffentliche Immissionsschutzrecht zu erreichen. Mit dieser neuen Gesetzesformulierung wird davon ausgegangen, dass unwesentliche Beeinträchtigungen im Regelfall dann vorliegen, wenn die in den Gesetzen und Rechtsordnungen festgelegten Grenz- und Richtwerte die nach diesen Vorschriften ermittelten und bewerteten Entwicklungen nicht mehr überschreiten. Gleiches gilt für Werte in allgemeinen Verwaltungsvorschriften, die nach § 48 BImSchG erlassen worden sind und den Stand der Technik wiedergeben. Zum Thema vgl. nachfolgende Entscheidungen: BGH, NuR 2003 S. 191 ff. (Industrielärm); OLG Köln, VRS 2002 S. 427 (Lärm- und

Geruchsbelästigungen an einer Bushaltestelle); Erheblichkeit von von einer Biogasanlage ausgehenden Geräusch- und Geruchsbelästigungen, BayVGH, Beschl. vom 7.2.2013 – 15 CS 12.743 –; VG Koblenz, Urt. vom 14.8.2003 – 1 K 1074/03 – (Lärm einer Schule); VGH Mannheim, NVwZ 2001 S. 1184 (Lärm durch nächtliche Ernteeinsätze) und OLG Koblenz, Urt. vom 4.9.2003 – 5 U 279/01 – (Beurteilung von Lärmbelästigungen nach Grenzwerten); VG Minden, NVwZ-RR 2003 S. 198 ff. (Abwehranspruch gegen Motorsportanlage); LG Frankfurt, NVwZ-RR 2003 S. 200 f. (Lärm von Flugzeugen als Grundstücksbeeinträchtigung).

In einem reinen Wohngebiet ist der Betrieb einer handelsüblichen, mit öffentlich-rechtlichen Zulassungen versehenen Standheizung nicht ohne Weiteres zulässig. Das Recht auf eisfreie Scheiben und ein warmes Auto muss dem Schutz der Nachtruhe weichen (AG München, Urt. vom 7.1.2005 – 123 C 3000/03 –). Ein Grundstückseigentümer, der von einem Handwerker Reparaturarbeiten am Haus vornehmen lässt, ist als Störer im Sinne von § 1004 Abs. 1 BGB verantwortlich, wenn das Haus infolge der Arbeiten in Brand gerät und das Nachbargrundstück beschädigt wird. Dass der Handwerker sorgfältig ausgesucht wurde, ändert daran nichts (BGH, Urt. vom 9.2.2018 – V ZR 311/16 –).

In Bezug auf eine Feinstaubbelastung in den Städten waren die ersten Klagen erfolgreich (vgl. VG Stuttgart, Urt. vom 31.5.2005 – 16 K 1120/05 –). Die zuständigen Stellen wurden aufgefordert, einen immissionsschutzrechtlichen Aktionsplan im Hinblick auf Überschreitungen der für den Feinschwebestaub verordneten Immissionsgrenzwerte aufzustellen. Erhebliche Reaktionen hatte die Entscheidung des OLG Köln (ZMR 1998 S. 162, zu einem ähnlich gelagerten Fall OLG Karlsruhe, Urt. vom 9.6.2000 – 14 U 19/99 –) verursacht, welches eine Einrichtung dazu verurteilte, Sorge dafür zu tragen, dass zu bestimmten Zeiten durch geeignete Maßnahmen Lärmeinwirkungen geistig behinderter Personen verhindert werden. Wenn auch eine emotionslose Bewertung des Urteils schwer fällt, so hat das Gericht grundsätzlich betonen wollen, dass eine aufgrund des Diskriminierungsverbotes (Art. 3 Abs. 3 Satz 2 GG) behinderter Menschen gesteigerte Toleranzbereitschaft jedoch nicht zur schrankenlosen Duldungspflicht führt.

Das Sicherheitsbedürfnis von Bürgern und Unternehmen und die damit verbundene Videoüberwachung hat verschiedentlich die Gerichte befasst. Das zielgerichtete Beobachten des Nachbarn mit der Videokamera verstößt gegen das allgemeine Persönlichkeitsrecht und ist unzulässig (BGH, Urt. vom 25.4.1995 – 272/94 –; LG Zweibrücken, MDR 1190 S. 549). Bereits die bloße Androhung einer Überwachung (Installierung einer Kamera ohne konkrete Aufzeichnungen) löst Abwehransprüche aus (LG Braunschweig, NJW 1998 S. 2457). Vgl. zur Thematik der öffentlichen und privaten Videoüberwachung auch *Huff*, JUS 2005 S. 896 ff.

Durch die Bestimmung des **§ 907 BGB** enthält der Beseitigungs- und Unterlassungsanspruch nach § 1004 BGB in zweierlei Hinsicht eine Erweiterung. Eine **(gefahrdrohende) Anlage** auf dem Nachbargrundstück kann als Störungsursache beseitigt werden und es besteht ein Recht auf vorbeugende Schutzmaßnahmen vor Beginn der zu erwartenden Störung (vgl. hierzu auch *Stollenwerk*, DWW 1995 S. 275). Der Begriff der Anlage setzt eine feste Verbindung mit dem Grundstück nicht voraus, auch wasser- und bergrechtliche Anlagen werden von der Vorschrift erfasst. Anlagen sind künstlich geschaffene Werke, die auf Dauer eingerichtet werden. Auch natürliche Gegebenheiten eines Grundstücks (so etwa Bodenerhöhungen), ohne menschliches Zutun, können den Anlagebegriff erfüllen. Der Anspruch richtet sich auf die Unterlassung der Herstellung bzw. auf die Beseitigung einer vorhandenen Anlage. Liegt eine Anlage nach den Vorgaben des BImSchG vor, so müssen im dortigen Verfahren (sog. Präklusionswirkung) Einwendungen erhoben worden sein.

§ 908 BGB eröffnet dem Eigentümer, für dessen Grundstück durch den **drohenden Einsturz eines Gebäudes** auf dem Nachbargrundstück eine Gefahr besteht, einen Anspruch auf Gefahrenbeseitigung. Die Bestimmung ergänzt den Anspruch nach § 836 BGB (Schadensersatz des Gebäudebesitzers) insoweit, dass der Schadenseintritt nicht abgewartet werden muss. § 908 BGB versteht sich als konkretisierende Norm gegenüber Ansprüchen nach § 1004 BGB und geht diesen als „lex specialis" vor. Die drohende Gefahr muss sich aufgrund des schlechten Zustandes des Gebäudes ergeben, wobei die Ursache unerheblich ist, da kein Verschulden gefordert wird. Die speziellen Voraussetzungen des § 836 BGB müssen nicht vorliegen, da sie nur eine evtl. Schadensersatzpflicht betreffen. Der Anspruchsinhaber kann ausnahmsweise zur Selbsthilfe (§§ 228, 229 BGB) berechtigt sein, wenn das Einschalten der Polizei, der Ordnungs- oder Bauaufsichtsbehörde nicht rechtzeitig zu erlangen ist.

Im Rahmen der Prüfung von Beseitigungs-/Unterlassungs- bzw. Schadensersatzansprüchen wegen unzulässiger **Vertiefungsmaßnahmen nach § 909 BGB** hat die Rechtsprechung betont, dass eine Vertiefung im Sinne der Vorschrift auch dann unzulässig ist, wenn sie einem Bebauungsplan entspricht (BGH, NJW 1980 S. 1679). Notwendige Schutzvorkehrungen gegen einen drohenden Stützenverlust hat der Vertiefende auf seinem Grundstück vorzunehmen. Eine Vertiefung erfordert nicht die Herausnahme von Bodensubstanz. Sie muss adäquat kausal für den Stützverlust verantwortlich sein, wobei dies auch durch eine Grundwasserabsenkung oder Grundwasserentziehung möglich ist (BGH, NJW 1987 S. 2808 und 2810). Das Verbot des § 909 BGB, dem Nachbargrundstück die Stütze zu entziehen, richtet sich grundsätzlich an den Eigentümer oder Besitzer. Es kann aber darüber hinaus an jeden anderen gerichtet werden, der an der Vertiefung mitwirkt, so auch an den Unternehmer, der mit den Sicherungsaufgaben betraut ist. Im Rahmen des nachbarrechtlichen Ausgleichsanspruchs für Vertiefungsschäden können sowohl der schadensfällige Zustand des betroffenen Grundstücks als auch ein schuldhafter oder schuldloser Mitverursachungsbeitrag des Eigentümers des geschädigten Grundstücks anspruchsmindernd berücksichtigt werden (BGH, NJW-RR 1988 S. 136; MDR 1992 S. 1151 ff.; MDR 2001 S. 986; VersR 2002 S. 324 ff.). Soweit im Rahmen der Durchführung einer Grundstücksvertiefung dem Boden des Nachbargrundstücks die Stütze entzogen wird sowie die statische Funktion an dem auf dem Nachbargrundstück befindlichen Gebäude verloren geht und Risse und Setzungsschäden eingetreten sind, entsteht ein verschuldensunabhängiger Schadensersatzanspruch. Es stellt zudem einen schuldhaften Verstoß gegen die Prüf- und Sorgfaltspflichten des Grundstückseigentümers dar, wenn dieser bei der Durchführung von Vertiefungsarbeiten der eigenverantwortlichen Prüfpflicht dahingehend, ob die geplanten Maßnahmen zu einer Beeinträchtigung der Standfestigkeit des Nachbargrundstücks führen können, nicht nachgekommen ist (vgl. OLG Bbg, Urt. vom 25.2.2010 – 5 U 148/08 –).

Nimmt ein Grundstückseigentümer den derzeitigen Eigentümer des Nachbargrundstücks aus § 1004 Abs. 1 i. V. m. § 909 BGB auf Wiederherstellung der Festigkeit des Nachbargrundstücks in Anspruch, so trägt der Kläger die Darlegungs- und Beweislast dafür, dass entweder sein derzeitiger Grundstückseigentümer oder dessen Rechtsvorgänger die Vertiefung des Grundstücks veranlasste (Saarl. OLG, Urt. vom 11.10.2011 – 4 U 479/10 –). Kommen für die Setzungen des Gebäudes und die dadurch verursachten Schäden mehrere Ursachen in Betracht (Inhomogenität des Bodens, Baugrubenaushub und Absinken des Grundwassers wegen der Dürre), gilt der Grundsatz, dass der Geschädigte dafür beweislastet ist, welches von mehreren Ereignissen den Schaden verursacht hat (OLG München, Urt. vom 26.6.2012 – 13 U 4950/11 –). Der Abbruch eines oberirdischen Bauwerks (Mauer), der dazu führt, dass das angrenzende Grundstück seinen Halt verliert, kann einer Vertiefung des Grundstücks nicht gleichgesetzt werden (BGH, Urt. vom 29.6.2012 – V ZR 97/ 11 –). Zum nachbarrechtlichen Ausgleichsanspruch bei Erschütterungsschäden durch das Setzen einer Bohrpfahlwand bei Bauarbeiten, vgl. OLG Düsseldorf, Urt. vom 9.7.2012 I 9 138/11 –

§ 910 BGB eröffnet dem Grundstückseigentümer gegenüber seinem Nachbarn einen **Anspruch auf Rückschnitt vom Nachbargrundstück eindringender Äste und Wurzeln**, wenn diese eine Grundstücksbeeinträchtigung verursachen. Alternativ erwächst dem Eigentümer ein Selbsthilferecht, falls der Nachbar einer entsprechenden Aufforderung zum Rückschnitt nicht innerhalb einer Frist nachkommt. § 910 BGB löst zwar ein Selbsthilferecht des Nachbarn aus, lässt aber alternativ auch eine Klage auf Beseitigung des Überhanges zu (LG Köln, Urt. vom 13.7.2010 – 27 O 239/09 –). Die Rechtsprechung hatte sich im Rahmen zahlreicher Klageverfahren mit unterschiedlichsten Fragen zu befassen. Beispielsweise wann eine Grundstücksbeeinträchtigung vorliegt, ob der Grundstückseigentümer zur **Selbsthilfe** verpflichtet ist und wenn ja, ob ein **Aufwendungsersatz** verlangt werden kann. Ferner welche Folge es hat, wenn ein Rückschnitt ohne Rücksprache mit dem Nachbarn vorgenommen wurde. Voraussetzung für den Anspruchsinhalt ist, wie betont, eine konkrete **Grundstücksbeeinträchtigung**. Eine solche liegt vor, wenn die wirtschaftliche Nutzung des Grundstücks erschwert oder verhindert wird und die Beeinträchtigung auf die eingedrungenen Wurzeln oder Zweige zurückzuführen ist (vgl. hierzu BGH, VersR 1998 S. 106 f., siehe auch LG Coburg, Urt. vom 7.2.2003 – 12 O 64/02 – und LG Bielefeld, NJW-RR 2002 S. 525 zum Umfang des Beseitigungsrechts). Nach Ansicht des LG Koblenz (Urt. vom 14.5.1996 – 6 S 359/95 –) ist dies bereits dann der Fall, wenn eine ordnungsgemäße und störungsfreie Pflege der an der Grundstücksgrenze gelegenen Beete nicht möglich ist. Der **Entzug von Licht und Luft** ist ebenfalls eine Beeinträchtigung, wenn hierdurch die Fruchtgewinnung verringert wird. Dies gilt jedoch nicht, wenn trotz Rückschnitt durch die stehen gebliebenen Bäume in nahezu gleicher Weise Licht entzogen würde (OLG Oldenburg, NJW-RR 1991 S. 1367; LG Saarbrücken, NJW-RR 1986 S. 134; vgl. hierzu auch BGH, Urt. vom 10.7.2015 – V ZR 229/14 –). Das OLG Bbg, Urt. vom 17.8.2015 – 5 U 109/13 –, sieht vermehrten Nadelfall mit einem verstärkten Reinigungsaufwand im Dachbereich als wesentliche Beeinträchtigung. **Eindringende Wurzeln** verursachen eine **Grundstücksbeeinträchtigung**, wenn sie zur **Beschädigung des Mauerwerks** führen, wenn hierdurch Gehwegplatten oder der Teerbelag einer Straße angehoben wird, die **Wurzeln in die Fundamente oder Abflussrohre** eindringen oder sie Risse oder Unebenheiten im Hof oder am Garagenboden verursachen. Auch das Nichtgelingen der Anpflanzung größerer Bäume aufgrund der Durchwurzelung des betroffenen Bereiches ist eine wesentliche Beeinträchtigung (OLG Karlsruhe, Urt. vom 27.5.2014 – 12 U 167/13 –). Der BGH hat einen Abwehranspruch auch bereits dann bejaht, falls aufgrund der grenznahen Wurzeln Beschädigungen an der Garagenwand des Nachbarn durch die „Hebelwirkung" entstehen (BGH, Urt. vom 12.12.2003 – V ZR 98/03 –). Ein verstärkter **Laubfall vom Nachbargrundstück** kann auch eine Grundstücksbeeinträchtigung sein, wenn dieser bspw. zur ständigen Verstopfung der Dachrinnen führt. Hier gilt jedoch die Besonderheit, dass der verstärkte Laubfall allein auf die Tatsache zurückzuführen ist, dass vermehrtes Astwerk überhängt (vgl. hierzu auch LG Dortmund, Urt. vom 10.9.2010 – 3 O 140/10 –). Das LG Krefeld, Urt. vom 20.4.2018 – 1 S 68/17 –, stellt klar, dass § 910 BGB nur Beeinträchtigungen erfasst, die unmittelbar von einem überhängenden Zweig ausgehen, nicht aber mittelbare Beeinträchtigungen des Nachgrundstücks). Denn der allgemeine Laubfall vom Nachbargrundstück ist in aller Regel nicht abwendbar, weil die entstehende Beeinträchtigung entweder unwesentlich ist oder aber der Laubfall als ortsüblich angesehen wird. Die Aufforderung an den Nachbarn, den Rückschnitt vorzunehmen, ist an besondere Formen nicht gebunden. Eine Fristsetzung sollte jedoch dem Betroffenen ausreichende Möglichkeiten zum Handeln lassen. Im Übrigen ist der Rückschnitt außerhalb der Wachstumsperiode der Anpflanzungen zu legen. In der Literatur und Rechtsprechung wird darüber gestritten, ob der Eigentümer, der zur **Selbsthilfe** greift, vom Nachbarn eine Art Kostenersatz fordern kann, weil dieser durch das Tätigwerden eigene Aufwendungen erspart hat. Der BGH bejaht den **Aufwendungsersatz** (NJW 1986 S. 2641, zustimmend auch *Horst*, DWW 1991 S. 328 f.). Die Gegner dieser Feststellung (*Bayer/Lindner/Grziwotz*, S. 156 und LG Bonn, NJW-RR 1987 S. 1421) sind der Meinung, dass der Nachbar wählen kann zwischen dem Selbsthilferecht und der gerichtlichen Durchsetzung des Rückschnittsanspruchs. Bei der Vornahme des Selbsthilferechts kann er die abgeschnittenen Wurzeln und Zweige behalten. Gegen diese Ansicht spricht vor allem der Umstand, dass abgeschnittenes Astholz heute nur noch ein geringwertiges Wirtschaftsgut ist, welches kein Ersatz für Selbsthilfeaufwendungen sein kann. Hat der Grundstückseigentümer ein Selbsthilferecht in Anspruch genommen, ohne zuvor den Nachbarn zu informieren, handelt er rechtswidrig und macht sich möglicherweise schadensersatzpflichtig (vgl. OLG Düsseldorf, VersR 1992 S. 458). Etwas anderes soll für den Fall gelten, wenn auch bei ordnungsgemäßer Fristsetzung das Beseitigungsrecht bestand (LG Gießen, NJW-RR 1997 S. 655). Dem Nachbarn, der von dem Eigentümer von Bäumen, die den landesrechtlich vorgeschriebenen Grenzabstand nicht einhalten, deren Beseitigung oder Zurückschneiden wegen des Ablaufs der dafür vorgesehen Ausschlussfrist nicht mehr verlangen kann, kann für den erhöhten Reinigungsaufwand infolge des Abfallens von Laub, Nadeln, Blüten und Zapfen dieser Bäume ein nachbarrechtlicher Ausgleichsanspruch nach § 906 Abs. 2 Satz 2 BGB analog zustehen (BGH, Urt. vom 27.10.2017 – V ZR 8/17 –).

Fällt der betroffene Baum unter eine **örtliche Baumschutzsatzung**, so ist ein Rückschnitt nur nach **vorheriger Einwilligung** der zuständigen **Verwaltungsbehörde** zulässig (BGH, NJW 1993 S. 1656). Der störende Grundstückseigentümer ist bei einer dem Anspruch des Nachbarn auf Beseitigung des Überhanges entgegenstehender Baumschutzsatzung verpflichtet, sich um eine Ausnahmegenehmigung zu kümmern und diese herbeizuführen (LG Köln, Urt. vom 11.8.2011 – 6 S 285/10 –). Zur Frage der Gefahr (hier: Blütenstauballergie) bei bestehender Baumschutzsatzung vgl. OVG Münster, NuR 2003 S. 575. Die Kappung einer Wurzel im Rahmen der Selbsthilfe nach § 910 BGB unter Verletzung der Vorgaben eines Baumschutzsatzung, gibt dem betroffenen Nachbarn keinen Schadensersatzanspruch (OLG München, Urt. vom 11.5.2016 – 20 U 4831/15 –). Zum Schadensersatz des Baumeigentümers siehe auch Potsdamer Baumschutzverordnung vom 23.5.2017 unter www.potsdam.de

Rückschnittsansprüche stehen z. T. auch unter dem besonderen **Einfluss des Naturschutzrechts**. So muss ein Grundstückseigentümer herüberhängende Zweige eines auf dem Nachbargrundstück stehenden Baumes dulden, wenn der Baum unter Naturschutz steht, die Beseitigung der Äste zu dessen Schädigung führen kann und die Beseitigung nicht aus zwingenden Gründen geboten ist (vgl. hierzu LG Koblenz, Urt. vom 3.7.2007 – 6 S 162/06 –). In einem anderen Fall stellte das VG Koblenz (Urt. vom 6.3.2007 – 7 K 572/06 –) klar, dass nicht jeder Baumrückschnitt ein Eingriff in das Landschaftsbild sei, der automatisch eine Genehmigung nach dem Landesnaturschutzgesetz bedürfe. Während der Beseitigungsanspruch der Verjährung unterliegt, verjährt die Selbsthilfemöglichkeit des Rückschnitts nicht (BGH, Urt. vom 22.2.2019 – V ZR 92/85 –).

Stören Grundstückseigentümer die Bäume des Nachbarn und können keine Beseitigungsansprüche mehr geltend gemacht werden, wird häufig mit Gefährdungen durch **„Windbruch“** argumentiert. Der Baumeigentümer genügt seiner Verkehrssicherungspflicht, wenn er seinen Baumbestand im halbjährlichen Rhythmus auf Krankheiten überprüft, wobei hier eine äußere Sichtkontrolle ausreichend ist. Werden Schädigungen festgestellt, muss eine umfassende Überprüfung ggf. unter Hinzuziehung von Sachverständigen durchgeführt werden. Vgl. zur Gesamtthematik *Stollenwerk*, Abhandlung in der Zeitschrift Verwaltungsrundschau 2007 S. 28 ff. Die allgemeine, jedem Baum innewohnende Gefahr, bei orkanartigen Stürmen umzustürzen, rechtfertigt den Anspruch auf Beseitigung eines Baumes dann jedoch noch nicht, wenn der äußerlich vitale Baum keine Merkmale zeigt, die auf ein gesteigertes Risiko hindeuten (OLG Saarbrücken, OLG-Report 2007 S. 306 f.).

Das gemäß § 910 BGB im Falle des Überhangs gegebene Selbsthilferecht ist im Gemeinschaftsverhältnis der Wohnungseigentümer nicht – auch nicht entsprechend – anwendbar (vgl. OLG Düsseldorf, NJW-RR 2002 S. 81).

Die Regelungen zum **Überfall von Baumfrüchten (§ 911 BGB)** haben in der Gerichtspraxis in den vergangenen Jahren keine besondere Bedeutung gespielt. Das AG Backnang (NJW-RR 1989 S. 254 ff.) hat in Bezug auf den jährlichen Hinüberfall von Mostbirnen klargestellt, dass durch die **Regelung des § 911 BGB Beseitigungs- oder Unterlassungsansprüche nach § 1004 BGB nicht ausgeschlossen sind**.

§ 912 BGB definiert die Duldungspflicht eines Grenzüberbaus, wenn der Eigentümer bei der Errichtung eines Gebäudes unter Überschreitung der Grenze ein Verschulden in Form von Vorsatz oder grober Fahrlässigkeit nicht zur Last fällt und der Nachbar nicht sofort nach der Grenzüberschreitung Widerspruch erhoben hat. Die genannte Bestimmung umfasst an sich nur den **rechtswidrigen entschuldbaren Überbau** (vgl. im Einzelnen *Stollenwerk*, DWW 1997 S. 376 ff., im Übrigen auch AG Solingen, DWW 2000 S. 130 mit Anmerkung von *Horst*; BGH, Urt. vom 19.9.2003 – V ZR 360/02 –), da ein rechtmäßiger Überbau durch die Zustimmung des Grundstückseigentümers sanktioniert wird und der rechtswidrige „böswillige" Überbau ohnehin einen Beseitigungsanspruch auslöst. Die **Voraussetzungen** des **rechtswidrigen Überbaus** sind:

Errichtung eines Gebäudes, Überschreitung der Grenze, Überbau erfolgt durch Eigentümer bzw. mit dessen **nachträglicher Genehmigung, Überbau** darf **nicht vorsätzlich oder grob fahrlässig** erfolgt sein und der Nachbar darf der Grenzüberschreitung nicht sofort widersprochen haben. Bösgläubig handelt, wer im Bereich der Grundstücksgrenze baut und sich nicht, ggf. durch Hinzuziehung eines Vermessungsingenieurs, darüber vergewissert, ob der für die Bebauung vorgesehene Grund auch ihm gehört und er die Grenzen seines Grundstücks nicht überschreitet (BGH, MDR 2004 S. 89 ff.). Wer ein Grundstück erwirbt, dessen vormaliger Eigentümer einem Erweiterungsbau auf dem Nachbargrundstück schriftlich zugestimmt hatte, kann im Nachhinein nicht die Beseitigung des Erweiterungsbaus verlangen. Dies gilt selbst dann, wenn der Erweiterungsbau weder die zulässigen Abstandsflächen noch die Grenze zum Nachbargrundstück wahrt (OLG Bamberg, Urt. vom 3.2.2004 – 5 U 181/03 –). Zum Anspruch eines Grundstückseigentümers auf Beseitigung eines in den Luftraum seines Grundstücks ragenden Dachüberstands des Nachbarn (Carport) vgl. AG Brandenburg, Urt. vom 7.12.2016 – 31 C 160/14 –.

Hat der Grundstückseigentümer das Bauwerk durch einen Dritten errichten lassen, ist ihm nicht jedes Verschulden der am Bau beteiligten Personen zuzurechnen (BGH, NJW 2018 S. 1542). Bei Vorliegen der Voraussetzungen entsteht eine Duldungspflicht, die gleichzeitig eine **Entschädigungszahlung (Rente)** auslöst.

Die Duldungspflicht eines zunächst baulich ordnungsgemäß errichteten Überbaus entfällt nicht ohne Weiteres dadurch, dass dieser allmählich verfällt (OLG Frankfurt, Urt. vom 16.11.2011 – 1 U 292/10 – in Abgrenzung zum BGH, NJW-RR 2009 S. 24). Ein Anspruch aus § 912 BGB führt nicht zur Unwirksamkeit eines Bebauungsplanes. Der Überbauer wird nicht Eigentümer der überbauten Grundfläche. Er kann deshalb nicht stärker geschützt sein als ein Grundeigentümer. Dieser ist aber nicht in der Lage, mit Hilfe des § 903 BGB jede ihm missliebige Überplanung zu übernehmen (BVerwG, Beschl. vom 3.1.2012 – 4 BN 42/11 –).

Der Anspruch auf Überbaurente ist kein Schadensersatz, sondern eine Art Wertersatz für die entzogene Grundstücksfläche. Die Rentenhöhe kann durch Vereinbarung der Parteien oder durch Urt. festgestellt werden. Sie richtet sich nach dem Nutzungsverlust für das belastende Grundstück, sodass der Verkehrswert der überbauten Fläche zum Zeitpunkt der Grenzüberschreitung festzustellen ist. Zur Berechnung der Überbaurente in den Gebieten der ehemaligen DDR vgl. BGH, Urt. vom 28.1.2011 – V ZR 147/10 –.

Der Eigengrenzüberbau betrifft den Fall, dass der Eigentümer zweier Grundstücke mit dem Bau auf einem dieser Grundstücke die Grenze des anderen überschreitet (vgl. hierzu BGH, JuS 2002 S. 290). Die Regelungen des § 912 BGB finden auch hier Anwendung, ruhen allerdings, solange die Veräußerung eines der Grundstücke nicht betrieben wird.

Der Eigentümer ist nach **§ 917 BGB** verpflichtet, unter bestimmten Voraussetzungen ein **Notwegerecht** des Nachbarn zu **dulden**. Das ist dann der Fall, wenn dem benachbarten Grundstück die zur **ordnungsgemäßen Benutzung notwendige Verbindung** mit einem öffentlichen Weg **fehlt**.

Für die Bestimmung, ob ein Grundstück ordnungsmäßig im Sinne von § 917 Abs. 1 Satz 1 BGB genutzt wird, ist es ohne Belang, aus welchen Gründen ihm die Verbindung zu einem öffentlichen Weg fehlt. Hat der Eigentümer die Ursache gesetzt, kann dies nur im Rahmen des § 918 BGB Bedeutung erlangen (BGH, Urt. vom 24.4.2015 – V ZR 138/14 –).

Der Nachbar kann von dem Grundstückseigentümer verlangen, dass dieser, solange bis der Mangel behoben wird, die Benutzung seines Grundstücks zur Herstellung der erforderlichen Verbindung zu dulden hat. Bei der Verbindung kann es sich um einen unbefestigten Weg handeln, der allerdings öffentlich sein muss. Eine fehlende Verbindung liegt nicht vor, wenn die bestehende lediglich zu Unbequemlichkeiten führt. Umstritten ist nach wie vor die Frage, ob zur ordnungsgemäßen Grundstücksbenutzung von Wohngrundstücken auch die Möglichkeit der Kraftfahrzeugnutzung gehört (BGH, NJW 1980 S. 585 f., NJW-RR 1995 S. 1042 f.). Bei gewerblicher Nutzung größeren Umfangs umfasst das Notwegerecht auch eine Zufahrt zur Ermöglichung des Be- und Entladens von Fahrzeugen auf dem Grundstück (vgl. BGH, NJW 2020 S. 1360 ff.). Das Notwegerecht umfasst kein Zufahrtsrecht zu Nichtwohngrundstücken (wie z. B. zu einer Jagdhütte oder Wochenendhaus, vgl. BGH, NJW-RR 2010 S. 445).Vgl. zur verbotenen Eigenmacht bei Ausschluss des Nachbarn zur Nutzung eines Durchgangs OLG Bremen, MDR 2001 S. 934. Soweit das Grundstück des Anspruchsstellers ca. 850 Meter von einer öffentlichen Straße entfernt liegt, ist es vom Grundstückseigentümer zu dulden, dass auch Mieter, etwaige Lieferanten und Besucher den Weg zum Grundstück des Anspruchsstellers benutzen. Dagegen muss weder ein Postbote noch die Müllabfuhr diesen Weg benutzen, wenn ein Briefkasten am Tor des Grundstückseigentümers angebracht werden darf und die Mülltonnen bis an die Straße gebracht werden können. Die Duldungspflicht des Grundstückseigentümers besteht jedoch nicht unbegrenzt, da lediglich ein Notwegerecht besteht. Der Grundstückseigentümer hat daher ein berechtigtes Interesse daran, dass das Grundstück durch Toranlagen davor geschützt wird, dass jedermann über das Grundstück gehen und fahren kann. Insofern ist jedem Mieter ein Schlüssel für die Toranlagen auszuhändigen (LG Wuppertal, Urt. vom 16.9.2010 – 1 O 278/10 –). Gibt ein Grundstückseigentümer ein Wegerecht willkürlich auf, so ist auch dessen Rechtsnachfolger daran gebunden. § 918 BGB darf nicht auf den Rechtsvorgänger im Grundeigentum beschränkt werden, weil er andernfalls die nachteiligen Folgen seines Verzichts dadurch abwenden könnte, dass er sein Grundstück veräußert (LG Flensburg, Beschl. vom 22.10.2010 – 1 T 51/10 –).

Die Bestimmungen der **§§ 919 bis 921 und § 923 BGB** befassen sich mit Grenzfragen, wobei § 919 die **Grenzabmarkung**, § 920 BGB die **Grenzverwirrung**, § 921 BGB die **gemeinschaftliche Grenzeinrichtung** und § 923 BGB den **Grenzbaum** behandelt. Eine auf der Grundstücksgrenze stehende Gebäudewand stellt eine Nachbarwand und damit eine Grenzeinrichtung im Sinne des § 921 BGB dar. Der Abriss eines an eine Nachbarwand angrenzenden Gebäudes und die daraus resultierende Beeinträchtigung der Funktionsfähigkeit der Wand für das Nachbargebäude stellen eine gegen § 922 Satz 3 BGB verstoßende Änderung der Grenzeinrichtung dar, sofern nicht der Eigentümer des abgerissenen Hauses diejenigen Maßnahmen getroffen hat, die zur Verhinderung oder Beseitigung negativer Auswirkungen im Interesse des Nachbarn geboten sind. Die Voraussetzungen des nachbarrechtlichen Ausgleichsanspruches liegen nach ständiger Rechtsprechung des BGH vor, wenn von einem privat genutzten Grundstück rechtswidrige Einwirkungen auf ein anderes Grundstück ausgehen, die der Eigentümer oder Besitzer des Grundstücks nicht dulden muss, er sie jedoch aus besonderen Gründen gemäß §§ 1004 Abs. 1, 862 Abs. 1 BGB nicht unterbinden kann und er durch die Einwirkung Nachteile erleidet, die das zumutbare Maß einer entschädigungslosen Beeinträchtigung übersteigen (OLG Bbg vom 21.4.2011 – 5 U 51/09 – unter Bezugnahme auf BGH, Urt. vom 30.5.2003 – V ZR 37/02 –).

Der Eigentümer eines Grundstücks kann von seinem Nachbarn verlangen, dass dieser zur Errichtung fester Grenzzeichen und, wenn ein Grenzzeichen verrückt oder unkenntlich geworden ist, zur Wiederherstellung mitwirkt. Das **Grenzabmarkungsverfahren** ist **landesgesetzlich geregelt**. Ein Anspruch auf Ausgleich der hälftigen Abmarkungskosten kann nicht auf § 919 BGB gestützt werden, wenn der Grenzverlauf zwischen den Parteien streitig ist, da § 919 BGB nur bei einem unstreitigen Grenzverlauf Anwendung findet (AG Meiningen, Urt. vom 19.3.2009 – 11 C 1131/08 –). Die Richtigkeitsvermutung des Grundbuchs erstreckt sich auch auf den sich aus dem Liegenschaftskataster ergebenden Grenzverlauf. Für die Widerlegung der Vermutung muss der volle Beweis des Gegenteils erbracht werden (OLG Düsseldorf, Urt. vom 16.12.2016 – I – 9 U 275/09 –). Im Gegensatz zur Grenzabmarkung geht es bei der Regelung der Grenzverwirrung (§ 920 BGB) um einen strittigen Grenzverlauf. Voraussetzung für die Anwendung der Vorschrift ist der Umstand, dass keine Grenzzeichen vorhanden und auch keine sonstigen Ermittlungen an der Grenze möglich sind. Das Gesetz sieht im Vorfeld die Möglichkeit der Einigung im Wege eines Grenzfeststellungsvertrages vor. Kommt eine solche Verständigung nicht zustande, wird der Grenzverlauf im Wege einer „Grenzscheidungsklage" festgesetzt. Eine Grenzverwirrung liegt dann vor, wenn die richtige Grenze objektiv nicht ermittelt werden kann, weil sie nicht anhand des Grundbuchs in Verbindung mit der Vermutung des § 891 BGB und dem Liegenschaftskataster oder einer Grenzniederschrift feststellbar ist und von keiner Partei anderweitig nachgewiesen werden kann (OLG Hamm, Urt. vom 24.11.2011 – 1 – 5 U 132/10 –). Welche Anforderungen an eine gemeinsame Grenzeinrichtung gestellt werden, formuliert § 921 BGB. Auch eine Hofeinfahrt kann eine Grenzeinrichtung sein (vgl. BGH, NJW 1990 S. 2555; ähnlich auch LG Zweibrücken, MDR 1996 S. 46). Selbst Heckenanpflanzungen können die Eigenschaft einer Grenzeinrichtung haben, wenn diese auf der gemeinsamen Grenzlinie gepflanzt wurden.

Im Gegensatz hierzu wird in **§ 923 BGB** eine besondere Form der Grenzeinrichtung, der Baum auf der gemeinschaftlichen Grenze, behandelt, einschl. das Verfahren zum Erhalt seiner Früchte und dessen Beseitigung. Ein **Grenzbaum** im Sinne der Vorschrift liegt dann vor, wenn er da, wo er aus der Erde tritt, von der Grenze durchschnitten wird, sodass es auf die Wurzelung nicht ankommt. Wendet sich der Stamm des Baumes, durch dessen Wurzelfuß die Grundstücksgrenze verläuft, unmittelbar nach seinem Austritt aus dem Boden schrägliegend von der Grenze ab, so ist der Baum kein Grenzbaum (vgl. AG Nordenham, NJW-RR 1992 S. 1368). Fällt der Nachbar einen auf der Grundstücksgrenze stehenden Baum, so hat der Eigentümer im Regelfall keinen Schadensersatzanspruch (OLG Oldenburg, MDR 2002 S. 694 ff.). Dass der Fällung eines Grenzbaumes die Gestattung des vermeintlichen Eigentümers zugrunde liegt, lässt das Verschulden auch dann nicht entfallen, wenn er Besitzer der Grundstücksfläche ist, auf dem der Baum stand. Die wahre Eigentumslage muss anhand des Katasters und des Grundbuchs zweifelsfrei geklärt werden (OLG Koblenz, Beschl. vom 8.12.2011 – 5 U 1158/11 –).

Jeder Grundstückseigentümer ist für den ihm gehörenden Teil eines Grenzbaumes in demselben Umfang verkehrssicherungspflichtig wie für einen vollständig auf seinem Grundstück stehenden Baum. Verletzt jeder Eigentümer die ihm hinsichtlich des ihm gehörenden Teils eines Grenzbaums obliegende Verkehrssicherungspflicht, ist für den ihnen daraus entstandenen Schaden eine Haftungsverteilung nach § 254 BGB vorzunehmen (BGH, UPR 2005 S. 26 ff.). Zur Frage des Schadensersatzes wegen eigenmächtigen Fällens eines Grenzbaums vgl. OLG SH, Urt. vom 17.10.2017 – 3 U 17 –. Besteht ein Anspruch auf Zustimmung zur Beseitigung, wird es regelmäßig an einem Schaden fehlen, da sich der Nachbar auf rechtmäßiges Alternativverhalten berufen kann, z. B. bei der Entscheidung einen erheblich windbruchgefährdeten Baum zu fällen, wenn der Nachbar urlaubsbedingt nicht erreichbar ist (so OLG Celle, NZM 2018 S. 247).

2. Nachbarliches Gemeinschaftsverhältnis

Die Rechte des Grundstückseigentümers ergeben sich aus § 903 BGB. In weiteren Vorschriften des Bürgerlichen Gesetzbuches (§§ 906 bis 923 BGB) sind eine Reihe von Ansprüchen definiert, die ein vernünftiges Nebeneinander von Nachbarn gewährleisten sollen. Trotz dieser relativ umfassenden gesetzlichen Regelung sind in der Praxis immer wieder Fälle aufgetaucht, die nicht in den genannten Rahmen passen. Aus diesem Umstand heraus hat die Rechtsprechung das Institut des „nachbarlichen Gemeinschaftsverhältnisses" entwickelt, um auf der Grundlage richterlicher Rechtsfortbildung Interessenkonflikte zu beseitigen. Das Institut des nachbarlichen Gemeinschaftsverhältnisses wurde auf der **Grundlage von Treu und Glauben (§ 242 BGB)** gebildet. Es versucht einen gerechten Ausgleich widerstreitender Interessen zu finden. Dieser Ausgleich kann auch darin liegen, dass eine Beschränkung oder gar ein Ausschluss eines Anspruchs auf Vornahme oder Unterlassung einer Handlung begründet wird. Die Rechtsprechung hat auf das nachbarliche Gemeinschaftsverhältnis u. a. zur Regelung von Ansprüchen in Bezug auf den **Bienenflug vom Nachbargrundstück** (OLG Bamberg, NJW-RR 1992 S. 406), die **Duldung fremder Katzen** auf dem Grundstück (OLG Köln, NJW 1985 S. 2338; *Stollenwerk*, DWW 2002 S. 22), die **Einwirkung von Spritzwasser einer öffentlichen Straße** (VGH Mannheim, NVwZ 1998 S. 536 f.) bzw. für das Aufstellen von **Leitergerüsten** auf einem Teilbereich des Nachbargrundstücks zur Unterhaltung von baulichen Anlagen (OLG Hamm, NJW 1966 S. 599) zurückgegriffen. Im letztgenannten Fall ist ein Rückgriff nur notwendig, soweit das Landesnachbarrecht keine entsprechenden Normen enthält. Wird Souterrainräumen durch die Errichtung einer Überdachung auf dem Nachbargrundstück teilweise das Licht entzogen, hat dies zwar negative Folgen, aber solche negativen Einwirkungen sind keine Einwirkungen im Sinne von § 906 Abs. 1 BGB. In diesen Fällen besteht auch kein Abwehranspruch nach den Grundsätzen des nachbarlichen Gemeinschaftsverhältnisses (OLG München, Urt. vom 27.6.2012 – 20 JU 4726/11 –). Negative Einwirkungen durch Bäume auf dem Grundstück (Verschattung des Nachbargrundstücks) sind grundsätzlich nicht als Eigentumsstörungen abwendbar. Ein Anspruch aus dem nachbarlichen Gemeinschaftsverhältnis kommt nur in ganz gravierenden Ausnahmefällen in Betracht (LG Berlin, Urt. vom 5.3.2009 – 57 S 82/08 –). Gleiches gilt für Unkrautsamenflug vom Nachbargrundstück. Der Eigentümer eines Grundstücks hat keinen Anspruch auf Beseitigung der Schornsteinköpfe des benachbarten Hauses wegen der damit verbundenen optischen Beeinträchtigung (LG Köln, Urt. vom 10.11.2010 – 10 S 40/10 –).

3. Obligatorische Streitschlichtung

Der Bundesgesetzgeber setzt im Nachbarstreit auf Schlichtung. Aus diesem Grunde wurde durch das **Gesetz zur Förderung der außergerichtlichen Streitschlichtung** (BGBl. I 1999 S. 2400 ff.) den Ländern die Ermächtigung gegeben, sogenannte Schlichtungsstellen zur Beilegung nachbarrechtlicher Ansprüche nach den §§ 906, 910, 911 und 923 BGB sowie nach den landesgesetzlichen Vorschriften im Sinne des Art. 124 des Einführungsgesetzes zum Bürgerlichen Gesetzbuch, sofern es sich nicht um Einwirkungen von einem gewerblichen Betrieb handelt, zu schaffen. Damit kann eine nachbarrechtliche Auseinandersetzung im Wege der **Klage** erst dann verfolgt werden, nachdem zunächst vor einer **Gütestelle** ein **erfolgloser Einigungsversuch** unternommen wurde. Eine Bescheinigung über einen Güteversuch ist auf Antrag auch auszustellen, falls nicht binnen einer Frist von drei Monaten das beantragte Einigungsverfahren durchgeführt wurde. Durch Landesrecht müssen nun durch den Personenkreis der Schlichter das Verfahren sowie die Kostenfrage geregelt werden (vgl. hierzu auch *Rüssel*, NJW 2000 S. 2800 ff.; *Schmidt*, DAR 2001 S. 481 ff., Überblick von *Koschmann* in der NJW-Beilage zu Heft 51/2001 und *Friedrich*, NJW 2002 S. 798).

Von dieser Ermächtigung hat das Land Brandenburg mit dem Gesetz zur Fortentwicklung des Schlichtungsrechts im Land Brandenburg vom 5.10.2000 (GVBl. I S. 134) Gebrauch gemacht. Hierzu wird auf die entsprechenden Erläuterungen verwiesen.

Brandenburgisches Nachbarrechtsgesetz (BbgNRG)

vom 28. Juni 1996 (GVBl. I S. 226),
zuletzt geändert durch Gesetz vom 3. Juni 2014 (GVBl. S. 14 [Nr. 22])

– Text –

ABSCHNITT 1

ALLGEMEINE VORSCHRIFTEN

§ 1
Grundsatz

Die Grundstücksnachbarn haben ihre nachbarlichen Beziehungen so zu gestalten, daß ihre individuellen und gemeinschaftlichen Interessen mit den Erfordernissen, die an ein gutes nachbarschaftliches Verhältnis zu stellen sind, übereinstimmen und gegenseitig keine Schäden oder vermeidbare Belästigungen aus der Nutzung der Grundstücke und Gebäude entstehen. Zur Beilegung von Konflikten haben sie verantwortungsbewußt zusammenzuwirken.

§ 2
Nachbar, Erbbauberechtigter

(1) Nachbar im Sinne dieses Gesetzes ist der Eigentümer des an ein Grundstück angrenzenden Grundstücks.

(2) Im Falle der Belastung des Grundstücks mit einem Erbbaurecht tritt der Erbbauberechtigte an die Stelle des Grundstückseigentümers.

§ 3
Anwendungsbereich

(1) Die §§ 5 bis 31 und 33 bis 59 gelten nur, soweit die Nachbarn keine von diesen Bestimmungen abweichenden Vereinbarungen treffen oder zwingende öffentlich-rechtliche Vorschriften oder bestandkräftige Verwaltungsakte nicht entgegenstehen.

(2) Die in diesem Gesetz vorgesehene Schriftform ist nicht abdingbar.

§ 4
Verjährung

Die Verjährung von Ansprüchen nach diesem Gesetz richtet sich nach den Vorschriften des Bürgerlichen Gesetzbuchs.

ABSCHNITT 2
NACHBARWAND

§ 5
Begriff der Nachbarwand

Nachbarwand ist die auf der Grenze zweier Grundstücke errichtete Wand, die den auf diesen Grundstücken errichteten Bauwerken als Abschlußwand oder zur Unterstützung oder Aussteifung dient.

§ 6
Errichten und Beschaffenheit der Nachbarwand

(1) Eine Nachbarwand darf nur errichtet werden, wenn die Errichtung baurechtlich zulässig ist und beide Nachbarn die Errichtung schriftlich vereinbart sowie grundbuchrechtlich gesichert haben.

(2) Die Nachbarwand ist in einer solchen Bauart und Bemessung auszuführen, daß sie den Bauvorhaben beider Nachbarn genügt. Der Erbauer braucht die Wand nur für einen Anbau herzurichten, der an sie keine höheren Anforderungen stellt als sein eigenes Bauvorhaben.

(3) Erfordert keines der beiden Bauvorhaben eine stärkere Wand als das andere, so darf die Nachbarwand höchstens mit der Hälfte ihrer notwendigen Stärke auf dem Nachbargrundstück errichtet werden. Erfordert ein Bauvorhaben eine stärkere Wand, so ist die Wand zu einem entsprechend größeren Teil auf diesem Grundstück zu errichten.

§ 7
Anbau an die Nachbarwand

(1) Der Nachbar ist berechtigt, an die Nachbarwand anzubauen. Anbau ist die Mitbenutzung der Wand als Abschlußwand oder zur Unterstützung oder Aussteifung des neuen Bauwerks.

(2) Setzt der Anbau eine tiefere Gründung der Nachbarwand voraus, so darf die Nachbarwand unterfangen oder der Boden im Bereich der Gründung der Nachbarwand verfestigt werden, wenn

1. es nach den allgemein anerkannten Regeln der Baukunst unumgänglich ist oder nur mit unzumutbar hohen Kosten vermieden werden könnte,
2. nur geringfügige Beeinträchtigungen des zuerst errichteten Bauwerks zu besorgen sind und
3. das Bauvorhaben öffentlich-rechtlich zulässig oder zugelassen worden ist.

§ 8
Anzeige des Anbaus

(1) Die Einzelheiten des geplanten Anbaus sind dem Eigentümer und dem in seinem Besitz berührten unmittelbaren Besitzer des zuerst bebauten Grundstücks zwei Monate vor Beginn der Bauarbeiten schriftlich anzuzeigen. Mit den Arbeiten darf erst nach Fristablauf begonnen werden, sofern sich der Nachbar nicht mit einem früheren Termin schriftlich einverstanden erklärt hat.

(2) Die Anzeige an den unmittelbaren Besitzer des Grundstücks genügt, wenn die Person oder der Aufenthalt des Grundstückseigentümers nicht oder nur unter erheblichen Schwierigkeiten feststellbar ist oder die Anzeige an ihn im Ausland erfolgen müßte.

§ 9
Vergütung im Fall des Anbaus

(1) Der anbauende Nachbar hat dem Eigentümer des zuerst bebauten Grundstücks den halben Wert der Nachbarwand zu vergüten, soweit sie durch den Anbau genutzt wird.

(2) Die Vergütung ermäßigt sich angemessen, wenn die besondere Bauart oder Bemessung der Nachbarwand nicht erforderlich oder nur für das zuerst errichtete Bauwerk erforderlich war. Sie erhöht sich angemessen, wenn die besondere Bauart oder Bemessung der Nachbarwand nur für das später errichtete Bauwerk erforderlich war.

(3) Steht die Nachbarwand mehr auf dem Nachbargrundstück, als in § 6 vorgesehen oder davon abweichend vereinbart ist, so ermäßigt sich die Vergütung um den Wert des zusätzlich überbauten Bodens, wenn nicht die in § 912 Abs. 2 oder § 915 des Bürgerlichen Gesetzbuchs bestimmten Rechte ausgeübt werden. Steht die Nachbarwand weniger auf dem Nachbargrundstück, als in § 6 vorgesehen oder davon abweichend vereinbart ist, so erhöht sich die Vergütung um den Wert des Bodens, den die Nachbarwand anderenfalls auf dem Nachbargrundstück zusätzlich benötigt hätte.

(4) Die Vergütung wird mit der Fertigstellung des Anbaus im Rohbau fällig. Bei der Berechnung des Wertes der Nachbarwand ist von den zu diesem Zeitpunkt üblichen Baukosten auszugehen. Das Alter sowie der bauliche Zustand der Nachbarwand sind zu berücksichtigen. Auf Verlangen ist Sicherheit in Höhe der voraussichtlichen Vergütung zu leisten; der Anbau darf dann erst nach Leistung der Sicherheit begonnen oder fortgesetzt werden.

§ 10
Unterhaltung der Nachbarwand

(1) Bis zum Anbau fallen die Unterhaltungskosten der Nachbarwand dem Eigentümer des zuerst bebauten Grundstücks allein zur Last.

(2) Nach dem Anbau sind die Unterhaltungskosten für den gemeinsam genutzten Teil der Nachbarwand von beiden Nachbarn entsprechend dem Verhältnis ihrer Beteiligung gemäß § 6 Abs. 3 zu tragen.

§ 11
Abriß eines der Bauwerke

Wird nach erfolgtem Anbau eines der beiden Bauwerke abgerissen und nicht neu errichtet, so hat der Eigentümer des Grundstücks, auf dem das abgerissene Bauwerk stand, die durch den Abriß an der Nachbarwand entstandenen Schäden zu beseitigen und die Außenfläche des bisher gemeinsam genutzten Teils der Nachbarwand in einen für eine Außenwand geeigneten Zustand zu versetzen. Für den Teil der Nachbarwand, welcher auf dem nunmehr unbebauten Grundstück steht, ist eine Vergütung an den Eigentümer des unbebauten Grundstücks zu zahlen. § 10 Abs. 1 gilt entsprechend.

§ 12
Nichtbenutzen der Nachbarwand

(1) Wird das spätere Bauwerk nicht an die Nachbarwand angebaut, obwohl das möglich wäre, hat der anbauberechtigte Nachbar für die durch die Errichtung der Nachbarwand entstandenen Mehraufwendungen gegenüber den Kosten der Herstellung einer Grenzwand Ersatz zu leisten. Hat die Nachbarwand von dem Grundstück des zuerst Bauenden weniger Baugrund benötigt als eine Grenzwand, so ermäßigt sich der Ersatzanspruch um den Wert des eingesparten Baugrunds. Höchstens ist der Betrag zu erstatten, den der

Eigentümer des Nachbargrundstücks im Falle des Anbaus zu zahlen hätte. Der Anspruch wird mit der Fertigstellung des späteren Bauwerks im Rohbau fällig.

(2) Der anbauberechtigte Nachbar ist verpflichtet, die Fuge zwischen der Nachbarwand und seinem an die Nachbarwand herangebauten Bauwerk auf seine Kosten auszufüllen und zu verschließen.

§ 13
Beseitigen der Nachbarwand

(1) Solange und soweit noch nicht angebaut worden ist, darf der Eigentümer des zuerst bebauten Grundstücks die Nachbarwand beseitigen, wenn der anbauberechtigte Nachbar der Beseitigung nicht widerspricht.

(2) Die Absicht, die Nachbarwand zu beseitigen, ist anzuzeigen; § 8 gilt entsprechend.

(3) Der Widerspruch des anbauberechtigten Nachbarn muß binnen zwei Monaten nach Zugang der Anzeige schriftlich erhoben werden. Der Widerspruch wird unbeachtlich, wenn

1. der anbauberechtigte Nachbar nicht innerhalb von sechs Monaten nach Empfang der Anzeige einen Antrag auf Genehmigung eines Anbaus bei der Baugenehmigungsbehörde einreicht oder
2. die Ablehnung einer beantragten Baugenehmigung nicht mehr angefochten werden kann oder
3. von einer Baugenehmigung nicht innerhalb eines Jahres nach Erteilung Gebrauch gemacht wird.

(4) Macht der Eigentümer des zuerst bebauten Grundstücks von seinem Recht zur Beseitigung Gebrauch, so hat er dem Nachbarn für die Dauer der Nutzung des Nachbargrundstücks durch die Nachbarwand eine angemessene Vergütung zu leisten. Beseitigt der Eigentümer des zuerst bebauten Grundstücks die Nachbarwand ganz oder teilweise, ohne hierzu nach den Absätzen 1 bis 3 berechtigt zu sein, so hat er dem Nachbarn Ersatz für den durch die völlige oder teilweise Beseitigung der Anbaumöglichkeit zugefügten Schaden zu leisten; der Anspruch wird mit der Fertigstellung des späteren Bauwerks im Rohbau fällig.

§ 14
Erhöhen und Verstärken der Nachbarwand

(1) Jeder Grundstückseigentümer darf die Nachbarwand in voller Stärke auf seine Kosten erhöhen, wenn dadurch keine oder nur geringfügige Beeinträchtigungen des anderen Grundstücks zu erwarten sind. Dabei darf der Höherbauende auf das Nachbardach einschließlich des Dachtragewerks einwirken, soweit dies erforderlich ist; er hat auf seine Kosten das Nachbardach mit der erhöhten Wand ordnungsgemäß zu verbinden. Für den erhöhten Teil der Nachbarwand gelten § 7 Abs. 1, §§ 8, 9, 11, § 12 Abs. 2, § 13 Abs. 1 bis 3 und 4 Satz 2 entsprechend.

(2) Jeder Grundstückseigentümer darf die Nachbarwand auf seinem Grundstück auf seine Kosten verstärken.

(3) Setzt die Erhöhung oder die Verstärkung der Nachbarwand eine tiefere Gründung der Nachbarwand voraus, so gilt § 7 Abs. 2 entsprechend.

(4) Die Absicht, die Rechte nach den Absätzen 1 bis 3 auszuüben, ist anzuzeigen; § 8 gilt entsprechend.

§ 15
Schadensersatz bei Erhöhung und Verstärkung

Schaden, der in Ausübung der Rechte nach § 7 Abs. 2 oder § 14 dem Eigentümer oder dem Nutzungsberechtigten des anderen Grundstücks entsteht, ist auch ohne Verschulden zu ersetzen. Auf Verlangen ist Sicherheit in Höhe des voraussichtlichen Schadens zu leisten; das Recht darf dann erst nach Leistung der Sicherheit ausgeübt werden.

Abschnitt 3 Grenzwand

§ 16
Begriff

Grenzwand ist die unmittelbar an der Grenze zum Nachbargrundstück auf dem Grundstück des Erbauers errichtete Wand.

§ 17
Errichten einer Grenzwand

(1) Der Grundstückseigentümer, auf dessen Grundstück eine Grenzwand errichtet werden soll, hat dem Nachbarn die Bauart und Bemessung der beabsichtigten Wand zwei Monate vor Baubeginn schriftlich anzuzeigen; § 8 Abs. 2 gilt entsprechend.

(2) Der Nachbar kann innerhalb von zwei Monaten nach Zugang der Anzeige verlangen, die Grenzwand so zu gründen, daß bei der späteren Durchführung seines Bauvorhabens zusätzliche Baumaßnahmen vermieden werden. Verzichtet er auf dieses Recht, kann mit den Arbeiten bereits vor Fristablauf begonnen werden. Wird die Anzeige schuldhaft verspätet abgegeben oder unterlassen, so hat der Eigentümer des zur Bebauung vorgesehenen Grundstücks dem Nachbarn den daraus entstehenden Schaden zu ersetzen.

(3) Die durch das Verlangen nach Absatz 2 Satz 1 entstehenden Mehrkosten sind zu erstatten. In Höhe der voraussichtlich erwachsenden Mehrkosten ist auf Verlangen des Erbauers der Grenzwand innerhalb eines Monats Vorschuß zu leisten. Der Anspruch auf die besondere Gründung erlischt, wenn der Vorschuß nicht fristgerecht geleistet wird.

(4) Soweit der Erbauer der Grenzwand die besondere Gründung auch zum Vorteil seines Bauwerks nutzt, beschränkt sich die Erstattungspflicht des Nachbarn auf den angemessenen Kostenanteil; darüber hinaus gezahlte Kosten können zurückgefordert werden.

§ 18
Errichten einer zweiten Grenzwand

(1) Wer eine Grenzwand neben einer schon vorhandenen Grenzwand errichtet, ist verpflichtet, die Fuge zwischen den Grenzwänden auf seine Kosten auszufüllen und zu verschließen, falls dies den allgemeinen Regeln der Baukunst entspricht und der Baugestaltung nicht widerspricht.

(2) Der Erbauer der zweiten Grenzwand ist berechtigt, auf eigene Kosten durch übergreifende Abdeckungen einen Anschluß herzustellen; er hat den Anschluß auf seine Kosten zu unterhalten.

(3) Ist es zur Ausführung des Bauvorhabens erforderlich, die zweite Grenzwand tiefer als die zuerst errichtete Grenzwand zu gründen, so gilt § 7 Abs. 2 entsprechend.

(4) Die Absicht, die Rechte nach den Absätzen 2 und 3 auszuüben, ist anzuzeigen; § 8 gilt entsprechend. Für die Verpflichtung zum Schadensersatz gilt § 15 entsprechend.

§ 19
Einseitige Grenzwand

Der Eigentümer eines Grundstücks hat Bauteile, die in den Luftraum seines Grundstücks übergreifen, zu dulden, wenn

1. nach den öffentlich-rechtlichen Vorschriften auf dem Nachbargrundstück nur bis an die Grenze gebaut werden darf,
2. die übergreifenden Bauteile öffentlich-rechtlich zulässig oder zugelassen worden sind,
3. sie der Benutzung seines Grundstücks nicht oder nur unwesentlich beeinträchtigen und
4. sie nicht zur Vergrößerung der Nutzfläche dienen.

§ 19a
Überbau durch Wärmedämmung

(1) Der Eigentümer und der Nutzungsberechtigte eines Grundstücks haben zu dulden, dass die auf einer vorhandenen Grenzwand nachträglich aufgebrachte Wärmedämmung und sonstige mit ihr im Zusammenhang stehende untergeordnete Bauteile auf das Grundstück übergreifen, soweit

1. die übergreifenden Bauteile öffentlich-rechtlich zulässig oder zugelassen worden sind,
2. eine vergleichbare Wärmedämmung auf andere Weise als durch eine Außendämmung mit vertretbarem Aufwand nicht vorgenommen werden kann und
3. sie die Benutzung des Grundstücks nicht oder nur unwesentlich beeinträchtigen. Eine wesentliche Beeinträchtigung ist insbesondere dann anzunehmen, wenn die Überbauung die Grenze zum Nachbargrundstück in der Tiefe um mehr als 0,25m überschreitet.

(2) Der duldungspflichtige Nachbar kann verlangen, dass der Eigentümer des durch den Überbau begünstigten Grundstücks die Wärmedämmung in einem ordnungsgemäßen Zustand erhält.

(3) Der duldungspflichtige Nachbar ist berechtigt, die Beseitigung der Wärmedämmung zu verlangen, soweit dadurch eine zulässige beabsichtigte Benutzung seines Grundstücks nicht nur unwesentlich beeinträchtigt wird, insbesondere soweit er selbst zulässigerweise an die Grenzwand anbauen will.

(4) Für die Verpflichtung zur Anzeige und zum Schadensersatz gelten die §§ 8 und 15 entsprechend mit der Maßgabe, dass die Anzeige Art und Umfang der Baumaßnahme umfassen muss.

(5) Dem Eigentümer und dinglich Nutzungsberechtigten des betroffenen Grundstücks ist ein angemessener Ausgleich in Geld zu leisten. Sofern nichts anderes vereinbart wird, gelten § 912 Abs. 2 und die §§ 913, 914 des Bürgerlichen Gesetzbuches entsprechend.

(6) Die Absätze 1 bis 5 gelten entsprechend für Nachbarwände und sonstige Wände, die nahe an der Grundstücksgrenze stehen oder über diese hinausreichen und zu deren Duldung der Eigentümer und der Nutzungsberechtigte verpflichtet sind.

ABSCHNITT 4

FENSTER- UND LICHTRECHT

§ 20
Inhalt und Umfang

(1) In oder an der Außenwand eines Gebäudes, die parallel oder in einem Winkel bis zu 60° zur Grenze des Nachbargrundstücks verläuft, dürfen Fenster, Türen oder zum Betreten bestimmte Bauteile wie Balkone und Terrassen nur mit schriftlicher Zustimmung des Eigentümers des Nachbargrundstücks angebracht werden, wenn ein geringerer Abstand als 3m von dem grenznächsten Punkt der Einrichtung bis zur Grenze eingehalten werden soll.

(2) Von einem Fenster oder einem zum Betreten bestimmten Bauteil, dem der Eigentümer des Nachbargrundstücks schriftlich zugestimmt hat oder das nach dem bisherigen Recht angebracht worden ist, müssen er und seine Rechtsnachfolger mit einem später errichteten Bauwerk mindestens 3m Abstand einhalten. Dies gilt nicht, wenn das später errichtete Bauwerk den Lichteinfall nicht oder nur geringfügig beeinträchtigt.

§ 21
Ausnahmen

Eine Zustimmung nach § 20 ist nicht erforderlich

1. für lichtdurchlässige Wandbauteile, wenn sie undurchsichtig, schalldämmend und gegen Feuereinwirkung widerstandsfähig sind,
2. für Außenwände gegenüber Grenzen zu öffentlichen Verkehrsflächen, zu öffentlichen Grünflächen und zu oberirdischen Gewässern von jeweils mehr als 2m Breite,
3. soweit nach öffentlich-rechtlichen Vorschriften Fenster und Türen angebracht werden müssen und
4. wenn keine oder nur geringfügige Beeinträchtigungen zu erwarten sind.

§ 22
Ausschluß des Beseitigungsanspruchs

(1) Der Anspruch auf Beseitigung einer zustimmungsbedürftigen Einrichtung, die einen geringeren als den in § 20 vorgeschriebenen Abstand hat, ist ausgeschlossen, wenn nicht bis zum Ablauf des auf die Anbringung der Einrichtung folgenden Kalenderjahres Klage auf Beseitigung erhoben worden ist.

(2) Der Anspruch auf Beseitigung einer Einrichtung, die bei Inkrafttreten dieses Gesetzes vorhanden ist, ist ausgeschlossen, wenn

1. ihr Abstand dem bisherigen Recht entspricht oder
2. ihr Abstand nicht dem bisherigen Recht entspricht und nicht bis zum Ablauf des auf das Inkrafttreten dieses Gesetzes folgenden Kalenderjahres Klage auf Beseitigung erhoben worden ist.

(3) Wird das Gebäude, an dem sich die Einrichtung befand, oder das Bauwerk beseitigt, so gelten für einen Neubau die §§ 20 und 21.

ABSCHNITT 5
HAMMERSCHLAGS- UND LEITERRECHT

§ 23
Inhalt und Umfang

(1) Der Eigentümer und der Nutzungsberechtigte eines Grundstücks müssen dulden, daß ihr Grundstück einschließlich der Bauwerke von dem Nachbarn oder von ihm Beauftragten zur Vorbereitung und Durchführung von Bau-, Instandsetzungs- und Unterhaltungsarbeiten auf dem Nachbargrundstück vorübergehend betreten und benutzt wird, wenn und soweit

1. die Arbeiten anders nicht oder nur mit unverhältnismäßig hohen Kosten durchgeführt werden können,

2. die mit der Duldung verbundenen Nachteile oder Belästigungen nicht außer Verhältnis zu dem von dem Berechtigten erstrebten Vorteil stehen und

3. das Vorhaben öffentlich-rechtlich zulässig oder zugelassen worden ist.

(2) Das Recht zur Benutzung umfaßt die Befugnis, auf oder über dem Grundstück Gerüste und Geräte aufzustellen sowie die zu den Arbeiten erforderlichen Baustoffe über das Grundstück zu bringen.

(3) Das Recht ist so zügig und schonend wie möglich auszuüben. Es darf nicht zur Unzeit geltend gemacht werden.

(4) Die Absicht, die Rechte nach den Absätzen 1 und 2 auszuüben, ist anzuzeigen; § 8 gilt entsprechend. Für die Verpflichtung zum Schadensersatz gilt § 15 entsprechend.

(5) Die Absätze 1 bis 4 finden auf die Eigentümer öffentlicher Verkehrsflächen keine Anwendung.

§ 24
Nutzungsentschädigung

(1) Wer ein Grundstück gemäß § 23 benutzt, hat für die Zeit der Benutzung eine Nutzungsentschädigung in Höhe der ortsüblichen Miete für die benutzten Bauwerksteile oder für einen dem benutzten unbebauten Grundstücksteil vergleichbaren Lagerplatz zu zahlen. Eine Benutzung unbebauter Grundstücksteile bis zur Dauer von zwei Wochen bleibt außer Betracht. Die Nutzungsentschädigung ist jeweils zum Ende eines Kalendermonats fällig.

(2) Nutzungsentschädigung kann nicht verlangt werden, soweit nach § 23 Abs. 4 Ersatz für entgangene anderweitige Nutzung gefordert wird.

ABSCHNITT 6
HÖHERFÜHREN VON SCHORNSTEINEN UND LÜFTUNGSLEITUNGEN

§ 25

(1) Der Eigentümer und der Nutzungsberechtigte eines Grundstücks müssen dulden, daß der Nachbar an ihrem höheren Gebäude Schornsteine und Lüftungsleitungen seines angrenzenden niedrigeren Gebäudes befestigt, wenn

1. die Höherführung der Schornsteine und Lüftungsleitungen für deren Betriebsfähigkeit erforderlich ist,

2. Schornsteine und Lüftungsleitungen anders nur mit erheblichen technischen Nachteilen oder mit unverhältnismäßig hohen Kosten höhergeführt werden können,

3. das betroffene Grundstück nicht erheblich beeinträchtigt wird und
4. die Erhöhung und Befestigung öffentlich-rechtlich zulässig oder zugelassen worden ist.

(2) Der Eigentümer und der Nutzungsberechtigte des betroffenen Grundstücks müssen ferner dulden, daß

1. die höhergeführten Schornsteine und Lüftungsleitungen von ihrem Grundstück aus unterhalten werden, wenn dies ohne Benutzung ihres Grundstücks nicht oder nur mit unverhältnismäßig hohen Kosten möglich ist und
2. die hierzu erforderlichen Anlagen auf diesem Grundstück angebracht werden; sie können den Berechtigten statt dessen darauf verweisen, an dem höheren Gebäude auf eigene Kosten außen eine Steigleiter anzubringen, wenn dadurch die Unterhaltungsarbeiten ermöglicht werden.

(3) Die Absicht, die Rechte nach den Absätzen 1 und 2 auszuüben, ist anzuzeigen; § 8 gilt entsprechend. Keiner vorherigen Anzeige bedürfen kleinere Arbeiten zur Unterhaltung der Anlage; zur Unzeit brauchen sie nicht geduldet zu werden.

(4) Für die Verpflichtung zum Schadensersatz gilt § 15 entsprechend.

ABSCHNITT 7
BODENERHÖHUNGEN, AUFSCHICHTUNGEN UND SONSTIGE ANLAGEN

§ 26
Bodenerhöhungen

(1) Der Boden eines Grundstücks darf nicht über die Geländeoberfläche des Nachbargrundstücks erhöht werden, es sei denn, es wird ein solcher Abstand zur Grundstücksgrenze eingehalten oder es werden solche Vorkehrungen getroffen und unterhalten, daß eine Schädigung des Nachbargrundstücks insbesondere durch Absturz, Abschwemmung oder Pressung des Bodens ausgeschlossen ist.

(2) Geländeoberfläche ist die natürliche Geländeoberfläche, soweit nicht gemäß § 9 Abs. 2 des Baugesetzbuchs oder in der Baugenehmigung eine andere Geländeoberfläche festgesetzt ist.

§ 27
Aufschichtungen und sonstige Anlagen

(1) Mit Aufschichtungen von Holz, Steinen, Stroh und dergleichen sowie sonstigen mit dem Grundstück nicht fest verbundenen Anlagen, die nicht über 1,50m hoch sind, braucht kein Mindestabstand von der Grenze eingehalten zu werden. Sind sie höher, so muß der Abstand um so viel über 0,50m betragen, als ihre Höhe das Maß von 1,50m übersteigt.

(2) Absatz 1 gilt nicht

1. für Baugerüste,
2. für Aufschichtungen und Anlagen, die eine Wand oder geschlossene Einfriedung nicht überragen, und
3. gegenüber Grenzen zu öffentlichen Verkehrsflächen, zu öffentlichen Grünflächen und zu oberirdischen Gewässern von mehr als 0,50m Breite (Mittelwasserstand).

ABSCHNITT 8
EINFRIEDUNG

§ 28
Einfriedungspflicht

Jeder Grundstückseigentümer kann von dem Nachbarn die Einfriedung nach folgenden Regeln verlangen:

1. **Wenn Grundstücke unmittelbar nebeneinander an derselben Straße liegen, so hat jeder Grundstückseigentümer an der Grenze zum rechten Nachbargrundstück einzufrieden.**
2. a) **Rechtes Nachbargrundstück ist das, das von der Straße aus betrachtet rechts liegt.**

   b) **Liegt ein Grundstück zwischen zwei Straßen, so ist das Grundstück rechtes Nachbargrundstück, welches von der Straße aus betrachtet rechts liegt, an der sich der Haupteingang des Grundstücks befindet. Ist ein Haupteingang nicht feststellbar, so hat der Grundstückseigentümer auf Verlangen des Nachbarn zu bestimmen, welche Straße als die Straße gelten soll, an der sich der Haupteingang befindet; § 264 Abs. 2 des Bürgerlichen Gesetzbuchs gilt entsprechend. Durch Verlegung des Haupteingangs wird die Einfriedungspflicht ohne Zustimmung des Eigentümers des angrenzenden Grundstücks nicht verändert.**

   c) **Für Eckgrundstücke gilt Buchstabe a ohne Rücksicht auf die Lage des Haupteingangs.**
3. **Als Straßen gelten auch Wege, wenn solche an Stellen von Straßen für die Lage von Grundstücken maßgeblich sind.**
4. **Wenn an einer Grenze beide Nachbarn einzufrieden haben, so haben sie gemeinsam einzufrieden.**
5. **An Grenzen, für die durch Nummer 1 keine Einfriedungspflicht begründet wird, insbesondere an beiderseits rückwärtigen Grenzen, ist gemeinsam einzufrieden.**

§ 29
Anzeigepflicht

(1) Die Absicht, eine Einfriedung zu errichten, zu beseitigen, durch eine andere zu ersetzen oder wesentlich zu verändern, ist dem Nachbarn mindestens zwei Wochen vor Beginn der Arbeiten anzuzeigen; § 8 Abs. 2 gilt entsprechend.

(2) Die Anzeigepflicht besteht auch dann, wenn der Nachbar weder die Einfriedung verlangen kann noch zu den Kosten beizutragen hat.

§ 30
Ausnahmen von der Einfriedungspflicht

(1) Eine Einfriedungspflicht besteht nicht, wenn und soweit die Grenze mit Gebäuden besetzt ist oder Einfriedungen nicht ortsüblich sind.

(2) Eine Einfriedungspflicht besteht ferner nicht für Grenzen zwischen Grundstücken und den an sie angrenzenden Flächen für die Land- und Forstwirtschaft, öffentlichen Verkehrsflächen, öffentlichen Grünflächen und Gewässern.

§ 31
Einfriedungspflicht des Störers

Besteht keine Einfriedungspflicht nach § 30, so hat der Eigentümer eines bebauten oder gewerblich genutzten Grundstücks auf Verlangen des Eigentümers des Nachbargrundstücks einzufrieden, wenn

1. von seinem Grundstück unzumutbare Beeinträchtigungen des Nachbargrundstücks ausgehen, die durch eine Einfriedung verhindert oder gemildert werden können, und
2. die Einfriedung zulässig ist.

§ 32
Beschaffenheit

(1) Es kann nur die Errichtung einer ortsüblichen Einfriedung oder, wenn keine Ortsüblichkeit feststellbar ist, eines etwa 1,25m hohen Zaunes aus Maschendraht verlangt werden. Können Nachbarn, die gemeinsam einzufrieden haben, sich nicht auf eine unter mehreren ortsüblichen Einfriedungen einigen, so ist ein Zaun der in Satz 1 bezeichneten Art zu errichten.

(2) Schreiben öffentlich-rechtliche Vorschriften eine andere Art der Einfriedung vor, so tritt diese an die Stelle der in Absatz 1 genannten Einfriedungsart.

(3) Bietet die Einfriedung gemäß Absatz 1 keinen angemessenen Schutz vor unzumutbaren Beeinträchtigungen, so hat auf Verlangen des Nachbarn derjenige, von dessen Grundstück die Beeinträchtigungen ausgehen, die Einfriedung im erforderlichen Umfang zu verstärken oder höher auszuführen.

§ 33
Standort

Wer zur Einfriedung allein verpflichtet ist, hat die Einfriedung auf seinem Grundstück zu errichten. Haben Nachbarn gemeinsam einzufrieden, so ist die Einfriedung auf der gemeinsamen Grenze zu errichten.

§ 34
Kosten der Errichtung

(1) Wer zur Einfriedung allein verpflichtet ist, hat die Kosten der Einfriedung zu tragen.

(2) Haben Nachbarn gemeinsam einzufrieden, so tragen sie die Kosten der Einfriedung je zur Hälfte. Ist bei gemeinsamer Einfriedung nur für eines der beiden Grundstücke eine Einfriedung nach § 32 Abs. 2 vorgeschrieben, so sind die Kosten einer Einfriedung nach § 32 Abs. 1 maßgebend; die Mehrkosten trägt der gemäß § 32 Abs. 2 verpflichtete Grundstückseigentümer. Die bei einer Einfriedung nach § 32 Abs. 3 gegenüber einer Einfriedung nach § 32 Abs. 1 oder 2 entstehenden Mehrkosten der Errichtung trägt der Nachbar, von dessen Grundstück die Beeinträchtigungen ausgehen.

§ 35
Benutzung und Kosten der Unterhaltung

(1) Wer zur Einfriedung allein verpflichtet ist, ist zur ausschließlichen Benutzung der Einfriedung berechtigt und hat die Kosten der Unterhaltung der Einfriedung zu tragen.

(2) Haben Nachbarn gemeinsam einzufrieden, so gilt für die gemeinsame Benutzung und Unterhaltung der Einfriedung auch dann die Regelung des § 922 des Bürgerlichen Gesetzbuchs, wenn die Einfriedung ganz auf einem der Grundstücke errichtet ist.

ABSCHNITT 9
GRENZABSTÄNDE FÜR PFLANZEN

§ 36
Grenzabstände für Wald

Für Wald gelten die Bestimmungen des Waldgesetzes des Landes Brandenburg.

§ 37
Grenzabstände für Bäume, Sträucher und Hecken

(1) Mit Bäumen außerhalb des Waldes, Sträuchern und Hecken (Anpflanzungen) von über 2m regelmäßiger Wuchshöhe ist ein solcher Abstand zum Nachbargrundstück einzuhalten, daß

1. bei Obstbäumen ein Abstand von 2m,
2. bei sonstigen Bäumen ein Abstand von 4m und
3. im übrigen für jeden Teil der Anpflanzung der Abstand mindestens ein Drittel seiner Höhe über den Erdboden beträgt. Der Abstand wird waagerecht und rechtwinklig zur Grenze gemessen.

Bei Bäumen wird der Abstand von der Mitte des Stammes an der Stelle gemessen, an der dieser aus dem Boden tritt. Im Übrigen wird der Abstand von der äußersten Stelle der Anpflanzung gemessen, die der Grenze am nächsten ist.

(2) Der doppelte Abstand ist gegenüber Grundstücken einzuhalten, die landwirtschaftlich oder erwerbsgärtnerisch genutzt oder zu diesem Zweck vorübergehend nicht genutzt werden.

§ 38
Ausnahmen von den Abstandsvorschriften

§ 37 gilt nicht für

1. Anpflanzungen, die hinter einer geschlossenen Einfriedung vorgenommen werden und diese nicht überragen; als geschlossen gilt auch eine Einfriedung, deren Bauteile breiter sind als die Zwischenräume;
2. Anpflanzungen auf öffentlichen Verkehrsflächen;
3. Anpflanzungen an den Grenzen zu öffentlichen Verkehrsflächen, zu öffentlichen Grünflächen und zu oberirdischen Gewässern von jeweils mehr als 4m Breite;
4. Hecken, die nach § 33 auf der Grenze angepflanzt werden oder die das öffentliche Recht als Einfriedung vorschreibt.

§ 37 gilt ferner nicht, wenn das öffentliche Recht andere Grenzabstände vorschreibt.

§ 39
Beseitigungsanspruch

Wird der vorgeschriebene Mindestabstand nicht eingehalten, so kann der Nachbar die Beseitigung der Anpflanzung verlangen. Der Eigentümer und der Nutzungsberechtigte des Grundstücks sind befugt, statt dessen die Anpflanzung auf ihrem Grundstück zurückzuschneiden, sofern auch auf diese Weise ein den Vorschriften dieses Gesetzes entsprechender Zustand hergestellt werden kann. Eine Beseitigung oder Zurückschneidung kann nur verlangt werden, soweit pflanzenschützende Vorschriften nicht berührt werden.

§ 40
Ausschluß des Beseitigungsanspruchs

Der Anspruch nach diesem Gesetz auf Beseitigung von Anpflanzungen, die die vorgeschriebenen Mindestabstände nicht einhalten, ist ausgeschlossen, wenn der Nachbar nicht bis zum Ablauf des zweiten auf das Anpflanzen folgenden Kalenderjahres Klage auf Beseitigung erhoben hat. Für Anpflanzungen, die zunächst die vorgeschriebenen Abstände einhalten, beginnt die Frist, wenn sie über die nach diesem Gesetz zulässige Höhe hinausgewachsen sind.

§ 41
Ersatzanpflanzungen

Werden für Anpflanzungen, bei denen der Anspruch auf Beseitigung nach § 40 ausgeschlossen ist, Ersatzanpflanzungen oder Nachpflanzungen vorgenommen, so sind die nach diesem Gesetz vorgeschriebenen Abstände einzuhalten. Dies gilt nicht für die Ersetzung einzelner abgestorbener Heckenpflanzen einer geschlossenen Hecke.

§ 42
Nachträgliche Grenzänderungen

Die Rechtmäßigkeit des Abstandes wird durch nachträgliche Grenzänderungen nicht berührt; § 41 gilt entsprechend.

§ 43
Wild wachsende Pflanzen

Die Vorschriften dieses Abschnitts gelten für wild wachsende Pflanzen entsprechend. Als Anpflanzen im Sinne des § 40 Satz 1 gilt die Erklärung des Grundstückseigentümers gegenüber dem Nachbarn, daß er die wild wachsende Pflanze nicht beseitigen wolle.

ABSCHNITT 10
DULDUNG VON LEITUNGEN

§ 44
Leitungen in Privatgrundstücken

(1) Der Eigentümer und die Nutzungsberechtigten eines Grundstücks müssen dulden, daß durch ihr Grundstück der Eigentümer und die Nutzungsberechtigten des Nachbargrundstücks auf eigene Kosten Versorgungs- und Abwasserleitungen hindurchführen, wenn

1. das Vorhaben bauplanungsrechtlich zulässig,
2. der Anschluß an das Versorgungs- und Entwässerungsnetz anders nicht möglich und
3. die damit verbundene Beeinträchtigung nicht erheblich ist.

(2) Ist das betroffene Grundstück an das Versorgungs- und Entwässerungsnetz bereits angeschlossen und reichen die vorhandenen Leitungen aus, um die Versorgung oder Entwässerung der beiden Grundstücke durchzuführen, so beschränkt sich die Verpflich-

tung nach Absatz 1 auf das Dulden des Anschlusses. Im Falle des Anschlusses ist zu den Herstellungskosten des Teils der Leitungen, der nach dem Anschluß mitbenutzt werden soll, ein angemessener Beitrag und auf Verlangen Sicherheit in Höhe des voraussichtlichen Beitrags zu leisten. In diesem Falle darf der Anschluß erst nach Leistung der Sicherheit vorgenommen werden.

(3) Bestehen mehrere Möglichkeiten der Durchführung, so ist die für das betroffene Grundstück schonendste zu wählen.

§ 45
Unterhaltung

(1) Der Berechtigte hat die nach § 44 Abs. 1 vorgelegten Leitungen oder die nach § 44 Abs. 2 hergestellten Anschlußleitungen auf seine Kosten zu unterhalten. Zu den Unterhaltungskosten der Teile der Leitungen, die von ihm mitbenutzt werden, hat er einen angemessenen Beitrag zu leisten.

(2) Zur Durchführung von Maßnahmen im Sinne des Absatzes 1 Satz 1 darf der Berechtigte oder der von ihm Beauftragte das betroffene Grundstück betreten.

§ 46
Schadensersatz und Anzeigepflicht

Für die Verpflichtungen zur Anzeige und zum Schadensersatz gelten § 8 Abs. 1 Satz 1 und § 15 entsprechend.

§ 47
Nachträgliche erhebliche Beeinträchtigung

(1) Führen die nach § 44 Abs. 1 verlegten Leitungen oder die nach § 44 Abs. 2 hergestellten Anschlußleitungen nachträglich zu einer erheblichen Beeinträchtigung, so können der Eigentümer und die Nutzungsberechtigten des betroffenen Grundstücks von dem Berechtigten verlangen, daß er seine Leitungen beseitigt und die Beseitigung der Teile der Leitungen, die gemeinsam genutzt werden, duldet. Dieses Recht entfällt, wenn der Berechtigte die Beeinträchtigung so herabmindert, daß sie nicht mehr erheblich ist.

(2) Der Schaden, der durch die Maßnahmen nach Absatz 1 auf dem betroffenen Grundstück entsteht, ist zu ersetzen.

§ 48
Anschlußrecht des Duldungspflichtigen

(1) Der Eigentümer und die Nutzungsberechtigten eines Grundstücks, das gemäß § 44 Abs. 1 in Anspruch genommen ist, sind berechtigt, ihrerseits an die verlegten Leitungen anzuschließen, wenn diese ausreichen, um die Versorgung oder Entwässerung der beiden Grundstücke durchzuführen. § 44 Abs. 2 Satz 2 und § 45 Abs. 1 gelten entsprechend.

(2) Soll ein auf dem betroffenen Grundstück errichtetes oder noch zu erstellendes Gebäude an die Leitungen angeschlossen werden, die der Eigentümer oder die Nutzungsberechtigten des Nachbargrundstücks nach § 44 Abs. 1 durch das Grundstück hindurchführen wollen, so können der Eigentümer und die Nutzungsberechtigten des betroffenen Grundstücks verlangen, daß die Leitungen in einer ihrem Vorhaben Rechnung tragenden und technisch vertretbaren Weise verlegt werden. Die durch dieses Verlangen entstehenden Mehrkosten sind zu erstatten. In Höhe der voraussichtlich erwachsenden Mehrkosten ist auf Verlangen binnen zwei Wochen Vorschuß zu leisten; der Anspruch nach Satz 1 erlischt, wenn der Vorschuß nicht fristgerecht geleistet wird.

§ 49
Leitungen in öffentlichen Straßen

Die §§ 44 bis 48 gelten nicht für die Verlegung von Leitungen in öffentlichen Straßen und in öffentlichen Grünflächen.

§ 50
Entschädigung

(1) Für die Duldung der Rechtsausübung nach § 44 ist der Nachbar durch eine Geldrente zu entschädigen. Die Rente ist jährlich im voraus zu entrichten.

(2) Die Höhe der Rente ist nach Billigkeit zu bemessen. Dabei sind die dem Berechtigten durch die Ausübung des Rechts zugute kommenden Einsparungen und der Umfang der Belästigung des Nachbarn angemessen zu berücksichtigen.

§ 51
Anschluß an Fernheizungen

Die Vorschriften dieses Abschnitts gelten entsprechend für den Anschluß eines Grundstücks an eine Fernheizung, sofern derjenige, der sein Grundstück anschließen will, einem Anschlußzwang unterliegt.

ABSCHNITT 11
DACHTRAUFE UND ABWÄSSER

§ 52
Niederschlagswasser

(1) Der Eigentümer und die Nutzungsberechtigten eines Grundstücks müssen ihre baulichen Anlagen so einrichten, daß

1. Niederschlagswasser nicht auf das Nachbargrundstück tropft oder auf dieses abgeleitet wird und
2. Niederschlagswasser, das auf das eigene Grundstück tropft oder abgeleitet ist, nicht auf das Nachbargrundstück übertritt.

(2) Absatz 1 findet keine Anwendung auf freistehende Mauern entlang öffentlicher Straßen und öffentlicher Grünflächen.

§ 53
Anbringen von Sammel- und Abflußeinrichtungen

(1) Der Eigentümer und die Nutzungsberechtigten eines Grundstücks, die aus besonderem Rechtsgrund verpflichtet sind, das von den baulichen Anlagen eines Nachbargrundstücks tropfende oder abgeleitete oder von dem Nachbargrundstück übertretende Niederschlagswasser aufzunehmen, sind berechtigt, auf eigene Kosten besondere Sammel- und Abflußeinrichtungen an der baulichen Anlage des traufberechtigten Nachbarn anzubringen, wenn die damit verbundene Beeinträchtigung nicht erheblich ist. Sie haben diese Einrichtungen zu unterhalten.

(2) Für die Verpflichtungen zur Anzeige und zum Schadensersatz gelten die §§ 8 und 15 entsprechend.

§ 54
Abwässer

Der Eigentümer und die Nutzungsberechtigten eines Grundstücks dürfen ihre baulichen Anlagen nicht so einrichten, daß Abwässer und andere Flüssigkeiten auf das Nachbargrundstück übertreten.

ABSCHNITT 12
WILD ABFLIEßENDES WASSER

§ 55
Abfluß und Zufluß

(1) Wild abfließendes Wasser ist oberirdisch außerhalb eines Bettes abfließendes Quell- oder Niederschlagswasser.

(2) Der Eigentümer und die Nutzungsberechtigten eines Grundstücks dürfen nicht

1. den Abfluß wild abfließenden Wassers auf Nachbargrundstücke verstärken und
2. den Zufluß wild abfließenden Wassers von Nachbargrundstüken auf ihr Grundstück hindern,

wenn dadurch die Nachbargrundstücke erheblich beeinträchtigt werden.

(3) Der Eigentümer und die Nutzungsberechtigten eines Grundstücks dürfen den Abfluß von Niederschlagswasser von ihrem Grundstück auf Nachbargrundstücke mindern oder unterbinden.

§ 56
Wiederherstellung des früheren Zustands

(1) Haben Naturereignisse den Abfluß wild abfließenden Wassers von einem Grundstück auf ein Nachbargrundstück verstärkt oder den Zufluß wild abfließenden Wassers von einem Nachbargrundstück auf ein Grundstück gemindert oder unterbunden und wird dadurch das Nachbargrundstück erheblich beeinträchtigt, so müssen der Eigentümer und die Nutzungsberechtigten des Grundstücks die Wiederherstellung des früheren Zustands durch den Eigentümer und die Nutzungsberechtigten des beeinträchtigten Nachbargrundstücks dulden.

(2) Die Wiederherstellung muß binnen drei Jahren vom Ende des Jahres ab, in dem die Veränderung eingetreten ist, durchgeführt werden. Während der Dauer eines Rechtsstreits über die Verpflichtung zur Duldung der Wiederherstellung ist der Lauf der Frist für die Prozeßbeteiligten gehemmt.

§ 57
Schadensersatz

Schaden, der bei Ausübung des Rechts nach § 56 Abs. 1 auf dem betroffenen Grundstück entsteht, ist zu ersetzen; § 15 gilt entsprechend.

§ 58
Anzeigepflicht

Die Absicht, das Recht nach § 56 Abs. 1 auszuüben, ist zwei Wochen vor Beginn der Bauarbeiten anzuzeigen; § 8 gilt entsprechend.

§ 59
Wegfall der Verpflichtung zur Sicherheitsleistung und zur Anzeige

Ist die Ausübung des Rechts nach § 56 Abs. 1 zur Abwendung einer gegenwärtigen erheblichen Gefahr erforderlich, so entfällt die Verpflichtung zur Sicherheitsleistung und zur Anzeige.

§ 60
Veränderung des Grundwasserspiegels

(1) Der Eigentümer und die Nutzungsberechtigten eines Grundstücks dürfen auf dessen Untergrund mit physikalischen oder chemischen Mitteln nicht in einer Weise einwirken, daß der Grundwasserspiegel steigt oder sinkt und dadurch auf einem Nachbargrundstück erhebliche Beeinträchtigungen hervorgerufen werden.

(2) Erlaubnisse nach öffentlich-rechtlichen Vorschriften bleiben hiervon unberührt.

ABSCHNITT 13
ÜBERGANGS- UND SCHLUSSVORSCHRIFTEN

§ 61
Übergangsvorschriften

(1) Der Umfang von Rechten, die bei Inkrafttreten dieses Gesetzes bestehen, richtet sich unbeschadet der Vorschrift des Absatzes 2 nach diesem Gesetz.

(2) Der Anspruch auf Beseitigung von Pflanzen, die bei Inkrafttreten des Gesetzes vorhanden sind und deren Grenzabstände den Vorschriften dieses Gesetzes nicht entsprechen, ist ausgeschlossen, wenn

1. der Nachbar nicht innerhalb eines Jahres nach Inkrafttreten dieses Gesetzes Klage auf Beseitigung erhoben hat oder
2. die Pflanzen dem bisherigen Recht entsprechen.

(3) Ansprüche auf Zahlung aufgrund dieses Gesetzes bestehen nur, wenn das den Anspruch begründende Ereignis nach Inkrafttreten dieses Gesetzes eingetreten ist; anderenfalls behält es bei dem bisherigen Recht sein Bewenden.

§ 62
Inkrafttreten, Außerkrafttreten

(1) Dieses Gesetz tritt am Tage nach der Verkündung in Kraft.[1)]

(2) Gleichzeitig treten, soweit sie als Landesrecht fortgelten

1. die §§ 316 bis 322 des Zivilgesetzbuchs der Deutschen Demokratischen Republik vom 19. Juni 1975 (GBl. I Nr. 27 S. 465).
2. Erster Teil, Achter Titel §§ 125 bis 131, 133, 137 bis 140, 142 bis 144, 146 bis 148, 152, 153, 155, 156, 162 bis 167, 169 bis 174, 185, 186, Zweiundzwanzigster Titel §§ 55 bis 62 des Allgemeinen Landrechts für die Preußischen Staaten vom 5. Februar 1794,

außer Kraft.

1) Anmerkung: Verkündet am 3. Juli 1996

Brandenburgisches Nachbarrechtsgesetz (BbgNRG)

vom 28. Juni 1996 (GVBl. I S. 226), zuletzt geändert durch Gesetz vom 3. Juni 2014 (GVBl. S. 14 [Nr. 22])

– Kommentar –

ABSCHNITT 1

ALLGEMEINE VORSCHRIFTEN

§ 1
Grundsatz

Die Grundstücksnachbarn haben ihre nachbarlichen Beziehungen so zu gestalten, daß ihre individuellen und gemeinschaftlichen Interessen mit den Erfordernissen, die an ein gutes nachbarschaftliches Verhältnis zu stellen sind, übereinstimmen und gegenseitig keine Schäden oder vermeidbare Belästigungen aus der Nutzung der Grundstücke und Gebäude entstehen. Zur Beilegung von Konflikten haben sie verantwortungsbewußt zusammenzuwirken.

Erläuterungen

§ 1 BbgNRG definiert die **Grundvorstellung im Nachbarrecht**, die ein **gedeihliches Nebeneinander** von Grundstückseigentümern gewährleistet. Die Aussage könnte eine Anlehnung an das Rechtsinstitut des nachbarlichen Gemeinschaftsverhältnisses sein, das von der Rechtsprechung aus dem Grundsatz von Treu und Glauben nach § 242 BGB geprägt wurde, um dort einen gerechten Ausgleich widerstreitender Nachbarinteressen zu finden, für welche keine gesetzlichen Regelungen vorhanden sind bzw. greifen. Die Regelung geht über die Befugnisnorm des § 903 BGB hinaus, welche feststellt, dass der Eigentümer einer Sache mit der Sache nach Belieben verfahren kann, sofern nicht das Gesetz oder Rechte Dritter entgegenstehen, und enthält bereits den Gedanken des Rücksichtnahmegebotes. Brandenburg hat mit dieser Vorschrift den Versuch unternommen, den § 316 DDR-ZGB in einer ideologisch etwas entschärften Fassung wieder einzuführen. *Dehner* (DtZ 1997 S. 313) hat sich mit der Frage befasst, ob der Landesgesetzgeber zu einer solchen Regelung befugt ist. Er kommt zum Schluss, dass die Regelung durch Art. 124 des EGBGB nicht gedeckt ist, weil § 1 BbgNRG sich im Prinzip an alle nachbarrechtlichen Problemfelder wendet, also auch solche, die im Bürgerlichen Gesetzbuch verankert sind. Eine derartige Anordnung des Landesgesetzgebers, die die nachbarlichen Beziehungen derart umfassend regelt, wird durch die Ermächtigung des Art. 124 EGBGB nicht bedeckt und ist deshalb ungültig (a. A. *Wilke*, DtZ 1996 S. 294). Der Begriff des Grundstücksnachbarn wird durch § 2 BbgNRG definiert.

Schaden ist **Vermögensschaden** oder **Nichtvermögensschaden** (ideeller Schaden). Unter ideellem Schaden versteht man die Einbuße an immateriellen Gütern (Gesundheit, Freiheit usw.). Vermögensschaden ist jede in Geld berechenbare Beeinträchtigung des Vermögens. Bei der Beurteilung von vermeidbaren Belästigungen wird es immer auf den Einzelfall ankommen. Hierbei sind auch die Belange des Verursachers unter Berücksichtigung der örtlichen und zeitlichen Gegebenheiten abzuwägen. Unvermeidbar sind Belästigungen, wenn sie sich aufgrund zwingender Abläufe ergeben, so z. B. Einschränkungen bei der Stellung eines Baugerüstes im Rahmen der Ausübung des Hammerschlags- und Leiterrechtes.

Der Maßstab für das „Nachbarschaftsverhältnis“ orientiert sich nach dem Empfinden eines verständigen Durchschnittmenschen. Damit versucht die Rechtsprechung klarzustellen, dass abgestellt wird auf Personen, die weder besonders empfindsam sind, noch vollkommen gleichgültig auf Einwirkungen aus der Nachbarschaft reagieren. Dabei werden jedoch Beeinträchtigungen nur berücksichtigt, die erheblich sind.

§ 2
Nachbar, Erbbauberechtigter

(1) Nachbar im Sinne dieses Gesetzes ist der Eigentümer des an ein Grundstück angrenzenden Grundstücks.

(2) Im Falle der Belastung des Grundstücks mit einem Erbbaurecht tritt der Erbbauberechtigte an die Stelle des Grundstückseigentümers.

Erläuterungen

1. § 2 Abs. 1 BbgNRG definiert den **Begriff des Nachbarn**. Nachbar ist in erster Linie der **Grundstückseigentümer**. Grundstückseigentümer ist derjenige, der im Grundbuch als Eigentümer eingetragen ist. Auch dem **Erwerber eines Grundstücks**, der noch nicht im Grundbuch eingetragen ist, können Nachbarrechte zustehen, wenn er bereits eine geschützte Rechtsposition erworben hat und Besitz und Nutzung auf ihn übergegangen sind. Beim Grundstückskauf entsteht diese Rechtsposition nach Abschluss des notariellen Kaufvertrages und der Auflassung (§ 925 BGB) sowie der Eintragung einer Vormerkung gem. §§ 883 ff. BGB im Grundbuch oder der Einreichung des Eintragantrages beim Grundbuch. **Nutzungsberechtigte** wie etwa **Mieter oder Pächter** sind **keine Nachbarn** im Sinne des Gesetzes. Sie können nur Rechte mit Ermächtigung des Grundstücksnachbarn wahrnehmen und sich bei der Geltendmachung von Abwehrrechten gegenüber dem Nachbarn an ihren Vermieter oder Verpächter wenden (vgl. hierzu auch BGH, NJW-RR 2006 S. 753). Grundstückseigentümer ist auch ein **Miteigentümer** (vgl. §§ 1008, 1011 BGB) sowie ein **Wohnungseigentümer** im Sinne des Wohnungseigentumsrechts. Für den Bereich des Sondereigentums (Alleineigentum) ist der Wohnungseigentümer dem Grundstückseigentümer grundsätzlich gleichgestellt (OLG Köln, NJW-RR 1997 S. 14). Der Anwendungsbereich des Gesetzes beschränkt sich auf die nebeneinander liegenden Grundstücke, wie sie im Grundbuch bezeichnet sind. Für Beeinträchtigungen von entfernt liegenden Grundstücken erfährt der Nachbar keinen Schutz nach diesem Gesetz, sondern allenfalls nach §§ 903 ff. BGB bzw. nach öffentlich-rechtlichen Normen.

2. Dem Grundstückseigentümer gleichgestellt wird nach § 2 Abs. 2 BbgNRG auch der **Erbbauberechtigte**, dessen Rechtsstellung ergibt sich aus der Erbaurechtsverordnung.

§ 3
Anwendungsbereich

(1) Die §§ 5 bis 31 und 33 bis 59 gelten nur, soweit die Nachbarn keine von diesen Bestimmungen abweichenden Vereinbarungen treffen oder zwingende öffentlich-rechtliche Vorschriften oder bestandkräftige Verwaltungsakte nicht entgegenstehen.

(2) Die in diesem Gesetz vorgesehene Schriftform ist nicht abdingbar.

Erläuterungen

1. Die **Bestimmungen des Nachbarrechts** sind **nachrangig** gegenüber **abweichenden Vereinbarungen**. Privatrechtliche Rechte und Pflichten können demzufolge durch rechtsgeschäftliche Erklärungen der Nachbarn eingeschränkt, erweitert, ausgeschlossen oder begründet werden. Aus diesem Grund wird das Nachbarrechtsgesetz auch gerne als eine Art „Friedensordnung“ bezeichnet. So ist beispielsweise eine Gestattung, das Grundstück als Zufahrt zum Nachbargrundstück mitzubenutzen, als eine Art „Leihverhältnis“ zu betrachten, das mangels entgegenstehender Vereinbarung jederzeit kündbar ist (vgl. OLG Bbg, DtZ 1996 S. 389). Die Grenzen der sonstigen Vereinbarungen finden sich im Allgemeinen im Vertragsrecht, sodass Vereinbarungen, die gegen gesetzliche Verbote (§ 134 BGB) oder gegen die guten Sitten verstoßen (§ 138 BGB), nichtig sind.

Unzulässig sind nach allgemeinen Regelungen auch Vereinbarungen, deren Regelungsgegenstände nicht der Vertragsfreiheit unterliegen. So kann etwa die Verjährung (§ 225 BGB) nicht durch Rechtsgeschäft ausgeschlossen oder erschwert werden. Zu den anderweitigen Vereinbarungen gehören auch Vergleiche, die vor Gericht geschlossen wurden.

Die **nachbarrechtliche Vereinbarung** ist **schuldrechtlicher Natur** und bindet demzufolge auch nur die Vertragspartner bzw. die Gesamtrechtsnachfolger (Erben), nicht aber den Sonderrechtsnachfolger (z. B. den Käufer). Sie binden im Übrigen auch nicht die Bauaufsicht hinsichtlich der von ihr zu prüfenden Genehmigungsvoraussetzungen (VGH Kassel, NVwZ-RR 2006 S. 772). Im letztgenannten Fall empfiehlt sich eine **dingliche Absicherung** der Vereinbarung in **Form einer Dienstbarkeit**.

> *Beispiel:*
>
> *Der Grundstückseigentümer Froh und sein Nachbar Stolz sind beide Naturliebhaber. Demzufolge haben beide in ihren Gärten umfangreiche Bäume gepflanzt. Weil sie die nachbarrechtlichen Grenzabstandsregelungen eher als lästig empfinden, vereinbaren beide per Vertrag, dass für alle Baumanpflanzungen keine Grenzabstände einzuhalten sind.*

Im genannten Fall haben also die Grundstücksnachbarn die freie Entscheidung darüber, durch Vereinbarung eine Einschränkung der Nachbarrechtsregelungen zu treffen. Zwingende öffentlich-rechtliche Vorschriften können beispielsweise auch Festsetzungen im Bebauungsplan sein.

Durch § 3 Abs. 1 letzter Halbsatz BbgNRG wird klargestellt, dass bei widerstreitenden Interessen im Zweifel öffentliche-rechtliche Vorschriften Vorrang haben. So kann bspw. durch Bebauungsplan die Einfriedungsart vorgegeben werden. Die nachbarrechtlichen Bestimmungen treten in diesem Falle zurück. Auch tritt privates Recht zurück, wenn hoheitliche Maßnahmen (z. B. lärmende Arbeiten im öffentlichen Straßenbereich) notwendig sind (vgl. hierzu auch OLG Köln, BauR 2003 S. 516).

2. Im Absatz 2 wird nochmals klargestellt, dass die im Gesetz vorgesehenen Formvorschriften nicht durch Vereinbarung aufgehoben oder abgeändert werden können.

Ergänzend sei darauf hingewiesen, dass nach § 126a BGB die schriftliche Form auch durch die elektronische Form ersetzt werden kann. In diesem Falle ist das elektronische Dokument mit einer qualifizierten elektronischen Signatur zu versehen.

§ 4
Verjährung

Die Verjährung von Ansprüchen nach diesem Gesetz richtet sich nach den Vorschriften des Bürgerlichen Gesetzbuches.

Erläuterungen

Der Verlust nachbarrechtlicher Rechte wird nunmehr an die Vorgaben des Bürgerlichen Gesetzbuches gekoppelt. Danach gilt die regelmäßige Verjährungsfrist von drei Jahren (§ 195 BGB). Die Verjährung beginnt mit dem Schluss des Jahres zu laufen, in dem der Gläubiger Kenntnis erlangt oder ohne große Fahrlässigkeit erlangen müsste.

Von der Regelung erfasst werden in erster Linie Schadensersatzansprüche, die im Gesetz ausdrücklich vorgesehen sind, so z. B. nach § 13 Abs. 4 Satz 2, §§ 15, 18 Abs. 4 Satz 2, § 23

Abs. 4 Satz 2 BbgNRG. In einigen Fällen konkurriert dieser Anspruch mit einem Anspruch aus § 823 BGB, die ebenfalls einer Verjährungsfrist von drei Jahren unterworfen sind.

Entscheidend ist letztlich die Kenntnis vom Schaden, wobei es bei vorborgenen Schäden darum geht, wann eine Kenntnis hätte bestehen können. Wird während des Laufs einer Verjährungsfrist eines der beiden Grundstücke veräußert, hat dies in der Regel auf die Verjährung keinen Einfluss. Die weiteren Regelungen des BGB über die Verjährung gelten unmittelbar. Zu nennen sind hier mögliche Unterbrechungs- und Hemmungsereignisse. Verjährung bedeutet zivilrechtlich nicht, dass der Anspruch untergeht, sondern dass der Verpflichtete mit der sogenannten „Einrede der Verjährung" den Anspruch „undurchsetzbar" macht. Unter Umständen können Ansprüche verwirken, wenn eine späte Geltendmachung gegen Treu und Glauben verstößt (§ 242 BGB). Die Verwirkung setzt aber in der Regel ein Verhalten des Anspruchsinhabers voraus, aus dem der Anspruchsgegner entnehmen konnte, dass der Anspruch nicht mehr geltend gemacht wird, und der Schuldner muss sich auf diese Lage eingerichtet haben. Bei Ansprüchen, die einer kurzen Verjährungs- oder Ausschlussfrist unterliegen, kommt eine Verwirkung regelmäßig nicht in Betracht.

ABSCHNITT 2
NACHBARWAND

§ 5
Begriff der Nachbarwand

Nachbarwand ist die auf der Grenze zweier Grundstücke errichtete Wand, die den auf diesen Grundstücken errichteten Bauwerken als Abschlußwand oder zur Unterstützung oder Aussteifung dient.

Erläuterungen

Eine **Nachbarwand** ist die **auf der Grenze stehende Wand**, welche früher als „Kommunmauer" (gemeinsame Mauer) bezeichnet wurde. Rechtsfragen im Zusammenhang mit Grenz- oder Nachbarwänden tauchen zwar im „alltäglichen Nachbarrecht" nicht gerade häufig auf. Wenn sie aber zum Thema werden, dann sollten sich die Betroffenen auf jedem Fall fachkundig beraten lassen. Vor allem mit der Errichtung der Nachbarwand bindet man sich sehr eng an seinen Nachbarn. Eine Nachbarwand ist die auf der Grenze zweier Grundstücke errichtete Wand, die den auf diesen Grundstücken errichteten oder zu errichtenden Gebäuden als Anschlusswand oder zur Unterstützung oder Aussteifung dienen soll. Bauwerke im Sinne der Bestimmung sind Gebäude und sonstige mit dem Erdboden verbundene, aus Bauprodukten hergestellte Anlagen.

Zur Unterstützung dient die Wand, wenn sie Kräfte aus anderen Bauteilen aufnehmen soll; das wird bei einem Anbau etwa der Fall sein, wenn Decke oder Dach in die Wand eingelegt oder auf sie aufgelegt wird (*Bauer/Hülbusch/Schlick/Rottmüller*, § 3 Anm. 4c). Zur „Aussteifung" dient die Wand, wenn sie beiden Bauwerken zur Unterstützung ihrer Anschlusswände dient, die neben der Grundstücksgrenze errichtet wird, sonst aber nicht hinreichend standsicher wären. Eine Nachbarwand liegt demnach nicht vor, wenn ein Teil der Wand ganz auf dem Grundstück des Erbauers liegt. Nicht erforderlich ist, dass die betroffenen Grundstücke im Eigentum verschiedener Personen stehen.

§ 6
Errichten und Beschaffenheit der Nachbarwand

(1) Eine Nachbarwand darf nur errichtet werden, wenn die Errichtung baurechtlich zulässig ist und beide Nachbarn die Errichtung schriftlich vereinbart sowie grundbuchrechtlich gesichert haben.

(2) Die Nachbarwand ist in einer solchen Bauart und Bemessung auszuführen, daß sie den Bauvorhaben beider Nachbarn genügt. Der Erbauer braucht die Wand nur für einen Anbau herzurichten, der an sie keine höheren Anforderungen stellt als sein eigenes Bauvorhaben.

(3) Erfordert keines der beiden Bauvorhaben eine stärkere Wand als das andere, so darf die Nachbarwand höchstens mit der Hälfte ihrer notwendigen Stärke auf dem Nachbargrundstück errichtet werden. Erfordert ein Bauvorhaben eine stärkere Wand, so ist die Wand zu einem entsprechend größeren Teil auf diesem Grundstück zu errichten.

Erläuterungen

1. Die **Zulässigkeit** der **Errichtung einer Nachbarwand** regelt Absatz 1. Voraussetzung hierfür ist die **baurechtliche Zulässigkeit**, eine **schriftliche Vereinbarung** der betroffenen Nachbarn sowie die **grundbuchrechtliche Absicherung**. Die baurechtliche Zulässigkeit orientiert sich am formellen (Vorliegen einer Baugenehmigung) und materiellen (bauplanungsrechtliche Zulässigkeit) Baurecht und die Ausführung darf nicht im Widerspruch zur BbgBO. Vorgeschrieben ist weiterhin eine schriftliche vertragliche Vereinbarung über das Einvernehmen. Hier können bspw. Fragen zur den Baukosten, dem verwendeten Material usw. vereinbart werden. Die Pflicht zur Errichtung einer Wand auf der Grundstücksgrenze kann nicht durch Baugenehmigung erzwungen werden (vgl. hierzu VGH Mannheim, NJW 1996 S. 3429).

Eine Regelung zum Eigentum an der Nachbarwand ist entbehrlich, da diese Frage rechtlich feststeht und auch nicht durch Vertrag abgeändert werden kann. Schließlich ist die Vereinbarung grundbuchrechtlich durch Eintragung einer Grunddienstbarkeit (§§ 1018 ff. BGB) abzusichern. Sie ist auch notwendig, um den Rechtsnachfolger des Nachbarn, der den Bau auf seiner Grenzhälfte hinnehmen will, zu binden. Eine bereits bestehende Nachbarwand hätte dieser zwar nach den Grundsätzen des § 912 BGB (Überbau) zu dulden, jedoch nicht die Errichtung. Eine grundbuchmäßige Absicherung ist auch dann erforderlich, wenn der Bauherr auch Eigentümer des in Anspruch zu nehmenden Nachbargrundstücks ist, da sich hier die Rechtsverhältnisse jederzeit ändern können.

2. Absatz 2 regelt die **Beschaffenheit der Nachbarwand**. Bauart und Bemessung ergeben sich aus den öffentlich-rechtlichen Bauvorschriften. Um evtl. Streitigkeit zu vermeiden, sollte frühzeitig genau festgelegt werden, welche Bauausführung der Nachbarwand im Sinne einer gleichartigen Nutzung durch beide Nachbarn erfahren soll. Wird die Nachbarwand entgegen einer ausdrücklichen Vereinbarung anders errichtet, handelt der Erbauer rechtswidrig und kann schadensersatzpflichtig nach den Regeln der positiven Forderungsverletzung werden. Für den Fall, dass entgegen der Vereinbarung die Wand mit einer größeren Grundfläche auf einem der Nachbargrundstücke errichtet wurde, liegt ein rechtwidriger Überbau nach § 912 BGB vor, welcher die entsprechenden Rechtsfolgen auslöst.

3. Die Standortfrage der Nachbarwand wird in Absatz 3 angesprochen. Liegen keine besonderen Vereinbarungen vor, ist davon auszugehen, dass die Wand beiden Nachbarn gleichermaßen nützt und demzufolge je zur Hälfte das jeweilige andere Grundstück in Anspruch nimmt. Muss die Wand nachträglich erhöht werden, sofern keine Stärkeveränderung benötigt wird, ist die Erhöhung gleichmäßig auf beiden Grundstücksseiten vorzunehmen.

§ 7
Anbau an die Nachbarwand

(1) Der Nachbar ist berechtigt, an die Nachbarwand anzubauen. Anbau ist die Mitbenutzung der Wand als Abschlußwand oder zur Unterstützung oder Aussteifung des neuen Bauwerks.

(2) Setzt der Anbau eine tiefere Gründung der Nachbarwand voraus, so darf die Nachbarwand unterfangen oder der Boden im Bereich der Gründung der Nachbarwand verfestigt werden, wenn

1. **es nach den allgemein anerkannten Regeln der Baukunst unumgänglich ist oder nur mit unzumutbar hohen Kosten vermieden werden könnte.**
2. **nur geringfügige Beeinträchtigungen des zuerst errichteten Bauwerks zu besorgen sind und**
3. **das Bauvorhaben öffentlich-rechtlich zulässig oder zugelassen worden ist.**

Erläuterungen

1. § 7 BbgNRG gewährt dem Nachbarn ein **Anbaurecht**, begründet jedoch keine Verpflichtung zum Anbau, es sei denn, die Nachbarn hätten eine solche vertraglich vereinbart (vgl. § 3 Abs. 1 BbgNRG).

Dem Nachbarn ist es freigestellt, die Nachbarwand nicht zu benutzen, indem er von einer Bebauung seines Grundstücks absieht oder sein Gebäude ohne Anbau an die Nachbarwand errichtet. Im letzteren Fall sind die Rechtsfolgen nach § 12 BbgNRG zu beachten. Anbau im Sinne der Vorschrift ist die Mitbenutzung der Nachbarwand zur Unterstützung (oder Aussteifung) des neuen Gebäudes. Der räumliche Zusammenhang zwischen beiden Gebäuden muss so eng sein, dass sie einem unbefangenen Beobachter als einheitliche Sache erscheinen (BGH, NJW 1962 S. 149 ff.). Aus diesem Grund ist ein **Gebäude**, das zwar millimeternah, aber statisch selbstständig, **neben der Nachbarwand** errichtet wurde, **kein Anbau**. Zur Unterstützung dient eine Nachbarwand, wenn sie statisch genutzt wird, indem sie Kräfte aus anderen Bauteilen aufnimmt und weiterleitet, z. B. wenn Decken in sie eingelassen werden oder sie das Dach mitträgt (OLG Köln, WuM 1992 S. 621). Zur Aussteifung dient eine Nachbarwand, wenn sie seitliche Kräfte aufnimmt und so ein Verkanten des angebauten Gebäudes verhindert. Die statische Nutzung der Nachbarwand ist jedoch nicht erforderlich. Die Nachbarwand, die spätestens mit dem Anbau zur Grenzeinrichtung wird, kann von beiden Nachbarn im Rahmen ihrer Zweckbestimmung in gleicher Weise genutzt werden, sofern hierdurch das Mitbenutzungsrecht des anderen nicht beeinträchtigt wird (vgl. §§ 921, 922, 743 Abs. 2 BGB). In die Nachbarwand dürfen auch Leitungen für Wasser, Gas oder Strom eingefügt werden, soweit dadurch das Nutzungsrecht des anderen Nachbarn nicht beeinträchtigt wird. Für Schäden, die aufgrund eines Wasserrohrbruchs innerhalb einer gemeinsamen Giebelwand im Nachbarhaus auftreten, haftet der Eigentümer der beschädigten Rohrleitung (OLG Düsseldorf, NJW-RR 1990 S. 1040).

2. Absatz 2 kommt zum Tragen, wenn eine Nachbarwand nicht von vornherein eine Gründung besitzt, die dem beabsichtigten Anbau die gewünschte Standsicherheit geben kann. Die evtl. auf dem Nachbargrundstück erforderlichen Bauarbeiten können in diesem Zusammenhang ohne ausdrückliche Zustimmung des Nachbarn erfolgen (so auch *Postier*, § 7 Rn. 2). Die Duldungspflicht setzt jedoch voraus, dass die Vorgaben des § 7 Abs. 2 Nr. 1 bis 3 BbgNRG erfüllt werden. Der Anbau muss generell den Regeln der Baukunst entsprechen. Gefährdet demnach der Anbau die Nachbarwand, so besteht nach § 1004 BGB ein Unterlassungsanspruch, der in dringenden Fällen auch durch Erlass einer einstweiligen Verfügung beantragt werden kann. Treten infolge eines unsachgemäßen Anbaus Schäden an der Nahbarwand oder am anderen Bauwerk auf, so ist der Nachbar zum Schadensersatz verpflichtet, soweit er schuldhaft gehandelt hat. Die Voraussetzungen des § 7 Abs. 2 BbgNRG:

- **Standsicherungsmaßnahmen** müssen nach § 7 Abs. 2 Nr. 1 dringend geboten sein, um dem Anbau die erforderliche Statik vermitteln zu können. Im Streitfall muss hier ggf. ein Bodensachverständiger eingeschaltet werden. Bei der Ermittlung des Kostenaufwandes kann ein Vergleich mit den Kosten für ein Verbringen einer Wand neben die Nachbarwand in Betracht kommen.
- Die Duldungspflicht setzt voraus, dass **Schädigungen** an einem zuerst errichteten Bauwerk **weitestgehend ausgeschlossen** sind oder nur zu kleineren Beeinträchtigungen führen. Hierzu gehören jedoch keinesfalls Setzungsschäden, wohl aber möglicherweise Risse im Putz bei Werkstattgebäuden.
- Der Anbau darf **nicht** gegen **öffentliches Baurecht verstoßen**. Hierdurch soll der Bauherr auch vor dem Fall geschützt werden, dass die Baubehörde dem Nachbarn die Beseitigung eines illegal errichteten Anbaus verfügt.

§ 8
Anzeige des Anbaus

(1) Die Einzelheiten des geplanten Anbaus sind dem Eigentümer und dem in seinem Besitz berührten unmittelbaren Besitzer des zuerst bebauten Grundstücks zwei Monate vor Beginn der Bauarbeiten schriftlich anzuzeigen. Mit den Arbeiten darf erst nach Fristablauf begonnen werden, sofern sich der Nachbar nicht mit einem früheren Termin schriftlich einverstanden erklärt hat.

(2) Die Anzeige an den unmittelbaren Besitzer des Grundstücks genügt, wenn die Person oder der Aufenthalt des Grundstückseigentümers nicht oder nur unter erheblichen Schwierigkeiten feststellbar ist oder die Anzeige an ihn im Ausland erfolgen müßte.

Erläuterungen

1. Der geplante Anbau an die Nachbarwand ist unter Darlegung der Maßnahme mindestens **zwei Monate vor Beginn** der Bauarbeiten dem Eigentümer und dem Nutzungsberechtigten des zuerst bebauten Grundstücks **schriftlich anzuzeigen**. Vor Fristablauf dürfen die Arbeiten nicht begonnen werden, es sei denn, der Nachbar stimmt einem früheren Termin schriftlich zu. Es bestehen auch grundsätzlich keine Bedenken, entsprechende Vorbereitungen zu treffen. Für die Einhaltung der Formvorschriften gilt § 126 BGB entsprechend. Die Fristberechnung erfolgt nach §§ 187 ff. BGB.

2. Ist der Grundstückseigentümer nicht alsbald erreichbar, so genügt die Anzeige an den unmittelbaren Besitzer. Ähnliches dürfte auch für den Fall gelten, wenn der Eigentümer oder Nutzungsberechtigte unbekannt ist (vgl. *Bauer/Hülbusch/Schlick/Rottmüller*, § 6 Rn. Nr. 5). Der unmittelbare Besitzer erhält zwar dadurch keine eigenen Rechte, er kann jedoch am ehesten den abwesenden Eigentümer unterrichten. Nicht erreichbar ist ein Adressat auch, wenn er der Person nach unbekannt ist (z. B. nach einem Erbfall). Erreichbar ist der Adressat, wenn er einen gesetzlichen Abwesenheitspfleger, Betreuer oder Vormund hat.

§ 9
Vergütung im Fall des Anbaus

(1) Der anbauende Nachbar hat dem Eigentümer des zuerst bebauten Grundstücks den halben Wert der Nachbarwand zu vergüten, soweit sie durch den Anbau genutzt wird.

(2) Die Vergütung ermäßigt sich angemessen, wenn die besondere Bauart oder Bemessung der Nachbarwand nicht erforderlich oder nur für das zuerst errichtete Bauwerk

erforderlich war. Sie erhöht sich angemessen, wenn die besondere Bauart oder Bemessung der Nachbarwand nur für das später errichtete Bauwerk erforderlich war.

(3) Steht die Nachbarwand mehr auf dem Nachbargrundstück, als in § 6 vorgesehen oder davon abweichend vereinbart ist, so ermäßigt sich die Vergütung um den Wert des zusätzlich überbauten Bodens, wenn nicht die in § 912 Abs. 2 oder § 915 des Bürgerlichen Gesetzbuchs bestimmten Rechte ausgeübt werden. Steht die Nachbarwand weniger auf dem Nachbargrundstück, als in § 6 vorgesehen oder davon abweichend vereinbart ist, so erhöht sich die Vergütung um den Wert des Bodens, den die Nachbarwand anderenfalls auf dem Nachbargrundstück zusätzlich benötigt hätte.

(4) Die Vergütung wird mit der Fertigstellung des Anbaus im Rohbau fällig. Bei der Berechnung des Wertes der Nachbarwand ist von den zu diesem Zeitpunkt üblichen Baukosten auszugehen. Das Alter sowie der bauliche Zustand der Nachbarwand sind zu berücksichtigen. Auf Verlangen ist Sicherheit in Höhe der voraussichtlichen Vergütung zu leisten; der Anbau darf dann erst nach Leistung der Sicherheit begonnen oder fortgesetzt werden.

Erläuterungen

1. Die Höhe und Fälligkeit der **Ausgleichszahlung**, die der Anbauende an den Eigentümer des zuerst bebauten Grundstücks zu leisten hat, falls keine anderweitige Vereinbarung getroffen wird, richten sich nach § 9 BbgNRG. Hierbei handelt es sich um eine Sonderregelung, die den allgemeinen Bestimmungen über die ungerechtfertigte Bereicherung (§§ 812 ff. BGB) vorgeht. Die Vergütungshöhe beträgt die Hälfte des Wertes der Nachbarwand, soweit sie zum Anbau genutzt wird (§ 9 Abs. 1 BbgNRG).

> *Beispiel:*
>
> *A besitzt ein Grundstück in einer Reihenhaussiedlung. Beim Anbau des Wohnhauses nutzt er die gesamte Wand des Nachbarwohnhauses. Eine Wertermittlung hat ergeben, dass der Gesamtaufwand für die Nachbarwand etwa 8000 Euro beträgt. Bei vollständiger Nutzung beträgt der Vergütungsanspruch des Nachbarn den hälftigen Wert, also 4000 Euro. Wird dagegen die Nachbarwand nur zu einem Viertel genutzt, verringert sich entsprechend die „Abfindung", sodass in diesem Falle nur 1000 Euro zu zahlen wären.*

Für die Wertermittlung ist der Zeitpunkt der Fertigstellung des Rohbaus des Anbaus maßgebend (vgl. § 9 Abs. 4 BbgNRG). Miteigentümer haften nicht als Gesamtschuldner, sondern jeder einzeln nach seinem Anteil am Miteigentum (OLG Düsseldorf, NJW-R 1987 S. 531). Da es nur darauf ankommt, welchen objektiven Wert der zugefallene Bruchteil an der Mauer hat, kann der Anbauende von dem Erstattungsbetrag grundsätzlich nicht die Kosten absetzen, die er aufwendet, um die Mauer für sich nutzbar zu machen, z. B. durch Beseitigen von Verputz oder Verschalung. Auch kann er keinen Abzug mit der Begründung vornehmen, die Giebelmauer erfordere heute eine geringere Dicke als im Zeitpunkt der Errichtung, sodass er hierdurch einen Ausfall an Wohnraum und Mieteinnahme habe (vgl. *Dehner*, B § 8 Nr. 2).

2. Auf Verlangen ist Sicherheit zu leisten. In diesem Falle darf erst nach Leistung der Sicherheit mit dem Anbau begonnen oder dieser fortgesetzt werden.

§ 10
Unterhaltung der Nachbarwand

(1) Bis zum Anbau fallen die Unterhaltungskosten der Nachbarwand dem Eigentümer des zuerst bebauten Grundstücks allein zur Last.

(2) Nach dem Anbau sind die Unterhaltungskosten für den gemeinsam genutzten Teil der Nachbarwand von beiden Nachbarn entsprechend dem Verhältnis ihrer Beteiligung gemäß § 6 Abs. 3 zu tragen.

Erläuterungen

1. Die **Unterhaltungskosten** hat bis zum Anbau der Eigentümer des zuerst bebauten Grundstücks zu tragen. Nach dem Anbau haben die Betroffenen die Unterhaltungskosten im gleichen Verhältnis zu tragen, wie ihnen die Herstellungskosten unter Berücksichtigung der Stärke der Wand und des Umfangs ihrer Nutzung anteilig zur Last fallen.

2. Nach dem Anbau haben die beteiligten Grundstückseigentümer die Unterhaltungskosten im gleichen Verhältnis zu tragen, wie ihnen die Herstellungskosten unter Berücksichtigung der Stärke der Wand und des Umfangs ihrer Nutzung anteilig zur Last fallen. Das Recht auf gemeinschaftliche Benutzung wird im Gegensatz zu den Vorgaben des § 921 BGB nicht nur vermutet, sondern folgt zwingend aus Absatz 2. Aus diesem Grund besteht hier kein Widerspruch zu den Vorgaben des § 922 Abs. 2 BGB (so *Postier*, § 10 Rn. 3). Unterhält ein Nachbar in und an einer halbscheidigen Nachbarwand Installationseinrichtungen und dringen von diesen Geräusche in das Haus des anderen Nachbarn, so billigt das OLG Karlsruhe (NJW-RR 1991 S. 1491) diesem einen Unterlassungsanspruch zu. Allerdings seien Immissionen in einem solchen Fall dann eher hinzunehmen, wenn sie von Anlagen herrührten, die in länger zurückliegender Zeit installiert worden seien, als noch nicht in demselben Maße Vorkehrungen gegen Geräuschimmissionen üblich waren wie heute. Zur Unterhaltung gehört die Beseitigung aller Abnutzungen und Schäden, soweit sie nicht eindeutig vom Nachbarn verschuldet worden sind und daher allein von ihm nach § 823 BGB zu beseitigen sind. Auch ist unerheblich, ob die Aufwendungen nur dem einen Nachbarn zugutekommen oder durch eine zulässige Benutzung nur eines Nachbarn notwendig geworden sind.

§ 11

Abriß eines der Bauwerke

Wird nach erfolgtem Anbau eines der beiden Bauwerke abgerissen und nicht neu errichtet, so hat der Eigentümer des Grundstücks, auf dem das abgerissene Bauwerk stand, die durch den Abriß an der Nachbarwand entstandenen Schäden zu beseitigen und die Außenfläche des bisher gemeinsam genutzten Teils der Nachbarwand in einen für eine Außenwand geeigneten Zustand zu versetzen. Für den Teil der Nachbarwand, welcher auf dem nunmehr unbebauten Grundstück steht, ist eine Vergütung an den Eigentümer des unbebauten Grundstücks zu zahlen. § 10 Abs. 1 gilt entsprechend.

Erläuterungen

Die Nachbarwand bleibt auch nach dem Anbau des Gebäudes im unverminderten Miteigentum und Mitbesitz beider Nachbarn, soweit keine sonstige Vereinbarung getroffen wurde. Der Eigentümer des Grundstücks, auf dessen Seite das Gebäude abgerissen wurde, darf, ohne erneute Zustimmung, im selben Umfang wie vor dem Abbruch wieder anbauen. Die Nachbarwand bleibt nach **Zerstörung oder Abriss** eines angebauten Gebäudes in der Regel auch weiterhin **eine Grenzeinrichtung** im Sinne der §§ 921, 922 BGB. Es gilt also nicht die Einschränkung, dass eine Grenzeinrichtung weiterhin nur dann vorliegt, wenn die Absicht besteht, die abgerissene bauliche Anlage wieder aufzubauen. Wenn allerdings der Nachbar ohne Zustimmung des anderen von seinem Recht Gebrauch macht, sein angebautes Haus abzureißen und hierdurch die im Miteigentum stehende Nachbarwand freilegt, wird er verpflichtet, die Nachbarwand vor schädigenden Einwirkungen, die durch das Freilegen der Wände entstehen können, zu schützen. Beim Abbruch eines Hauses mit gemeinsamer Giebelwand besteht ohnehin eine gesteigerte Sorgfaltspflicht (vgl. OLG

Düsseldorf, NJW-RR 1999 S. 1468). Er ist demnach verpflichtet, eine nötig werdende Außenisolation auf seine Kosten anzubringen. Da dieser Aufwand allein auf die Tatsache zurückzuführen ist, dass der Betroffene den Anbau abgerissen hat, handelt es sich hierbei nicht um Unterhaltungskosten im Sinne von § 10 (vgl. hierzu BGH, NJW 1989 S. 2541). Für eintretende Schäden haftet der Nachbar und nicht der ausführende Bauunternehmer bspw. wegen unterlassener Hinweispflicht (vgl. OLG Hamm, NJW-RR 1991 S. 851). Der Regelung in Satz 2 liegt die umstrittene Rechtsauffassung zugrunde, dass mit dem Abriss des einen dem Eigentümer des anderen Gebäudes das Alleineigentum an der stehen gebliebenen Nachbarwand zufällt. Zum Ausgleich schuldet er seinem Nachbarn eine Vergütung, deren Höhe sich nach § 9 BbgNRG bemisst. Aus diesem Grunde trägt der Eigentümer des stehen gebliebenen Bauwerks auch die zukünftigen Unterhaltungskosten (§ 10 Satz 3 BbgNRG), weil er als Alleineigentümer dann auch das ausschließliche Nutzungsrecht an der Wand besitzt (vgl. OLG Düsseldorf, OLGZ 1992 S. 198).

§ 12
Nichtbenutzen der Nachbarwand

(1) Wird das spätere Bauwerk nicht an die Nachbarwand angebaut, obwohl das möglich wäre, hat der anbauberechtigte Nachbar für die durch die Errichtung der Nachbarwand entstandenen Mehraufwendungen gegenüber den Kosten der Herstellung einer Grenzwand Ersatz zu leisten. Hat die Nachbarwand von dem Grundstück des zuerst Bauenden weniger Baugrund benötigt als eine Grenzwand, so ermäßigt sich der Ersatzanspruch um den Wert des eingesparten Baugrunds. Höchstens ist der Betrag zu erstatten, den der Eigentümer des Nachbargrundstücks im Falle des Anbaus zu zahlen hätte. Der Anspruch wird mit der Fertigstellung des späteren Bauwerks im Rohbau fällig.

(2) Der anbauberechtigte Nachbar ist verpflichtet, die Fuge zwischen der Nachbarwand und seinem an die Nachbarwand herangebauten Bauwerk auf seine Kosten auszufüllen und zu verschließen.

Erläuterungen

1. § 12 Abs. 1 BbgNRG regelt einen Ausgleich für den Fall, dass der Nachbar zwar auf seinem Grundstück ein Bauwerk errichtet, aber **nicht an die Nachbarwand anbaut**. Die Bestimmung findet danach keine Anwendung, wenn der Nachbar überhaupt keine Bauwerke errichtet. Die Ausgleichspflicht besteht deshalb, weil der Erbauer der Nachbarwand aufgrund der Einwilligung des Nachbarn davon ausgehen konnte, dass später eine Vergütung anfallen würde. Es entspricht daher auch der Billigkeit, wenn eine Ersatzpflicht eintritt. Die Höhe der Ersatzleistung errechnet den Unterschiedsbetrag zwischen den Herstellungskosten für die Nachbarwand und den Aufwendungen, die dem Erbauer der Nachbarwand bei der Errichtung lediglich einer Grenzwand erwachsen wären. Der Betrag vermindert sich um den Preis, der für den Baugrund zu bezahlen wäre, den der zuerst Bauende nicht benötigt, weil er statt einer Wand an seiner Grenze eine solche unter Inanspruchnahme des Nachbargrundstücks errichten konnte. Höchstens ist jedoch der Betrag zu zahlen, den der Eigentümer des Nachbargrundstücks im Falle des Anbaus zu zahlen hätte. Der Ersatzanspruch wird fällig, sobald sich mit der Fertigstellung des Rohbaus erweist, dass kein Anbau erfolgt. Der Begriff der Fertigstellung eines Rohbaus orientiert sich an den Vorgaben des § 84 Abs. 1 Satz 2 BbgBO.

2. Falls der anbauberechtigte Nachbar zwar nicht die Nachbarwand benutzt, sein Bauwerk aber bis an die Nachbarwand heranbaut ist er nach Absatz 2 verpflichtet, die Fuge zwischen der Nachbarwand und seinem an die Nachbarwand herangebauten Bauwerk auf seine Kosten bündig mit der Außenfläche seines Bauwerks zu verdecken. Eine entsprechende Auflage wird die Baubehörde dem Bauenden in aller Regel machen. Die Kosten des fugenlosen Abdichtens obliegen dem Zweiterbauer.

§ 13
Beseitigen der Nachbarwand

(1) Solange und soweit noch nicht angebaut worden ist, darf der Eigentümer des zuerst bebauten Grundstücks die Nachbarwand beseitigen, wenn der anbauberechtigte Nachbar der Beseitigung nicht widerspricht.

(2) Die Absicht, die Nachbarwand zu beseitigen, ist anzuzeigen; § 8 gilt entsprechend.

(3) Der Widerspruch des anbauberechtigten Nachbarn muß binnen zwei Monaten nach Zugang der Anzeige schriftlich erhoben werden. Der Widerspruch wird unbeachtlich, wenn

1. **der anbauberechtigte Nachbar nicht innerhalb von sechs Monaten nach Empfang der Anzeige einen Antrag auf Genehmigung eines Anbaus bei der Baugenehmigungsbehörde einreicht oder**
2. **die Ablehnung einer beantragten Baugenehmigung nicht mehr angefochten werden kann oder**
3. **von einer Baugenehmigung nicht innerhalb eines Jahres nach Erteilung Gebrauch gemacht wird.**

(4) Macht der Eigentümer des zuerst bebauten Grundstücks von seinem Recht zur Beseitigung Gebrauch, so hat er dem Nachbarn für die Dauer der Nutzung des Nachbargrundstücks durch die Nachbarwand eine angemessene Vergütung zu leisten. Beseitigt der Eigentümer des zuerst bebauten Grundstücks die Nachbarwand ganz oder teilweise, ohne hierzu nach den Absätzen 1 bis 3 berechtigt zu sein, so hat er dem Nachbarn Ersatz für den durch die völlige oder teilweise Beseitigung der Anbaumöglichkeit zugefügten Schaden zu leisten; der Anspruch wird mit der Fertigstellung des späteren Bauwerks im Rohbau fällig.

Erläuterungen

1. Die **Beseitigung der Nachbarwand** greift teilweise in das benachbarte Grundstück ein, weil der Nachbar einen Streifen seines Grundstücks für die Errichtung der Wand zur Verfügung gestellt hat. § 9 BbgNRG schützt dementsprechend das Vertrauen auf die spätere Anbaumöglichkeit. Obwohl der Erstbauende (Erbauer) vor dem Anbau Eigentümer und Besitzer der Nachbarwand ist, darf er sie nur beseitigen (abreißen), wenn der Nachbar nicht widerspricht. Diese Regelung soll verhindern, dass der Nachbar die Möglichkeit verliert, evtl. Baupläne nicht mehr realisieren zu können.

2. Um das Widerspruchsrecht auch wirkungsvoll ausüben zu können, ist die **Absicht,** die **Nachbarwand** zu **beseitigen, schriftlich** dem Nachbarn **anzuzeigen**. Die Schriftform erleichtert im Streitfall auch die Beweisführung.

> *Beispiel:*
>
> *Fritz Genau hat in Abstimmung mit seinem Nachbarn eine Nachbarwand errichtet. Nach Änderung seiner Baupläne benötigt er diese nicht mehr. Er möchte sie abreißen, da der Nachbar bislang noch nicht angebaut hat. In diesen Fall ist der Abriss nur statthaft, wenn sein Nachbar der Beseitigung nicht widerspricht und ihm genau zwei Monate vor Beginn der Maßnahme schriftlich seine Pläne dargestellt hat.*

3. Dem Erbauer kann nicht unbegrenzt zugemutet werden, die Wand zu erhalten. Aus diesem Grund ist der Nachbar auch nur schutzwürdig, wenn er in **angemessener Zeit** anbaut. Aus diesem Grunde bestimmt Absatz 3 einen Katalog, der die Fallgestaltungen regelt, wann ein erfolgter Widerspruch des Nachbarn bedeutungslos bleibt. Zunächst einmal muss der Nachbar nach erfolgter Anzeige innerhalb einer Frist von **zwei Monaten schriftlich Widerspruch** erheben. Dieser Widerspruch hat aber dann nur begrenzt aufschiebende Wirkung. Der anbauberechtigte Nachbar muss gleichzeitig seine Bauabsichten in angemessener Zeit auch umsetzen. Hierzu wird er zunächst innerhalb einer Frist von **sechs Monaten** nach **Anzeige** bei der **zuständigen Behörde** einen entsprechenden **Bauantrag** gestellt haben. Sofern eine Baugenehmigung im Einzelfall nicht erforderlich ist, tritt an die Stelle die entsprechende Bauanzeige (vgl. § 55 BbgBO). Wird der Bauantrag bestandskräftig oder aber wird die erwirkte Baugenehmigung **nicht innerhalb eines Jahres** realisiert, ist der Nachbar ebenfalls **nicht** mehr **schutzwürdig**. Bestandkräftig ist ein Bescheid dann, wenn der Verwaltungsrechtsweg (Widerspruch, Klage, Berufung, Revision) ausgeschöpft oder aber die Rechtsbehelfsfristen ungenutzt abgelaufen sind. Die Einlegung formloser Rechtsbehelfe (so bspw. die Gegenvorstellung) sind unbeachtlich und lösen keinen „Suspensiveffekt" aus. Die Geltungsdauer einer Baugenehmigung (sechs Jahre, vgl. § 69 BbgBO) wird durch die Regelung des Absatzes 3 Nr. 3 de facto auf ein Jahr verkürzt. Den Abriss der Nachbarwand durch den Erbauenden nach dem Anbau untersagt § 922 Satz 3 BGB.

4. Rechtswidrig ist die Beseitigung der Nachbarwand ohne Anzeige und Einwilligung des Nachbarn bzw. gegen den wirksamen Widerspruch des Nachbarn. Ein solches Vorgehen löst einen Ersatzanspruch aus. Liegt eine zulässige Beseitigung vor, hat der Eigentümer, der eigentlich zum Anbau berechtigt war, Anspruch auf eine Nutzungsentschädigung für die Dauer der tatsächlichen Inanspruchnahme seines Grundstücks mit dem hinübergebauten Teil der Nachbarwand. Als Berechnungsgrundlage könnte die Überbaurente nach § 912 BGB herangezogen werden, die zur Zeit der Grenzüberschreitung zu zahlen gewesen wäre, und die zur Berechnung der Vergütungshöhe auf die Dauer der Inanspruchnahme bezogen kapitalisiert wird (so *Postier*, Rn. 7 zu § 13). Erfolgt die Beseitigung trotz ausdrücklichen und beachtlichen Widerspruchs, hat der Nachbar einen Schadensersatzanspruch. Der Schaden liegt in dem Ausfall der Nutzungsmöglichkeit, also den Kosten einer nunmehr erforderlichen Grenzwand abzüglich der Anbauvergütung (§ 9 BbgNRG). Die Ersatzpflicht tritt ein ohne Verschulden, setzt allerdings voraus, dass ein Anbau faktisch möglich gewesen wäre.

§ 14
Erhöhen und Verstärken der Nachbarwand

(1) Jeder Grundstückseigentümer darf die Nachbarwand in voller Stärke auf seine Kosten erhöhen, wenn dadurch keine oder nur geringfügige Beeinträchtigungen des anderen Grundstücks zu erwarten sind. Dabei darf der Höherbauende auf das Nachbardach einschließlich des Dachtragewerks einwirken, soweit dies erforderlich ist; er hat auf seine Kosten das Nachbardach mit der erhöhten Wand ordnungsgemäß zu verbinden. Für den erhöhten Teil der Nachbarwand gelten § 7 Abs. 1, §§ 8, 9, 11, § 12 Abs. 2, § 13 Abs. 1 bis 3 und 4 Satz 2 entsprechend.

(2) Jeder Grundstückseigentümer darf die Nachbarwand auf seinem Grundstück auf seine Kosten verstärken.

(3) Setzt die Erhöhung oder die Verstärkung der Nachbarwand eine tiefere Gründung der Nachbarwand voraus, so gilt § 7 Abs. 2 entsprechend.

(4) Die Absicht, die Rechte nach den Absätzen 1 bis 3 auszuüben, ist anzuzeigen; § 8 gilt entsprechend.

Erläuterungen

1. Die **Erhöhung der Nachbarwand** bedarf **keiner Zustimmung** des Nachbarn, es sei denn, sie würde durch die Maßnahme stark beeinträchtigt oder gar gefährdet. Ein Sachverständigengutachten ist aber nicht erforderlich, weil nach § 15 BbgNRG ohnehin eine Gefährdungshaftung für evtl. eintretende Schäden entsteht. Im Übrigen muss die Erhöhung mit geltendem (Bau-)Recht in Einklang stehen. Das Recht auf Erhöhung steht nicht nur dem Grundstücksnachbarn, sondern auch dem Erbauer zu. Der höher Bauende hat nach Satz 2 die Berechtigung, auf das Nachbardach einschließlich des Dachtragewerkes einzuwirken, soweit dies erforderlich ist. Er muss jedoch das Nachbardach auf eigene Kosten ordnungsgemäß mit der Nachbarwand verbinden, sodass keine Folgeschäden (Feuchtigkeitsschäden) eintreten. Die Verweisungen in Absatz 1 Satz 3 bedeuten,

a) dass an die Erhöhung angebaut werden darf (§ 7 Abs. 1, §§ 8, 9 BbgNRG),
b) dass nach dem Abriss des Anbaus ein ordnungsgemäßer Zustand der Erhöhung herzustellen ist,
c) dass im Falle des Aufstockens ohne Anbau unter Umständen ein fugendichter Anschluss an das an die Nachbarwand herangebaute Bauwerk erforderlich ist (§ 12 Abs. 2 BbgNRG) und
d) dass die Erhöhung gegen den Widerspruch des Nachbarn grundsätzlich nicht beseitigt werden darf (§ 13 Abs. 1 bis 3 und 4 Satz 2 BbgNRG).

2. Jeder der beiden Nachbarn darf die **Nachbarwand** auf seinem Grundstück **verstärken**. Eine Verstärkung liegt nur dann vor, wenn Wand und Verstärkung fest miteinander verbunden werden. Die Verstärkung erfolgt in der Regel, um einen größeren Wärme- oder Schallschutz zu bewirken. Die Verstärkung, mit der der Eigentümer auf seiner Grundstücksseite bleibt, kann er ohne Einwilligung des Nachbarn vornehmen. Im Fall des Anbaus nach der Verstärkung der Nachbarwand tritt eine Wertverschiebung des Miteigentumsanteils ein. Bis zum Anbau an die verstärkte Nachbarwand steht diese einschließlich der Verstärkung im Alleineigentum des Erbauers der Nachbarwand, selbst wenn die Verstärkung von dem anderen (benachbarten) Grundstückseigentümer im Hinblick auf seine späteren Anbaupläne vorgenommen wurde. In diesem Falle erfolgt kein Wertausgleich. Nimmt der Nachbar später von seinen Anbauplänen wieder Abstand, kann er die Verstärkung beseitigen. Wird dabei die Wand beschädigt, was in der Regel der Fall sein dürfte, ist er zum Schadensersatz verpflichtet.

3. Die Regelung des Absatzes 3 soll sicherstellen, dass eine tiefere Gründung für den Fall erfolgt, dass die Erhöhung oder Verstärkung der Wand zu einer Gefährdung der Standsicherheit führt.

4. Die Erhöhung bzw. Verstärkung der Nachbarwand muss dem Nachbarn schriftlich angezeigt werden. Vgl. hierzu auch die Vorgaben zu § 8 BbgNRG.

§ 15
Schadensersatz bei Erhöhung und Verstärkung

Schaden, der in Ausübung der Rechte nach § 7 Abs. 2 oder § 14 dem Eigentümer oder dem Nutzungsberechtigten des anderen Grundstücks entsteht, ist auch ohne Verschulden zu ersetzen. Auf Verlangen ist Sicherheit in Höhe des voraussichtlichen Schadens zu leisten; das Recht darf dann erst nach Leistung der Sicherheit ausgeübt werden.

Erläuterungen

Schäden, die in Ausübung der Rechte nach § 7 Abs. 2 oder § 14 BbgNRG entstehen, sind dem Eigentümer oder Nutzungsberechtigten **ohne Verschulden** (Gefährdungshaftung) zu ersetzen. Hintergrund dieser Regelung ist die Tatsache, dass die genannten Maßnahmen auch gegen den ausdrücklichen Willen des Nachbarn durchgeführt werden können. Die umfassende Haftung ist insbesondere auch deshalb gerechtfertigt, weil bei der Ausführung der Arbeiten schnell mit Schäden (Putz- oder Feuchtigkeitsschäden bzw. Schäden durch herabfallendes Material) zu rechnen ist.

Beispiel:

Im Rahmen von Baumaßnahmen auf einem Grundstück ist beim Verstärken der Nachbarwand durch einen umstürzenden Kran ein Teil der alten Wand beschädigt worden. Hier besteht eine Schadensersatzpflicht ohne Verschulden.

Der **Umfang des Schadensersatzanspruchs** richtet sich nach den Vorschriften der **§§ 249 ff. BGB**. Ist der Ersatzberechtigte für die Entstehung des Schadens mitverantwortlich, kann sich der Anspruch nach § 254 BGB mindern. Dies kann bspw. dann der Fall sein, wenn Vorkehrungen zur Schadensabwehr unterlassen wurden. Der Geschädigte muss sich allerdings nicht deshalb einen Teil des Schadens anrechnen lassen, weil sein Haus infolge hohen Alters eher zu Schäden neigt (OLG Düsseldorf, NJW-RR 1997 S. 146 f.). Zum Ausschluss von Schadensersatzansprüchen bei beidseitiger Grenzbebauung vgl. auch OLG Nürnberg, Urt. vom 22.10.1999 – 6 U 1376/99 –. Zu den Schäden gehören Sachschäden, nicht aber Personenschäden, weil dieser Schadensersatz rechtssystematisch nicht zum Nachbarrecht gehört und nur nach §§ 823 ff. BGB ersetzbar ist (a. A. *Postier*, § 15 Rn. 2). Ein Schadensersatzberechtigter kann verlangen, dass der Schadensersatzpflichtige Sicherheit in Höhe des voraussichtlichen Schadens zu leisten hat. Der voraussichtliche Schaden ist vom Schadensersatzberechtigten zu beweisen. Solange eine verlangte Sicherheitsleistung nicht erbracht wird, kann Unterlassung des Erhöhens nach §§ 862, 1004 BGB verlangt werden, da das Gesetz die Erhöhung dann nicht gestattet. Wie Sicherheit geleistet wird bestimmt sich nach §§ 232 ff. BGB.

ABSCHNITT 3
GRENZWAND

§ 16
Begriff

Grenzwand ist die unmittelbar an der Grenze zum Nachbargrundstück auf dem Grundstück des Erbauers errichtete Wand.

Erläuterungen

Bei der sogenannten **Grenzwand** errichtet der Nachbar seine bauliche Anlage **unmittelbar an die bestehende Wand des Nachbarn**, ohne hierbei die Grundstücksgrenze zu überschreiten. Zahlreiche Nachbarrechtsgesetze enthalten z. T. unterschiedliche Voraussetzungen und Rechtsfolgen zur Grenzwand. Die Grenzwand ist keine Grenzeinrichtung im Sinne des BGB, da sie von der Grenze nicht geschnitten wird. Aus den gleichen Gründen stellt sie auch **keine Nachbarwand** dar (BGH, NJW 1977 S. 1447). Die Grenzwand steht im **alleinigen Eigentum** des **Grundstückseigentümers**, auf dessen Grundstück sie errichtet wurde. Sie bleibt auch dann im Eigentum des Errichtenden, wenn sie später ohne sein Zutun verschoben wird (OLG Frankfurt, NJW-RR 1992 S. 464). Die nicht grenzständig errichteten Teile einer Außenwand müssen auch die bauordnungsrechtlichen Abstandserfordernisse einhalten (OVG Münster, DÖV 2010 S. 327). Wurde die Außenwand eines Grundstücks erst nach Teilung eines Flurstücks zur Grenzwand, kann die nachträgliche Ausbildung der Wand als Brandwand nicht im Rahmen eines Abwehranspruchs aus Zustandsstörung nach § 1004 BGB verlangt werden (vgl. OLG Bbg, Urt. vom 21.6.2012 – 5 U 77/11 –).

§ 17
Errichten einer Grenzwand

(1) Der Grundstückseigentümer, auf dessen Grundstück eine Grenzwand errichtet werden soll, hat dem Nachbarn die Bauart und Bemessung der beabsichtigten Wand zwei Monate vor Baubeginn schriftlich anzuzeigen; § 8 Abs. 2 gilt entsprechend.

(2) Der Nachbar kann innerhalb von zwei Monaten nach Zugang der Anzeige verlangen, die Grenzwand so zu gründen, daß bei der späteren Durchführung seines Bauvorhabens zusätzliche Baumaßnahmen vermieden werden. Verzichtet er auf dieses Recht, kann mit den Arbeiten bereits vor Fristablauf begonnen werden. Wird die Anzeige schuldhaft verspätet abgegeben oder unterlassen, so hat der Eigentümer des zur Bebauung vorgesehenen Grundstücks dem Nachbarn den daraus entstehenden Schaden zu ersetzen.

(3) Die durch das Verlangen nach Absatz 2 Satz 1 entstehenden Mehrkosten sind zu erstatten. In Höhe der voraussichtlich erwachsenden Mehrkosten ist auf Verlangen des Erbauers der Grenzwand innerhalb eines Monats Vorschuß zu leisten. Der Anspruch auf die besondere Gründung erlischt, wenn der Vorschuß nicht fristgerecht geleistet wird.

(4) Soweit der Erbauer der Grenzwand die besondere Gründung auch zum Vorteil seines Bauwerks nutzt, beschränkt sich die Erstattungspflicht des Nachbarn auf den angemessenen Kostenanteil; darüber hinaus gezahlte Kosten können zurückgefordert werden.

Erläuterungen

1. Der **Erbauer der Grenzwand** hat dem Eigentümer des Nachbargrundstücks die bautechnischen Einzelheiten der geplanten Wand schriftlich anzuzeigen, damit der Nachbar prüfen kann, ob er von seinem Recht Gebrauch machen will, nach Absatz 2 eine besondere Gründung der Grenzwand zu verlangen. Die Anzeige ist auch dann erforderlich, wenn das Nachbargrundstück bereits in Grenznähe bebaut ist, denn der Nachbar soll auch einen Verstoß gegen § 909 BGB (Grundstücksvertiefung) erkennen und abwehren können. Werden die **Bauarbeiten** ohne **die schriftliche Anzeige** begonnen, so kann der Nachbar – notfalls mithilfe einer einstweiligen Verfügung – **Unterlassung** verlangen. Durch die Verletzung der Anzeigepflicht wird die Errichtung der Grenzwand jedoch nicht endgültig unzulässig (vgl. hierzu LG Frankfurt, ZMR 1978 S. 203). Der **Bauherr** kann jedoch **schadensersatzpflichtig** werden (vgl. § 17 Abs. 2 letzter Satz BbgNRG). Etwas anderes dürfte für den Fall gelten, dass der Nachbar dem Vorhaben im Baugenehmigungsverfahren schriftlich zugestimmt hat (vgl. § 64 Abs. 3 BbgBO).

Die Anzeige muss sowohl die Bauart und die Bemessung der Wand beinhalten als auch die Einzelheiten der Gründung. Nur so ist eine Prüfung möglich, ob das Fundament den Anforderungen des späteren Anbaus genügen kann. Nicht Gegenstand der Anzeigepflicht ist die Darstellung der Form der Baustellenabsicherung (so auch *Postier*, Rn. 1.2 zu § 17).

2. Wenn ein neues Bauwerk neben einem bereits vorhandenen errichtet werden soll, können sich besondere Gründungsprobleme ergeben. Erfordert das **zweite Bauwerk tiefere Fundamente**, so muss das bereits vorhandene Bauwerk ggf. durch **besondere Maßnahmen abgesichert** und **unterfangen** werden, damit es nicht die erforderliche Stütze verliert. Um dies zu verhindern, kann der Eigentümer des Nachbargrundstücks verlangen, die Grenzwand gleich so zu gründen, dass diese Sicherungsmaßnahmen nicht notwendig werden. Der Anspruch auf besondere Gründung ist innerhalb einer Ausschlussfrist von zwei Monaten, die mit dem Zugang der Anzeige nach Absatz 1 beginnt, dem Erbauer gegenüber geltend zu machen. Wird vor Ablauf dieser Frist mit den Bauarbeiten begonnen, so kann der Nachbar – notfalls mithilfe einer einstweiligen Verfügung – Unterlassung verlangen, es sei denn, dass er vorab auf dieses Recht verzichtet hat (vgl. hierzu auch OLG Düsseldorf, NJW-RR 1999 S. 102). Zur Vermeidung von späteren Beweisnöten sollte der Verzicht schriftlich oder unter Zeugen abgegeben werden. Der Anspruch auf besondere Gründung kann eingeklagt und im Wege der Ersatzvornahme nach § 887 ZPO vollstreckt werden.

3. **Verlangt** der **Nachbar** eine **besondere Gründung**, so hat er dem Erbauer die **Mehrkosten** (Baukosten, Architekten- und Statikergebühren) zu erstatten, soweit sie erforderlich waren und nicht erheblich überteuert sind.

Beispiel:

Der Nachbar A möchte eine Grenzwand errichten. B plant ebenfalls dort zu bauen und möchte, dass der Nachbar von vornherein ein entsprechend starkes Fundament anlegt. In diesem Falle sind dem Nachbarn die dadurch entstehenden Mehrkosten zu bezahlen.

Der **Vergütungsanspruch** wird fällig, sobald der Erbauer die Mehrkosten dem Bauunternehmer oder Architekten zu zahlen hat. Der Erbauer kann verlangen, dass der Nachbar einen Vorschuss in Höhe der voraussichtlichen Mehrkosten leistet. Zahlt der Nachbar den Vorschuss nicht innerhalb eines Monats, dann erlischt der Anspruch auf besondere Gründung; eingeklagt werden kann der Vorschuss nicht.

4. Nutzt der Erbauer die besondere Gründung sogleich oder später für sein eigenes Bauwerk aus, so verringert sich sein Vergütungsanspruch entsprechend der eigenen Nutzung.

Beispiel:

Abweichend von seinem ursprünglichen Plan errichtet der Nachbar ein niedrigeres bspw. nicht unterkellertes Bauwerk. In diesem Fall verringert sich der Vergütungsanspruch entsprechend der eigenen Nutzung.

Bei völliger Ausnutzung zu eigenen Zwecken besteht kein Vergütungsanspruch mehr. Nutzt der Erbauer die besondere Gründung erst später für sich aus, so muss er die Vergütung ganz oder teilweise zurückzahlen. Eine zeitliche Begrenzung sieht das Gesetz nicht vor.

Sind zwei benachbarte Grundstücke in der Weise bebaut, dass eines der beiden Häuser keine eigene Außenwand hat, dann haftet der die Außenwand mitbenutzende Nachbar nicht dafür, dass infolge des Abrisses seines Hauses die zwischenzeitlich zur Innenwand gewordene Außenwand wieder freiliegt und infolge dessen Feuchtigkeitsschäden auftreten (AG Schleiden, Urt. vom 18.3.2005 – 9 C 309/94 –).

§ 18
Errichten einer zweiten Grenzwand

(1) Wer eine Grenzwand neben einer schon vorhandenen Grenzwand errichtet, ist verpflichtet, die Fuge zwischen den Grenzwänden auf seine Kosten auszufüllen und zu verschließen, falls dies den allgemeinen Regeln der Baukunst entspricht und der Baugestaltung nicht widerspricht.

(2) Der Erbauer der zweiten Grenzwand ist berechtigt, auf eigene Kosten durch übergreifende Abdeckungen einen Anschluß herzustellen; er hat den Anschluß auf seine Kosten zu unterhalten.

(3) Ist es zur Ausführung des Bauvorhabens erforderlich, die zweite Grenzwand tiefer als die zuerst errichtete Grenzwand zu gründen, so gilt § 7 Abs. 2 entsprechend.

(4) Die Absicht, die Rechte nach den Absätzen 2 und 3 auszuüben, ist anzuzeigen; § 8 gilt entsprechend. Für die Verpflichtung zum Schadensersatz gilt § 15 entsprechend.

Erläuterungen

1. **Baut** der Eigentümer eines Grundstücks **nicht** an eine auf dem Nachbargrundstück **vorhandene Grenzwand**, sondern errichtet er ein selbstständiges Bauwerk mit einer eigenen Grenzwand, so ist er im Interesse einer ordentlichen Baugestaltung dem Eigentümer des Nachbargrundstücks verpflichtet, auf **seine Kosten** die **Fuge zwischen den Grenzwänden** bündig **auszufüllen** und zu **verschließen**. Hierbei sind die allgemeinen Regeln der Baukunst und der Baugestaltung zu beachten.

2. Unabhängig der Vorgaben des § 905 BGB (räumliche Begrenzung des Eigentums) ist der Erbauer der zweiten Grenzwand berechtigt, einen einwandfreien Anschluss durch übergreifende Abdeckungen herzustellen und zu unterhalten (so z. B. durchlaufende Dachrinnen bzw. übergreifende Dachkonstruktionen). Der Anschluss muss jedoch den öffentlich-rechtlichen Vorschriften entsprechen.

3. Wird die zweite Grenzwand tiefer als die erste gegründet, dann kann die erste Grenzwand durch das Ausheben der Baugrube die notwendige Stütze verlieren. Der Erbauer der zweiten Grenzwand müsste nach § 909 BGB für eine ausreichende Sicherung und Befestigung sorgen. Bautechnisch ist es in vielen Fällen möglich, die Grenzwand auf dem Nachbargrundstück zu unterfangen und damit abzustützen. Dieser Eingriff in das Nachbargrundstück ist aber nach den Vorgaben des Bürgerlichen Gesetzbuches nur mit Zustimmung des Nachbarn denkbar. Auch ergibt sich keine Duldungspflicht über die allgemeinen Regelungen des nachbarschaftlichen Gemeinschaftsverhältnisses, welches durch Literatur und Rechtsprechung aus den Vorgaben von Treu und Glauben (§ 242 BGB) entwickelt wurde. Die Regelung soll verhindern, dass ein zulässiges Bauvorhaben nicht oder nur mit unverhältnismäßig hohen Kosten errichtet werden kann. Der Nachbar ist deshalb unter den Vorgaben des § 7 Abs. 2 BbgNRG zur Duldung des Unterfangens oder der Bodenverfestigung verpflichtet. Im Streitfall hat der Späterbauende die Voraussetzungen der Vorschrift vorzutragen und zu beweisen (BGH, NJW 1997 S. 2596).

4. Absatz 4 verpflichtet zur Anzeige von Maßnahmen nach den Absätzen 2 und 3 und begründet gleichzeitig eine Gefährdungshaftung für Schäden die in Ausübung der Rechte entstehen.

Der Nachbar muss im Zweifel jedoch beweisen, dass die Gründungsarbeiten ursächlich für den Schaden sind. Vgl. auch zum nachbarrechtlichen Ausgleichsanspruch des Grundstücksbesitzers wegen Unbenutzbarkeit einer angemieteten Halle infolge unsachgemäßer Ausbauarbeiten (BGH, NJ 2001 S. 482).

§ 19
Einseitige Grenzwand

Der Eigentümer eines Grundstücks hat Bauteile, die in den Luftraum seines Grundstücks übergreifen, zu dulden, wenn

1. **nach den öffentlich-rechtlichen Vorschriften auf dem Nachbargrundstück nur bis an die Grenze gebaut werden darf,**
2. **die übergreifenden Bauteile öffentlich-rechtlich zulässig oder zugelassen worden sind,**
3. **sie der Benutzung seines Grundstücks nicht oder nur unwesentlich beeinträchtigen und**
4. **sie nicht zur Vergrößerung der Nutzfläche dienen.**

Erläuterungen

Nach § 905 Satz 1 BGB erstreckt sich das Herrschaftsrecht des Grundstückseigentümers auf den Luftraum über der Erdoberfläche. Einwirkungen im Luftraum kann der Nachbar grundsätzlich verbieten, es sei denn, dass diese in einer solchen Höhe vorgenommen werden, in der der Eigentümer am Ausschluss der Einwirkungen kein Interesse mehr hat (vgl. § 905 Satz 2 BGB). Die **Voraussetzungen** der **Duldungspflicht** nach § 19 BbgNRG sind

a) dass nach öffentlich-rechtliche Vorschriften nur auf dem Grundstück, von dem aus die Bauteile übergreifen, bis an die Grenze gebaut werden darf. Das kann z. B. der Fall sein, wenn der Bebauungsplan für das eine Grundstück die geschlossene und das andere Grundstück die offene Bauweise vorsieht, oder wenn der Bebauungsplan die überbaubaren Grundstücksflächen so festlegt, dass sie nur auf dem einen Grundstück bis zur Grenze reichen. Die Duldungspflicht besteht nicht, wenn auf beiden Grundstücken bis an die Grenze gebaut werden darf, oder wenn auf dem einen Grundstück nur aus privatrechtlichen Gründen (z. B. durch Grunddienstbarkeit) nicht bis an die Grenze gebaut werden darf;

b) die übergreifenden Bauteile dürfen öffentlich-rechtlichen Vorschriften nicht widersprechen. Sie müssen also den Anforderungen der brandenburgischen Bauordnung entsprechen;

c) dass der Duldungspflichtige in der Benutzung seines Grundstücks nicht oder nur unwesentlich beeinträchtigt wird. Ob dies der Fall ist, hängt von der vorhandenen oder beabsichtigten Bebauung und Nutzung des Grundstücks ab und kommt ganz auf den Einzelfall an;

d) dass die Bauteile nicht zur Vergrößerung der Nutzflächen dienen, insbesondere nicht zum Betreten bestimmt sind. Zu dulden sind z. B. Dachrinnen, Fenstersimse, Dach- und Mauervorsprünge. Nicht zu dulden sind dagegen Erker oder Balkone.

Der unter den Voraussetzungen dieser Vorschrift vorgenommene Eingriff in den Luftraum des Nachbargrundstücks ist rechtmäßig. Er stellt eine nach § 906 BGB zu duldende Einwirkung dar. Aus der Rechtmäßigkeit erfolgt weiterhin, dass kein Überbau nach § 912 BGB vorliegt, sodass keine Überbaurente verlangt werden kann. Es handelt sich bei der Regelung im Prinzip um eine gegenüber dem § 912 BGB eigenständige Bestimmung, die die weitere Anwendung des § 912 BGB und die entsprechenden Folgen ausschließt (so auch *Postier*, Rn. 2 zu § 19). Ebenfalls entsteht kein nachbarrechtlicher Ausgleichanspruch etwa nach § 906 Abs. 1 BGB.

§ 19a

Überbau durch Wärmedämmung

(1) Der Eigentümer und der Nutzungsberechtigte eines Grundstücks haben zu dulden, dass die auf einer vorhandenen Grenzwand nachträglich aufgebrachte Wärmedämmung und sonstige mit ihr im Zusammenhang stehende untergeordnete Bauteile auf das Grundstück übergreifen, soweit

1. **die übergreifenden Bauteile öffentlich-rechtlich zulässig oder zugelassen worden sind,**
2. **eine vergleichbare Wärmedämmung auf andere Weise als durch eine Außendämmung mit vertretbarem Aufwand nicht vorgenommen werden kann und**
3. **sie die Benutzung des Grundstücks nicht oder nur unwesentlich beeinträchtigen. Eine wesentliche Beeinträchtigung ist insbesondere dann anzunehmen, wenn die Überbauung die Grenze zum Nachbargrundstück in der Tiefe um mehr als 0,25m überschreitet.**

(2) Der duldungspflichtige Nachbar kann verlangen, dass der Eigentümer des durch den Überbau begünstigten Grundstücks die Wärmedämmung in einem ordnungsgemäßen Zustand erhält.

(3) Der duldungspflichtige Nachbar ist berechtigt, die Beseitigung der Wärmedämmung zu verlangen, soweit dadurch eine zulässige beabsichtigte Benutzung seines Grundstücks nicht nur unwesentlich beeinträchtigt wird, insbesondere soweit er selbst zulässigerweise an die Grenzwand anbauen will.

(4) Für die Verpflichtung zur Anzeige und zum Schadensersatz gelten die §§ 8 und 15 entsprechend mit der Maßgabe, dass die Anzeige Art und Umfang der Baumaßnahme umfassen muss.

(5) Dem Eigentümer und dinglich Nutzungsberechtigten des betroffenen Grundstücks ist ein angemessener Ausgleich in Geld zu leisten. Sofern nichts anderes vereinbart wird, gelten § 912 Abs. 2 und die §§ 913, 914 des Bürgerlichen Gesetzbuches entsprechend.

(6) Die Absätze 1 bis 5 gelten entsprechend für Nachbarwände und sonstige Wände, die nahe an der Grundstücksgrenze stehen oder über diese hinausreichen und zu deren Duldung der Eigentümer und der Nutzungsberechtigte verpflichtet sind.

Erläuterungen

Wärmedämmungen an bestehenden Gebäuden sollen den Wärmeverlust durch die Gebäudehülle verringern und so dazu beitragen, den Energieverbrauch zu senken. Eine hohe Energieeffizienz von Gebäuden, insbesondere von Wohngebäuden, stellt zudem sicher, dass eine angemessene Beheizung auch in Zeiten steigender Energiepreise bezahlbar bleibt. Entsprechende Sanierungsmaßnahmen stehen zugleich auch im Interesse des für die Allgemeinheit wichtigen Klimaschutzes. Wesentlich für die Energieeffizienz eines Gebäudes ist die Dämmung der Außenwände. Auch nach höchstrichterlicher Rechtsprechung entspricht es dem Interesse eines vernünftig denkenden Eigentümers, ein bestehendes Gebäude so „nachzurüsten", dass es funktionell dem allgemein üblichen Standard entspricht, auch wenn es keine öffentlich-rechtliche Verpflichtung zur nachträglichen Dämmung eines Gebäudes gibt (vgl. BGH, Beschl. vom 11.4.2008 – V ZR 158/07 –).

Die nachträgliche Dämmung einer Außenwand gestaltet sich jedoch dann besonders schwierig, wenn diese an der Grundstücksgrenze steht und die von außen aufgebrachte Isolierung in das Nachbargrundstück hineinragen würde. Nach geltender Rechtslage bedarf der Eigentümer bzw. die Eigentümerin in diesem Fall vor Durchführung der Sanierungsmaßnahme der Zustimmung des Grundstücksnachbarn, der den Eingriff in sein Eigentum abwehren könnte. Selbst wenn das Nachbargrundstück durch die grenzüberschreitende Fassadendämmung nur geringfügig beeinträchtigt wäre, kann die benachbarte Person ihre Zustimmung verweigern oder an übermäßige Forderungen knüpfen und das Sanierungsvorhaben verhindern. Nach derzeit geltender Rechtslage sehen weder das Bundesrecht noch das brandenburgische Landesrecht gesetzliche Duldungspflichten für den Nachbarn bzw. die Nachbarin vor.

Zivilrechtlich gilt der Grundsatz, dass sich Baumaßnahmen auf das eigene Grundstück zu beschränken haben (§§ 903 und 905 Satz 1 BGB). Ausnahmsweise kommt eine Duldungspflicht nach § 912 Abs. 1 BGB in Betracht, wenn der Eigentümer bzw. die Eigentümerin eines Grundstücks bei der Errichtung eines Gebäudes über die Grenze baut, ohne dass ihm bzw. ihr Vorsatz oder grobe Fahrlässigkeit zur Last fällt. Ein Eigentümer handelt nach wohl herrschender Meinung aber bereits dann grob fahrlässig, wenn er beim Bauen an der Grundstücksgrenze den Verlauf dieser Grenze nicht zuverlässig ermittelt hat (vgl. *Säcker*, Münchener Kommentar zum BGB, § 912, Rn. 15). Handelt es sich um einen beabsichtigten Überbau, greift der Ausnahmetatbestand des § 912 Abs. 1 BGB erst recht nicht ein. Bei der Vornahme eines Wärmeschutzüberbaus ergibt sich also keine Duldungspflicht aus § 912 BGB. Diese folgt insbesondere auch nicht aus dem nachbarrechtlichen Gemeinschaftsverhältnis (§ 242 BGB).

Auch im brandenburgischen Landesrecht war bisher keine ausdrückliche Regelung zur Duldung eines Wärmeschutzüberbaus vorgesehen. Lediglich § 19 BbgNRG beinhaltet eine spezielle landesrechtliche Überbauregelung für übergreifende Bauteile bei einseitigen Grenzwänden. Eine Duldungspflicht besteht danach dann, wenn nach den öffentlich-rechtlichen Vorschriften auf dem Nachbargrundstück nur bis an die Grenze gebaut werden darf, die übergreifenden Bauteile öffentlich-rechtlich zulässig oder zugelassen worden sind, sie die Benutzung des Nachbargrundstücks nicht oder nur unwesentlich beeinträchtigen und nicht zur Vergrößerung der Nutzfläche dienen. Ob auch eine Wärmedämmung darunter fällt, wird nicht einheitlich beurteilt. Nach einer Auffassung gehören zu den übergreifenden Bauteilen auch von außen angebrachte Dämmplatten zur Gebäudeisolierung (vgl. *Postier*, § 19, Rn. 1). Eine andere Ansicht verneint hingegen, dass Wärmedämmungen Bauteile seien. Die Dämmung sei vielmehr ein Teil der Wand selbst (vgl. *Warnecke*, DWW 2009 S. 366). Abgesehen von dieser streitigen Frage, ist der Anwendungsbereich des § 19 BbgNRG eng begrenzt. Die Duldungspflicht bezieht sich zum einen nur auf Bauteile, die in den Luftraum eines Grundstücks übergreifen, und erstreckt sich nicht auf den Sockelbereich eines Gebäudes. Zum anderen muss nach öffentlich-rechtlichen Vorschriften unmittelbar an die Grenze gebaut werden (geschlossene Bauweise). Zur sinnvollen und flächendeckenden Realisierung einer Außendämmung von grenzständigen Gebäuden bedarf es daher einer eigenständigen Regelung zur Duldung von Wärmeschutzüberbauten. Der Vorschrift des § 19 BbgNRG verbleibt daneben weiterhin ein eigenständiger Regelungsbereich, insbesondere bei übergreifenden kleineren Bauelementen wie Regenrinnen, Fallrohren oder Gesimsen.

Nach den Ausführungen des BVerfG in seinem Beschl. vom 19.7.2007 (– 1 BvR 650/03 –) ist verfassungsrechtlich nicht zu beanstanden, wenn der Landesgesetzgeber weitere Regelungen zur Duldung eines Überbaus einführt. Zum einen hat der Bundesgesetzgeber im Rahmen seiner konkurrierenden Gesetzgebungskompetenz für das bürgerliche Recht (Art. 72 Abs. 1, 74 Abs. 1 Nr. 1 GG) die bei Überbau bestehenden Duldungspflichten des Nachbarn bzw. der Nachbarin nicht erschöpfend geregelt. Zum anderen sieht Art. 124 Satz 1 EGBGB einen Vorbehalt für eine landesgesetzliche Regelung zur weitergehenden Duldung von Überbauungen vor. Von dieser landesrechtlichen Gesetzgebungskompetenz haben mit Bayern, Berlin, Bremen, Hessen und Nordrhein-Westfalen bereits fünf Länder Gebrauch gemacht und spezielle – im Detail unterschiedlich ausgestaltete – landesrechtliche Duldungspflichten eingeführt (vgl. § 16a NachbG Bln, Art. 46a BayAGBGB, § 24a AGBGB Bremen, § 10a HessNachbRG, § 23a NachbG NRW).

Im Interesse des Klimaschutzes soll auch in Brandenburg der Nachbar bzw. die Nachbarin zur Duldung einer in sein bzw. ihr Grundstück hineinragenden Wärmedämmung verpflichtet werden. Derartige Maßnahmen sollen jedoch unter Abwägung mit dem verfassungsrechtlich geschützten Eigentumsrecht der betroffenen Person nur unter engen Voraussetzungen möglich sein. Die Betroffenen müssen den Überbau durch Wärmedämmung nach § 19a BbgNRG deshalb nur dulden, soweit die Benutzung ihres Grundstücks dadurch nicht oder nur unwesentlich beeinträchtigt wird, die übergreifenden Bauteile öffentlich-rechtlichen Vorschriften nicht widersprechen und eine vergleichbare Wärmedämmung auch nicht auf andere Weise mit vertretbarem Aufwand vorgenommen werden kann. Darüber hinaus ist der überbauende Eigentümer zur Erhaltung eines ordnungsgemäßen Zustandes der Wärmeisolierung verpflichtet und muss den Überbau wieder beseitigen, wenn der Nachbar bzw. die Nachbarin selbst zulässigerweise an die isolierte Wand anbauen möchte. Außerdem kann die zur Duldung verpflichtete Person ihrerseits die Zahlung einer Überbaurente beanspruchen.

Im § 19a BbgNRG werden die Voraussetzungen geregelt, nach denen Eigentümer und Nutzungsberechtigte (z. B. Erbbauberechtigte, Inhaber einer Dienstbarkeit, Mieter bzw. Mieterinnen) des Nachbargrundstücks die überbauende Wärmedämmung zu dulden haben.

1. Voraussetzung der Duldungspflicht ist zunächst, dass die Wärmedämmung nachträglich auf einer bereits vorhandenen Grenzwand aufgebracht wird. Damit wird sichergestellt, dass die Vorschrift keine Duldungspflichten für Überbauungen begründet, die Folge einer bereits im Zeitpunkt der Errichtung vorgenommenen Außendämmung sind, denn Neubauten sind so zu planen, dass sie sich vollständig (einschließlich Dämmung) auf das eigene Grundstück beschränken.

2. Aus Gründen der Verhältnismäßigkeit setzt die Überbauung voraus, dass die Benutzung des Nachbargrundstücks dadurch nicht oder allenfalls unwesentlich beeinträchtigt wird. Dabei sind im Einzelfall Art und Maß der Inanspruchnahme des Nachbargrundstücks, dessen Größe und dessen Einschränkungen bei der Nutzung eines darauf befindlichen Gebäudes oder einer unbebauten Fläche zu berücksichtigen. Im Regelfall wird die Beeinträchtigung der benachbarten Person umso größer sein, je weiter die Wärmedämmung in das Nachbargrundstück übergreift. Die Bauteilanforderungen der Energieeinsparverordnung, die Mindeststandards für die Wärmedämmung bestehender Gebäude vorsehen, können bei der Auslegung herangezogen werden. Sie sind jedoch nicht als absolut gesetzte Obergrenze zu verstehen. Im Einzelfall kommt es stets darauf an, dass das Grundstück der Betroffenen nicht über Gebühr beeinträchtigt wird. Der von der Energieeinsparverordnung vorgesehene energetische Standard kann deshalb zuweilen auch überschritten werden (z. B. besserer Wärmedurchgangskoeffizient), ohne dass dies eine stärkere Beeinträchtigung des Nachbargrundstücks zur Folge haben muss, z. B. weil ein extrem dünner und hochwertiger Dämmstoff verwendet wird. Dass der Begrenzung auf die Mindestvorgaben der Energieeinsparverordnung kein sinnvoller Regelungsgehalt zukommt, verdeutlicht auch die Entscheidung des OLG Frankfurt a. M. vom 26.9.2012 (– 19 U 11 0/12 –) zum Hessischen Nachbarrechtsgesetz: § 10a Abs. 1 Satz 1 Nr. 1 des HessNachbRG bestimmt, dass der Nachbar bzw. die Nachbarin nur dann zur Duldung einer übergreifenden Wärmedämmung verpflichtet ist, wenn diese über die Bauteilanforderungen der Energieeinsparverordnung in der jeweils geltenden Fassung für bestehende Gebäude nicht hinausgeht. Das OLG Frankfurt a. M. hat im betreffenden Fall eine Duldungspflicht des Nachbarn deshalb verneint, weil die in sein Grundstück hineinragende Wärmedämmung einen besseren Dämmwert aufwies, als in der Energieeinsparverordnung vorgesehen war, obwohl feststand, dass die Wärmedämmung dicker (14 cm statt 8 cm) ausgefallen wäre, wenn der von der Energieeinsparverordnung geforderte Mindestwert eingehalten worden wäre. Die Beurteilung, ob die Nutzung des Nachbargrundstücks nicht oder nur unwesentlich beeinträchtigt wird, soll deshalb nicht an die Bauteilanforderungen der Energieeinsparverordnung gebunden werden, sondern der konkreten Abwägung der beiderseitigen Interessen und geschützten Rechtsgüter im Einzelfall vorbehalten bleiben.

In Absatz 1 Nr. 3 wird klargestellt, dass Überbauten von mehr als 0,25m nicht geduldet werden müssen. Einerseits kann bei einer Aufbaustärke von 0,25m mit heute üblichen Dämmstoffen der Wärmeverlust eines Gebäudes erheblich reduziert werden (vgl. Protokoll des Rechtsausschusses und des Ausschusses für Bauen, Wohnen und Verkehr des Landtags Nordrhein-Westfalen über die Anhörung von Sachverständigen zum Gesetz zur Änderung des Nachbarrechtsgesetzes – Wärmedämmung und Grenzständige Gebäude – vom 23.3.2011, APr 15/150). Andererseits dürfte bei einer Überbauung von 0,25m regelmäßig von einer unwesentlichen Beeinträchtigung des Nachbargrundstücks auszugehen sein. Dies schließt jedoch nicht aus, dass das nachbarliche Grundstück unter Berücksichtigung aller Umstände des jeweiligen Einzelfalls schon bei einer geringeren Tiefe der Überbauung mehr als unwesentlich beeinträchtigt sein kann.

3. Absatz 1 Nr. 2 verleiht dem Verhältnismäßigkeitsgrundsatz Ausdruck. Danach hat die Inanspruchnahme des eigenen Grundstücks grundsätzlich Vorrang vor einer Überbauung des Nachbargrundstücks, soweit auch durch eine Innendämmung die angestrebten Dämmwerte erreicht werden können und der Aufwand nicht außer Verhältnis steht. Dabei ist zu berücksichtigen, dass im Allgemeinen die Anbringung einer Außendämmung aus physikalischen und bautechnischen Gründen (Wärmebrücken, Verformung der Außenwand, Dampfsperren- und Tauwasserproblematik etc.) einer Innendämmung vorzuziehen sein dürfte, weil mit einer Innendämmung nicht oder nur mit erheblichem Aufwand eine mit der Außendämmung vergleichbare Dämmwirkung erreicht werden kann (vgl. o. g. Ausschussprotokoll des Landtags Nordrhein-Westfalen). Auch rechtliche Beziehungen wie bestehende Mietverhältnisse an den betroffenen Räumlichkeiten sind bei der Bemessung des erforderlichen Aufwandes zu berücksichtigen.

4. Weiterhin setzt die Duldungspflicht voraus, dass das Anbringen der Wärmedämmung nach öffentlich-rechtlichen Vorschriften zu lässig oder zugelassen worden ist, insbesondere den Bestimmungen des Baurechts und Straßenverkehrsrechts nicht widerspricht. Dies gilt nicht nur für das übergreifende Bauteil selbst, sondern auch für seine Anbringung.

5. Die Duldungspflicht erstreckt sich dabei nicht nur auf die Wärmedämmung selbst, sondern auch auf sonstige mit ihr im Zusammenhang stehende untergeordnete Bauteile (zum Beispiel auf die Außenwand aufgebrachte Putze oder Verblendungen). Bei der Außenisolierung einer Giebelwand können beispielsweise auch Veränderungen am Dach oder an den in der Grenzwand befindlichen Fenstern erforderlich sein. Auch der Anspruch auf Duldung sonstiger untergeordneter Bauteile, die mit der Wärmedämmung im Zusammenhang stehen, unterliegt den Voraussetzungen des Absatzes 1. Insbesondere darf das Maximalmaß der zulässigen Überbauung von 0,25m auch durch das Anbringen sonstiger untergeordneter Bauteile nicht überschritten werden.

6. Nach Absatz 2 ist der durch den Überbau begünstigte Grundstückseigentümer verpflichtet, die Wärmedämmung in einem ordnungsgemäßen Zustand zu erhalten.

7. Die Duldungspflicht der Betroffenen endet, wenn und soweit sie die ernsthafte Absicht verfolgen, die Nutzung ihres Grundstücks zu verändern, und der Wärmeschutzüberbau diese Nutzung mehr als nur unwesentlich beeinträchtigen würde. In diesem Fall können sie die Beseitigung des Überbaus verlangen. Dies ist zum Beispiel dann der Fall, wenn der Nachbar bzw. die Nachbarin zu einem späteren Zeitpunkt in zulässiger Weise an die Grenzwand anbauen möchte oder die überbaute Fläche nachträglich benötigt wird, um eine Durchfahrt auf dem betroffenen Grundstück zu einer neu errichteten Garage anzulegen.

8. Durch die Verweisung in Absatz 4 auf die Anzeigepflicht nach § 8 BbgNRG wird klargestellt, dass die Baumaßnahme den Betroffenen vor Beginn angezeigt werden muss. Damit sich die Betroffenen ein ausreichendes Bild von der geplanten Bauausführung machen können, hat die Anzeige auch Art und Umfang der Baumaßnahme zu enthalten. Entsteht den Betroffenen durch den Überbau ein Schaden, ist dieser verschuldensunabhängig vom Veranlasser des Überbaus zu ersetzen. Dies wird durch den Verweis auf § 15 BbgNRG verdeutlicht.

9. Nach Absatz 5 ist der Bauherr, der das Nachbargrundstück in Anspruch nimmt, dem betroffenen Eigentümer und dinglich Nutzungsberechtigten für den Eingriff in sein Eigentum bzw. dingliches Nutzungsrecht zum finanziellen Ausgleich verpflichtet. Nur schuldrechtlich Nutzungsberechtigten (insbesondere Mietern und Mieterinnen) steht dieser Entschädigungsanspruch nicht zu. Gegebenenfalls können letztere von dem nach Absatz 5 anspruchsberechtigten Eigentümer aus dem zwischen ihnen bestehenden Schuldverhältnis Ersatz verlangen. Sofern nichts anderes vereinbart wird, bestimmt sich die Zahlung einer Überbaurente nach den Vorschriften des Bürgerlichen Gesetzbuchs.

10. Die vorstehenden Vorschriften zur Duldung eines Wärmeschutzüberbaus gelten auch für Nachbarwände im Sinne des § 5 BbgNRG und sonstige Wände, die nahe an der Grundstücksgrenze stehen oder über diese hinausreichen. Es soll keinen Unterschied machen, ob die zu isolierende Gebäudewand unmittelbar an der Grenze zum Nachbargrundstück (Grenzwand) oder auf der Grenze zweier Grundstücke (Nachbarwand) oder in einem geringen Abstand zur Grenze steht und die aufzubringende Wärmedämmung in das Nachbargrundstück hineinragen würde. Letztere finden sich vor allem in historischer Bebauung in Dorfkernen (vgl. *Warnecke*, DWW 2009 S. 366, 370). Darüber hinaus sollen die Regelungen auch für über die Grenze hinausreichende Wände gelten. Der Eigentümer und der Nutzungsberechtigte des Nachbargrundstücks müssen jedoch stets zur Duldung der nahe an der Grenze stehenden oder über die Grenze hinausreichenden Wand verpflichtet sein. Die Interessenabwägung ist in jenen Fällen in gleicher Weise vorzunehmen.

ABSCHNITT 4
FENSTER- UND LICHTRECHT

§ 20
Inhalt und Umfang

(1) In oder an der Außenwand eines Gebäudes, die parallel oder in einem Winkel bis zu 60° zur Grenze des Nachbargrundstücks verläuft, dürfen Fenster, Türen oder zum Betreten bestimmte Bauteile wie Balkone und Terrassen nur mit schriftlicher Zustimmung des Eigentümers des Nachbargrundstücks angebracht werden, wenn ein geringerer Abstand als 3m von dem grenznächsten Punkt der Einrichtung bis zur Grenze eingehalten werden soll.

(2) Von einem Fenster oder einem zum Betreten bestimmten Bauteil, dem der Eigentümer des Nachbargrundstücks schriftlich zugestimmt hat oder das nach dem bisherigen Recht angebracht worden ist, müssen er und seine Rechtsnachfolger mit einem später errichteten Bauwerk mindestens 3m Abstand einhalten. Dies gilt nicht, wenn das später errichtete Bauwerk den Lichteinfall nicht oder nur geringfügig beeinträchtigt.

Erläuterungen

1. Unter **Fensterrecht** versteht man **Regelungen**, die festlegen, **ob und wie** der Grundstückseigentümer **Fenster** anlegen darf bzw. inwieweit er von seinem Nachbarn verlangen kann, dass dieser die Fenster und Balkone in besonderer Weise ausgestaltet. Der Grundgedanke des Fensterrechts ist, dass ein **Grundstückseigentümer vor Beeinträchtigungen geschützt** werden soll, wobei der Gesetzgeber entweder an eine Beeinträchtigung durch Einsichtnahme oder durch Hinauswerfen von Gegenständen u. Ä. aus dem Fenster dachte.

Als **Fenster** werden **Lichtöffnungen jeder Art** bezeichnet, wobei es irrelevant ist, welchen Zweck sie erfüllen. Aus diesem Grunde werden auch **Glasbausteine** als Fenster angesehen, ebenso **Kellerfenster**, sofern sie einen Blick über den Kellerschacht hinaus gewähren. Dem Fenster werden **Türen** gleichgestellt, ebenso **Balkone, Terrassen und ähnliche Bauteile** und ähnliche Bauteile (demnach Loggien, Galerien, Erker, Veranden auch Sitzplätze unter einem Dachüberstand), die einen Ausblick zum Nachbargrundstück gewähren. Ob es sich bei einer Freifläche im Grenzbereich um eine Terrasse im Sinne der Vorschrift handelt, hängt von der konkreten Zweckbestimmung ab. Maßgeblich ist die Eignung zum Aufenthalt von Menschen (vgl. OLG Koblenz, MDR 2006 S. 1103). Der Anspruch auf Beseitigung einer unter Verstoß gegen die Vorschrift an die Grenze gebaute Terrasse steht auch dem Nachbarn im Außenbereich zu (vgl. OLG Koblenz, Urt. vom 6.3.2006 – 12 U 97/05 –). Nicht anwendbar ist die Bestimmung, wenn die Nutzung keinen relevanten Blickkontakt zum Nachbargrundstück ermöglicht. § 20 umfasst aber **keine Kraftfahrzeugstellplätze** (AG Bernkastel-Kues, Urt. vom 6.11.1997 – 4 C 354/97 –). Überflüssig ist auch die Diskussion über die Frage, ob auch Luken oder sonstige Lichtöffnungen den Türen zugerechnet werden können, weil sie ihm Zweifelsfalle zu den Fenstern gehören. Mit den genannten Bauteilen ist grundsätzlich ein Abstand zur Nachbargrenze von 3m einzuhalten; der Abstand wird waagerecht von der grenznächsten Stelle dieses Bauteils bis zur eigenen Grundstücksgrenze rechtwinklig gemessen. Messpunkt ist der Fenster- oder Türrahmen, nicht das Mauerwerk, das die Wandöffnung umschließt. Bei Balkonen und Terrassen wird von der Außenkante des Teils der Fläche an gemessen, der noch betreten werden kann. Die Außenwand selbst braucht nicht von jedem Punkte der Grenze aus den Mindestabstand einzuhalten. Es kommt auf die öffentlich-rechtliche Abstandsbestimmung nach § 6 BbgBO an. Erfasst werden nur die Bauteile in Außenwänden, die parallel oder in einem Winkel bis 60 Grad zur Grenze des Nachbarn verlaufen. Ist der Winkel größer, greifen die Beschränkungen nicht ein. Eine Unterschreitung des Mindestabstandes ist nur mit schriftlicher Einwilligung des Nachbarn zulässig.

2. Absatz 2 spricht das **Lichtrecht** an. Ein Nachbar, der einem Fenster im Schutzbereich von Absatz 1 zugestimmt hat, ist verpflichtet, diesem Fenster das notwendige Licht zu belassen, wenn er selbst später baut. Die gleiche Verpflichtung besteht, wenn er vor dem Fenster bauen will, das gemäß dem bisherigen Recht angebracht worden ist. Alle rechtmäßig angebrachten Fenster sind geschützt. Eine bestandskräftige, das Lichtrecht beeinträchtigende Baugenehmigung lässt allerdings nach § 3 Abs. 1 BbgNRG das Lichtrecht nicht zur Geltung gelangen. Das **Lichtrecht** erwirbt, wem der **Nachbar** die nach Absatz 1 vorgesehene **schriftliche Zustimmung** gegeben hat. Der Gesetzgeber sieht eine Rechtfertigung der Vorschrift in dem Umstand des Vertrauensschutzes des Nachbarn, der sich auf eine einmal abgegebene, formgebundene und formgerechte Einwilligung verlassen können will. Die Schriftform dient hier vor allem der Rechtssicherheit. Das Lichtrecht besteht ferner, wenn das Fenster oder begehbare Bauteil gemäß dem damals geltenden Recht angebracht worden ist. Die Pflicht, dem auf dem angrenzenden Grundstück schon vorhandenen Bauwerk ausreichend Licht zu belassen, trifft auch den Rechtsnachfolger des Nachbarn. Dass er für seine später zu errichtenden Gebäude dadurch gewissen Baubeschränkungen unterliegt, rechtfertigt sich aus der Situationsgebundenheit des Eigentums (vgl. hierzu BGH, DVBl 1996 S. 671). Wird der Mindestabstand (3m) ohne die erforderliche Einwilligung nicht eingehalten, so kann der Nachbar nach § 1004 BGB die Beseitigung der gesetzwidrig angebrachten Einrichtung verlangen. Dies gilt jedoch nicht, wenn das später errichtete Bauwerk den Lichteinfall nicht oder nur unwesentlich beeinträchtigt. Wann keine oder nur eine unwesentliche Beeinträchtigung vorliegt, hängt natürlich von den Umständen des Einzelfalls ab und kann nicht pauschal beantwortet werden. Vgl. zur Verjährung des Fenstereinbaus, der gegen nachbarrechtliche Bestimmungen verstößt und für den keine Baugenehmigung vorliegt, OLG Köln, DWW 1994 S. 184, im Übrigen auch BGH, NJW 1982 S. 2382. Ein nach den Vorgaben des § 316 ZGB/DDR entstandenes Fensterrecht genießt keinen Bestandsschutz im Sinne von § 20 Abs. 2 BbgNRG, zumal nach dem seinerzeit geltenden Baurecht Fensteröffnungen zum Nachbargrundstück nur befristet zulässig und im Falle einer späteren Grenzbebauung des Nachbargrundstücks auf Anordnung zu schließen waren (vgl. Brandenburgisches OLG, Urt. vom 7.12.2006 – 4 U 44/06 –).

§ 21
Ausnahmen

Eine Zustimmung nach § 20 ist nicht erforderlich

1. **für lichtdurchlässige Wandbauteile, wenn sie undurchsichtig, schalldämmend und gegen Feuereinwirkung widerstandsfähig sind,**
2. **für Außenwände gegenüber Grenzen zu öffentlichen Verkehrsflächen, zu öffentlichen Grünflächen und zu oberirdischen Gewässern von jeweils mehr als 2m Breite,**
3. **soweit nach öffentlich-rechtlichen Vorschriften Fenster und Türen angebracht werden müssen und**
4. **wenn keine oder nur geringfügige Beeinträchtigungen zu erwarten sind.**

Erläuterungen

Eine **Zustimmung** ist nach § 20 BbgNRG für folgende Fälle **nicht erforderlich**:

a) **lichtdurchlässige Wandbauteile**. Die Merkmale „undurchsichtig" und „schalldämmend" sind z. B. bei Glasbausteinen vorhanden. Ist ein lichtdurchlässiger Wandbauteil nur undurchsichtig, aber nicht schalldämmernd (z. B. eine mattfarbige Glaswand aus dünnem Glas), so ist die Einwilligung erforderlich.

b) für **Außenwände** gegenüber Grenzen zu öffentlichen Verkehrsflächen, öffentlichen Grünflächen und zu oberirdischen Gewässern von jeweils mehr als 2m Breite. Zu dem Begriff der öffentlichen Verkehrsflächen kann auf die Vorgaben des Landesstraßengesetzes Bezug genommen werden. Öffentliche Grünflächen sind Parkanlagen, Sportanlagen, Spielplätze, aber auch Friedhöfe. Oberirdische Gewässer sind ständig oder zeitweilig in natürliche oder künstliche Betten fließende oder stehende Gewässer (vgl. § 1 Abs. Nr. 1 WHG).

c) nach **öffentlichem Recht notwendige Fenster** und Türen. Hier können sich beispielsweise Verpflichtungen aus den Festsetzungen in den örtlichen Bauleitplänen bzw. in Gestaltungssatzungen ergeben.

d) **keine** oder nur **geringfügige Beeinträchtigungen**. Die Orientierung erfolgt hier nicht nach dem subjektiven Empfinden des betroffenen Nachbarn, sondern nach dem Eindruck eines „verständigen Durchschnittsmenschen".

§ 22
Ausschluß des Beseitigungsanspruchs

(1) Der Anspruch auf Beseitigung einer zustimmungsbedürftigen Einrichtung, die einen geringeren als den in § 20 vorgeschriebenen Abstand hat, ist ausgeschlossen, wenn nicht bis zum Ablauf des auf die Anbringung der Einrichtung folgenden Kalenderjahres Klage auf Beseitigung erhoben worden ist.

(2) Der Anspruch auf Beseitigung einer Einrichtung, die bei Inkrafttreten dieses Gesetzes vorhanden ist, ist ausgeschlossen, wenn

1. **ihr Abstand dem bisherigen Recht entspricht oder**
2. **ihr Abstand nicht dem bisherigen Recht entspricht und nicht bis zum Ablauf des auf das Inkrafttreten dieses Gesetzes folgenden Kalenderjahres Klage auf Beseitigung erhoben worden ist.**

(3) Wird das Gebäude, an dem sich die Einrichtung befand, oder das Bauwerk beseitigt, so gelten für einen Neubau die §§ 20 und 21.

Erläuterungen

1. § 22 BbgNRG enthält eine **gesetzliche Ausschlussfrist**, nach Ablauf derer die Beseitigung einer Einrichtung, die einen geringeren als den in § 20 BbgNRG normierten Abstand einhält, nicht mehr gefordert werden kann. Die Frist wird nur gewahrt, wenn rechtzeitig Klage beim zuständigen Gericht eingereicht wurde. Für den Ablauf ist beispielsweise ein Eigentümerwechsel ohne Belang. Die Beweislast für den Beginn und den Ablauf der Frist hat der Eigentümer, der sich auf den Fristablauf beruft, der Nachbar hingegen für die Vornahme der fristwahrenden Handlung. Wenn ein Nachbar jedoch seinerseits den erforderlichen Grenzabstand nicht einhält, ist er nach dem Grundsatz von Treu und Glauben (§ 242 BGB) daran gehindert, die Verletzung des Abstandes zu rügen. Es sei denn, durch den Umstand entstehen untragbare gefahrenträchtige Zustände (vgl. OLG Köln, NJW-RR 2003 S. 376).

2. Absatz 2 betrifft den **Altbestand**. Hier gilt das Recht, das zum Zeitpunkt des Einbaus des Fensters usw. bestand. In Frage kommen hier die am 2.10.1958 vom Ministerium für Bauwesen der DDR erlassene Deutsche Bauordnung (DBO), die ab 1.8.1990 von der Bauordnung der DDR vom 20.7.1990 (GBl. I Nr. 50 S. 929) abgelöst wurde und seit dem 1.7.1994 die brandenburgische Bauordnung.

3. Absatz 3 regelt nur die Frage des **Bestandschutzes** am bestehenden Gebäude und bezieht sich nicht auf die Erstellung eines Ersatzbaus. Rechtlich zulässig sind daher Reparaturmaßnahmen, sofern sie nicht in die Bausubstanz eingreifen (so etwa eine Neuverglasung der Fenster).

ABSCHNITT 5
HAMMERSCHLAGS- UND LEITERRECHT

§ 23
Inhalt und Umfang

(1) Der Eigentümer und der Nutzungsberechtigte eines Grundstücks müssen dulden, daß ihr Grundstück einschließlich der Bauwerke von dem Nachbarn oder von ihm Beauftragten zur Vorbereitung und Durchführung von Bau-, Instandsetzungs- und Unterhaltungsarbeiten auf dem Nachbargrundstück vorübergehend betreten und benutzt wird, wenn und soweit

1. **die Arbeiten anders nicht oder nur mit unverhältnismäßig hohen Kosten durchgeführt werden können,**
2. **die mit der Duldung verbundenen Nachteile oder Belästigungen nicht außer Verhältnis zu dem von dem Berechtigten erstrebten Vorteil stehen und**
3. **das Vorhaben öffentlich-rechtlich zulässig oder zugelassen worden ist.**

(2) Das Recht zur Benutzung umfaßt die Befugnis, auf oder über dem Grundstück Gerüste und Geräte aufzustellen sowie die zu den Arbeiten erforderlichen Baustoffe über das Grundstück zu bringen.

(3) Das Recht ist so zügig und schonend wie möglich auszuüben. Es darf nicht zur Unzeit geltend gemacht werden.

(4) Die Absicht, die Rechte nach den Absätzen 1 und 2 auszuüben, ist anzuzeigen; § 8 gilt entsprechend. Für die Verpflichtung zum Schadensersatz gilt § 15 entsprechend.

(5) Die Absätze 1 bis 4 finden auf die Eigentümer öffentlicher Verkehrsflächen keine Anwendung.

Erläuterungen

1. In den §§ 23 und 24 BbgNRG werden die Rechte und Pflichten erläutert, die sich aus dem so genannten **Hammerschlags- und Leiterrecht** ableiten. Während das Hammerschlagsrecht grundsätzlich die **Berechtigung** zum **Betreten des Nachbargrundstücks** für **Zwecke der Bau- oder Instandsetzungsarbeiten** am eigenen Grundstück vorzunehmen oder vornehmen zu lassen beinhaltet, umfasst das **Leiterrecht** die Ermächtigung, **auf dem Nachbargrundstück** für die genannten Zwecke **Leitern und Gerüste aufzustellen**. Das Hammerschlags- und Leiterrecht ist Regelungsgegenstand der Nachbarrechtsgesetze der Länder. In den Bundesländern, in denen keine entsprechenden Bestimmungen bestehen, kann auf das aus Treu und Glauben (§ 242 BGB) entwickelte Rechtsinstitut des nachbarlichen Gemeinschaftsverhältnisses zurückgegriffen werden. § 23 Abs. 1 BbgNRG bestimmt den Umfang der Arbeiten, zu dessen Zweck das Nachbargrundstück in Anspruch genommen werden darf. **Berechtigter** im Sinne der Vorschrift ist **nicht der Handwerker oder Bauunternehmer**, der die Maßnahme im Auftrag ausführt, sondern der **Auftraggeber** (Bauherr), also der Eigentümer oder Nutzungsberechtigte des benachbarten Grundstücks. Bauarbeiten sind alle Arbeiten, für die eine Nutzung des benachbarten Grundstücks erforderlich ist. Sie umfassen also die Neuerrichtung oder die Ausbesserung oder auch den Abbruch. Instandhaltung und -setzung ist die Erhaltung des bestehenden Zustandes, aber auch die erstmalige Herstellung eines einwandfreien Zustandes, auch die modernisierende Instandsetzung, wenn diese wirtschaftlich und sachgerecht ist. Die Arbeiten brauchen nicht an einem Gebäude ausgeführt zu werden, sondern können z. B. die Einfriedigung (Anstrich) betreffen. Da Instandsetzung und Unterhaltung gleichgesetzt sind, sind auch solche laufend wiederkehrenden Arbeiten hinzunehmen, die in kürzeren Abständen vorzunehmen sind (z. B. das Beschneiden einer Heckeneinfriedigung).

Zu den **Voraussetzungen** des Hammerschlags- und Leiterrechts:

- Das Vorhaben darf nicht oder nur mit unverhältnismäßig hohen Kosten durchgeführt werden können. Es genügt also hier keine Unzweckmäßigkeit der Maßnahme, sondern die faktische Unmöglichkeit. Wenn also Bauarbeiten vom bautechnischen Standpunkt her zweckmäßigerweise vom Nachbargrundstück aus erfolgen sollten, ist dies unerheblich, es sei denn die Maßnahme könnte in dieser Form nur gleichzeitig mit unverhältnismäßig hohen Kosten umgesetzt werden. Unverhältnismäßig hoch sind die Kosten, wenn diese bei Ausführung der Arbeiten unter Inanspruchnahme des Nachbargrundstücks erheblich niedriger sind, wobei in die Berechnung auch die evtl. zu zahlende Nutzungsentschädigung oder der entstehende Schadensersatz einzubeziehen sind.
- Die mit der Duldung verbundenen Nachteile oder Belästigungen dürfen nicht außer Verhältnis zu dem von dem Berechtigten erstrebten Vorteil stehen. In die Interessenabwägung fallen nicht nur vermögensrechtliche, sondern auch ideelle Nachteile (so z. B. Liebhaberinteressen). Ein Nachteil kann z. B. der Umstand sein, dass ein Nachbar eine lärmende Baumaschine dicht an seinem Wohnhaus dulden müsste.
- Das Hammerschlags- und Leiterrecht darf nur für rechtmäßige Baumaßnahmen in Anspruch genommen werden. Ist also z. B. für eine Baumaßnahme eine Baugenehmigung erforderlich, so ist die Inanspruchnahme nur zulässig, wenn die Genehmigung erteilt wurde. Im Zweifel wird der Nachbar die Vorlage der Bauunterlagen verlangen können. Unzulässig sind trotz ausdrücklicher Erwähnung auch Arbeiten, die privatrechtliche Vorschriften verletzen (bspw. wenn die Baumaßnahme zu einem Grenzüberbau führt oder zu einer Verletzung privatrechtlicher Grenzabstände.

2. Das Recht umfasst die **Inanspruchnahme** des **Nachbargrundstücks**, um auf oder über dem Grundstück Gerüste und Geräte aufzustellen sowie die zu den Arbeiten erforderlichen Baustoffe über das Grundstück zu bringen. Wenn auch nicht ausdrücklich erwähnt, dürfte das Recht auch eine **kurzfristige Lagerung von Baumaterial oder Baumaschinen** einschließen. Hierfür ist keine besondere gesetzliche Ermächtigung erforderlich (a. A. *Schäfer*, § 21 Rn. 2).

Nicht erfasst werden jedoch Besitzstörungen, die durch das Eindringen des Schwenkarms eines Baukrans in den Luftraum des Nachbargrundstücks entstehen (vgl. hierzu OLG Düsseldorf, MDR 1989 S. 993; OLG Karlsruhe, NJW-RR 1993 S. 91).

Die Pflicht zur Duldung des Hammerschlags- und Leiterrechts entsteht mit der Erfüllung der gesetzlichen Voraussetzungen. Daraus folgt, dass der in Anspruch genommene Nachbar für die Arbeiten keine ausdrückliche Zustimmung erteilen muss. Bei Streit über die Berechtigung kann jedoch der Grundstückseigentümer das **Recht nicht im Wege der Selbsthilfe** durchsetzen, sondern muss den Nachbarn zur Duldung verklagen. Etwas anderes dürfte nur für Notstandsfälle (z. B. Reparaturmaßnahmen nach einem Sturm u. Ä.) gelten. Die Beweislast dafür, dass die Voraussetzungen für die Ausübung des Rechts vorliegen, trifft denjenigen, der die Arbeiten durchführen möchte. Das Hammerschlags- und Leiterrecht befreit im Übrigen nicht von der Einholung anderweitiger Genehmigungen (z. B. straßenrechtliche Erlaubnis zur Aufstellung eines Leitergerüstes usw.).

3. Nach Absatz 3 ist das Recht mit **möglichster Schonung** des Nachbargrundstücks auszuüben und darf auch nicht zur Unzeit geltend gemacht werden. Der berechtigte Grundstückseigentümer ist demnach verpflichtet, Maßnahmen zu ergreifen, die evtl. entstehende Nachteile vermindern, so z. B. die Errichtung von Schutzzäunen, die Verlegung von Brettern zur Schonung von Rasen- und Gartenflächen, der Einsatz schallgeminderter Gerätschaften usw. Dass die Arbeiten nicht zur Unzeit durchgeführt werden sollen, verpflichtet den Berechtigten dazu, möglicherweise die Inanspruchnahme von landwirtschaftlich oder gärtnerischen Flächen nach der Erntezeit zu planen oder die Benutzung des Nachbargrundstücks, auf dem sich ein Eiscafé befindet, außerhalb der Saisonzeiten anzustreben.

4. Zwecks Inanspruchnahme des Nachbargrundstücks aus Gründen des Hammerschlags- und Leiterrechts ist eine **vorherige Anzeige** gesetzlich vorgeschrieben. Anzeigeverpflichtet ist derjenige, der die Arbeiten ausführen möchte. Empfänger der Anzeige sind der Grundstückseigentümer und die Nutzungsberechtigten (Mieter, Pächter). Die Anzeige hat schriftlich mit einer **Frist von zwei Monaten** zu erfolgen. Die Anzeige der beabsichtigten Ausübung des Hammerschlags- und Leiterrechts muss Angaben zu dem voraussichtlichen Umfang der geplanten Arbeiten, zu deren Beginn und Dauer sowie zu Art und Umfang der Benutzung des Nachbargrundstücks enthalten. Die Anzeige ist Voraussetzung für die Ausübung des Rechts, nicht für das Bestehen des Duldungsanspruchs (BGH, Urt. vom 14.12.2012 – V ZR 49/12 –).

Schäden, die dem Eigentümer des Nachbargrundstücks bei Ausübung der Rechte nach Absatz 1 oder 2 entstehen, sind ohne Rücksicht auf Verschulden zu ersetzen (§ 15). Der Umfang des **Schadensersatzes** richtet sich nach §§ 249 ff. BGB, auch ein Mitverschulden durch den Geschädigten ist denkbar, sodass eine Verringerung des Ersatzbetrages aus diesen Gründen in Betracht kommt. Die Gefährdungshaftung beschränkt sich jedoch nur auf die Ausübung des Rechts, sodass für gelegentlich der Rechtsausübung entstehende Schäden (z. B. Diebstähle auf dem Nachbargrundstück) dem Betroffenen ein Verschulden nachzuweisen ist. Das LG Bonn (Urt. vom 9.6.2006 – 2 O 33/06 –) bestätigte die Schadensersatzpflicht eines Nachbarn im Hinblick auf durch den Bau einer Doppelgarage zerstörte serbische Fichten in der Nähe der Grundstücksgrenze durch einen Bauunternehmer. Ein Grundstückseigentümer, der einen Handwerker Reparaturarbeiten im Haus vornehmen lässt, ist als Störer im Sinne des § 1004 BGB verantwortlich, wenn das Haus infolge der Arbeiten in Brand gerät und das Nachbargrundstück beschädigt wird. Dass der Handwerker sorgfältig ausgesucht wurde, ändert daran nichts (BGH, Urt. vom 9.2.2018 – V ZR 311/16 –).

Die Vorschriften des Hammerschlags- und Leiterrechts sind auch keine Schutzgesetze im Sinne von § 823 Abs. 2 BGB, deren schuldhafte Verletzung Schadensersatzansprüche auslösen (OLG Düsseldorf, NZM 1998 S. 346 f.). Der Grundstückseigentümer begeht keine Pflichtverletzung und ist nicht schadensersatzpflichtig, wenn er die Ausübung des Hammerschlags- und Leiterrechts des Nachbarn davon abhängig macht, dass dieser seine Grenzwand gründet (vgl. OLG Düsseldorf, NJW-R 1999 S. 102). Der Nachbar kann die **Benutzung seines Grundstücks** von der Erbringung einer **Sicherheitsleistung** abhängig machen (§ 15 Satz 2 BbgNRG). Die Höhe der Sicherheitsleistung ist zu schätzen (vgl. § 232 BGB).

> *Formulierungsbeispiel:*
>
> *Wir beabsichtigten am 15.6.2006 einen Neuanstrich unseres Wohnhauses in … durchzuführen.*
> *Zur Stellung eines Gerüstes sind wir aus Platzgründen gezwungen Ihr Grundstück im Bereich … auf einer Breite von 1m in Anspruch zu nehmen. Die Dauer der Gesamtmaßnahme beträgt vierzehn Tage.*

5. Das **Hammerschlags- und Leiterrecht** gilt **nicht** gegenüber **Eigentümern öffentlicher Verkehrsflächen**. Hier finden die Vorgaben der öffentlichen Straßengesetze Anwendung, so z. B. die Regelungen des § 8 FStrG bzw. § 18 BbgStrG. Die Inanspruchnahme öffentlicher Verkehrsflächen bedarf einer Sondernutzungserlaubnis bzw. einer verkehrsrechtlichen Genehmigung.

§ 24
Nutzungsentschädigung

(1) Wer ein Grundstück gemäß § 23 benutzt, hat für die Zeit der Benutzung eine Nutzungsentschädigung in Höhe der ortsüblichen Miete für die benutzten Bauwerksteile oder für einen dem benutzten unbebauten Grundstücksteil vergleichbaren Lagerplatz zu zahlen. Eine Benutzung unbebauter Grundstücksteile bis zur Dauer von zwei Wochen bleibt außer Betracht. Die Nutzungsentschädigung ist jeweils zum Ende eines Kalendermonats fällig.

(2) Nutzungsentschädigung kann nicht verlangt werden, soweit nach § 23 Abs. 4 Ersatz für entgangene anderweitige Nutzung gefordert wird.

Erläuterungen

1. Unabhängig von einem etwaigen Schadensausgleich erhält der betroffene Besitzer für die Duldungspflicht der Inanspruchnahme eine **Nutzungsentschädigung**. Die Höhe der Entschädigung kann frei vereinbart werden bzw. richtet sich nach der **ortsüblichen Miete** für einen dem **benutzten Grundstücksteil vergleichbaren gewerblichen Lagerplatz**. Ist der entstandene Nutzungsverlust tatsächlich höher, so besteht ein Erstattungsanspruch, sofern ein derartiger Nachweis geführt werden kann. Eine Benutzung unbebauter Flächen ist bis zur Dauer von zwei Wochen kostenlos, danach ist eine Entschädigung für die überschreitende Zeit zu zahlen.

2. Eine Nutzungsentschädigung entfällt für den Fall, dass der Nachbar eine Schadensersatzleistung nach § 23 Abs. 4 BbgNRG als Ausgleich für eine entgangene anderweitige Nutzung seines Grundstücks verlangt. Ansonsten würde der Nachbar u. U. einen doppelten Wertersatz erhalten, welches gerade durch die Formulierung des Absatzes 2 vermieden werden soll.

> *Beispiel:*
>
> *Ein Nachbar verlangte im Rahmen des Hammerschlags- und Leiterrechts von dem Betroffenen für die Inanspruchnahme seines Grundstücks Schadensersatz, weil er sein Grundstück während dieser Zeit nicht gewinnbringend verpachten konnte. Er kann in diesem Falle keine Nutzungsentschädigung fordern.*

ABSCHNITT 6
HÖHERFÜHREN VON SCHORNSTEINEN UND LÜFTUNGSLEITUNGEN

§ 25

(1) Der Eigentümer und der Nutzungsberechtigte eines Grundstücks müssen dulden, daß der Nachbar an ihrem höheren Gebäude Schornsteine und Lüftungsleitungen seines angrenzenden niedrigeren Gebäudes befestigt, wenn

1. **die Höherführung der Schornsteine und Lüftungsleitungen für deren Betriebsfähigkeit erforderlich ist,**
2. **Schornsteine und Lüftungsleitungen anders nur mit erheblichen technischen Nachteilen oder mit unverhältnismäßig hohen Kosten höhergeführt werden können,**
3. **das betroffene Grundstück nicht erheblich beeinträchtigt wird und**
4. **die Erhöhung und Befestigung öffentlich-rechtlich zulässig oder zugelassen worden ist.**

(2) Der Eigentümer und der Nutzungsberechtigte des betroffenen Grundstücks müssen ferner dulden, daß

1. **die höhergeführten Schornsteine und Lüftungsleitungen von ihrem Grundstück aus unterhalten werden, wenn dies ohne Benutzung ihres Grundstücks nicht oder nur mit unverhältnismäßig hohen Kosten möglich ist und**
2. **die hierzu erforderlichen Anlagen auf diesem Grundstück angebracht werden; sie können den Berechtigten statt dessen darauf verweisen, an dem höheren Gebäude auf eigene Kosten außen eine Steigleiter anzubringen, wenn dadurch die Unterhaltungsarbeiten ermöglicht werden.**

(3) Die Absicht, die Rechte nach den Absätzen 1 und 2 auszuüben, ist anzuzeigen; § 8 gilt entsprechend. Keiner vorherigen Anzeige bedürfen kleinere Arbeiten zur Unterhaltung der Anlage; zur Unzeit brauchen sie nicht geduldet zu werden.

(4) Für die Verpflichtung zum Schadensersatz gilt § 15 entsprechend.

Erläuterungen

1. Nach dem Bürgerlichen Gesetzbuch steht dem Grundstückseigentümer kein Beseitigungs- oder Schadensersatzanspruch zu, wenn durch ein neben seinem Bauwerk errichtetes Gebäude den Schornsteinen und Lüftungsleitungen seines Gebäudes die notwendige Zug- und Saugwirkung genommen wird. Solche Beeinträchtigungen durch Einrichtungen, die nicht unmittelbar auf das Nachbargrundstück einwirken, sondern allein durch ihr Vorhandensein stören, werden als negative Einwirkungen bezeichnet, die nicht unter § 906 BGB fallen und daher keine Abwehrrechte auslösen (vgl. hierzu BGH, MDR 1984 S. 387; NJW 1991 S. 1672). Zum Ausgleich dafür gewährt § 25 BbgNRG aus dem Gesichtspunkt des nachbarlichen Gemeinschaftsverhältnisses dem benachteiligten Eigentümer des niedrigeren Gebäudes das **Recht** zu, **auf seine Kosten** für eine **notwendige Erhöhung von Schornsteinen und Lüftungsleitungen** das **Gebäude des Nachbarn zu benutzen**, soweit dies technisch notwendig, baurechtlich zulässig und dem Nachbarn zumutbar ist. Voraussetzung ist, dass beide Gebäude aneinander angrenzen also beide an der Grenze stehen. Nicht erforderlich ist allerdings eine unmittelbare Grenzbebauung im Sinne einer Nachbar- oder Grenzwand. Duldungspflichtig sind Eigentümer und Nutzungsberechtigte des „höheren" Gebäudes. Dabei ist unerheblich, ob das duldungspflichtige Gebäude „höher" ist, weil es vom Baukörper her größer ist, oder ob es wegen des unterschiedlichen Bodenniveaus (Hanglage) das Nachbargebäude überragt. Das Höherführen der Schornsteine und Lüftungsleitungen muss für die Betriebsfähigkeit erforderlich sein. Betriebsfähig sind diese Anlagen nur, wenn sie über eine ausreichende Zug- und Saugwirkung verfügen. Das Vorliegen dieser Voraussetzung bzw. die Notwendigkeit einer Erhöhung wird im Zweifel durch entsprechende Anordnungen der Bauaufsichtsbehörde des Bezirksschornsteinfegermeisters oder durch Sachverständigengutachten dargelegt werden müssen. Weitere Voraussetzung für die Rechtsausübung des § 25 Abs. 1 BbgNRG ist es, dass das Höherführen unter Inanspruchnahme des Nachbargebäudes technisch notwendig ist. Die Befestigung darf also anders nicht zweckmäßig oder nur mit Mehraufwendungen durchzuführen sein, die im Verhältnis zu der Schwere der Einwirkung auf das Fremde Gebäude nicht mehr vertretbar erscheinen. Es darf also keine andere zumutbare technische Lösung geben. Unverhältnismäßige Kosten liegen dann vor, wenn diese so hoch sind, dass sie in keinem Verhältnis zu den Vorteilen stehen, die von der Höherführung der Anlage zu erwarten sind (*Dehner*, Nachbarrecht, B § 28a). Weiterhin darf das von der Erhöhung betroffene Grundstück nicht erheblich beeinträchtigt werden. Hier handelt es sich um ein Gebot der Verhältnismäßigkeit. Vor allem darf es nicht zu Dauerschäden an der baulichen Substanz kommen. Die Verankerungen müssen derart ausführbar sein, dass das betroffene Mauerwerk vor Witterungseinflüssen geschützt bleibt und seine Standsicherheit nicht verliert. Die Funktion der Wand würde erheblich beeinträchtigt, wenn z. B. eine Befestigung vor einem Fenster erfolgen sollte. Vorübergehende Belästigungen, die durch die Ausführung der Arbeiten ausgelöst werden (etwa Staub- oder Lärmbelästigungen), fallen nicht unter die genannte Vorschrift. Die Erhöhung und Befestigung müssen als zusätzliche Voraussetzung mit dem geltenden Baurecht in Einklang stehen. Es darf also kein Widerspruch zum Bauplanungsrecht bestehen. Im Übrigen muss vorher, soweit erforderlich, eine Baugenehmigung eingeholt werden. Die Kosten der Befestigung einschließlich der Unterhaltung trägt der Nachbar.

2. Absatz 2 will dem berechtigten Nachbarn weiterhin ermöglichen, auch die **Funktionstüchtigkeit von Schornsteinen oder der Lüftungsleitungen** sichern zu können. Unterhaltung und Reinigung werden sich oft vom eigenen Grundstück aus nicht durchführen lassen, deshalb ist die Duldungspflicht des Eigentümers und Nutzungsberechtigten des höheren Gebäudes auf Wartungs- und Reparaturarbeiten erstreckt worden, die von seinem Grundstück aus vorzunehmen sind. Voraussetzung ist, dass die Befestigung der höher geführten Schornsteine und Lüftungsleitungen rechtmäßig war. Die Duldungspflicht erstreckt sich nur auf das Betreten des Grundstücks bzw. auf die Außennutzung von Gebäuden. Die Unterhaltungsarbeiten müssen die Inanspruchnahme des fremden Grundstücks erfordern, weil sie anders nicht oder nur mit unvertretbar hohen Mehrkosten verbunden wären. Die zu duldende Grundstücksnutzung umfasst auch, dass die zur Wartung notwendigen Gerätschaften (Leitern, Gerüste) aufgestellt werden. Der Eigentümer des höheren Gebäudes kann das Betreten seines Grundstücks durch den Nachbarn (oder die Personen, die die Arbeiten erledigen sollen) insofern abwenden, als dass er auf die Möglichkeit verweist, an der höheren Außenwand eine Steigleiter anzubringen. Voraussetzung hierfür ist jedoch, dass diese Lösung technisch zweckmäßig und gefahrlos möglich ist.

Beispiel:

Nachbar Müde muss, um seinen Schornstein warten zu können, jedes Mal eine Leiter auf das Dach des Nachbarhauses tragen. Er möchte daher zur Erleichterung Steigeeisen an die Nachbarwand anbringen.

3. Die in Absatz 1 genannten Befestigungsarbeiten – also auch die erforderlichen Wartungs- und Reparaturmaßnahmen – sind vorher dem Eigentümer und dem Nutzungsberechtigten schriftlich anzuzeigen. Die Anzeigefrist beträgt zwei Monate vor Beginn der geplanten Arbeiten. Kleinere Arbeiten, von denen in aller Regel keine Belästigungen ausgehen, können sofort durchgeführt werden (vgl. Absatz 3 Satz 2). Arbeiten zur Unzeit brauchen nicht hingenommen zu werden. Hierzu gehören bspw. Tätigkeiten an Sonn- und Feiertagen oder zur Nachtzeit. Die Anzeigepflicht bezieht sich jedoch nicht auf die Tätigkeit des Schornsteinfegers. Hierfür gilt das Schornsteinfegergesetz.

4. Bzgl. **eintretender Schäden** bei der Ausübung der Rechte nach § 25 BbgNRG hat der Eigentümer oder Nutzungsberechtigte des Nachbargrundstücks **Ersatzansprüche** ohne Rücksicht auf ein Verschulden (Gefährdungshaftung). Art und Umfang des Schadensersatzes richten sich nach §§ 249 ff. BGB, ein etwaiges Mitverschulden wird nach § 254 BGB abgewickelt. Hinsichtlich des Einsatzes von Verrichtungsgehilfen (§ 831 BGB) beschränkt sich die Haftung auf Schäden, die in Ausführung der Verrichtung entstanden sind. Dies ist der Fall, wenn zwischen der übertragenen Verrichtung und der schädigenden Handlung ein äußerer und innerer Zusammenhang besteht, die schädigende Handlung also nicht bei Gelegenheit (z. B. Diebstahl während der Tätigkeit) erfolgte. Auch ohne ausdrücklichen gesetzlichen Hinweis kann in Höhe des voraussichtlichen Schadensersatzbetrages eine Sicherheit gefordert werden. Ob die Arbeiten bei Vorliegen der Voraussetzungen, auch gegen den ausdrücklichen Willen, im Wege der Selbsthilfe erledigt werden dürfen, ist strittig. *Postier* (Rn. 5 zu § 25, ähnlich auch OLG Karlsruhe, NJW-RR 1993 S. 91 und *Horst*, Rn. 1442) ist der Ansicht, dass kein Selbsthilferecht besteht, sondern vorher eine erfolgreiche Duldungsklage erhoben werden muss. Besonderheiten bestehen natürlich bei Notständen im Sinne von § 904 BGB. Der Verfasser vertritt jedoch die Meinung, dass gerade die normierte Duldungspflicht verhindern soll, dass bei Meinungsverschiedenheiten oder schikanösen Einwendungen Klageverfahren entbehrlich sind.

ABSCHNITT 7

BODENERHÖHUNGEN, AUFSCHICHTUNGEN UND SONSTIGE ANLAGEN

§ 26
Bodenerhöhungen

(1) Der Boden eines Grundstücks darf nicht über die Geländeoberfläche des Nachbargrundstücks erhöht werden, es sei denn, es wird ein solcher Abstand zur Grundstücksgrenze eingehalten oder es werden solche Vorkehrungen getroffen und unterhalten, daß eine Schädigung des Nachbargrundstücks insbesondere durch Absturz, Abschwemmung oder Pressung des Bodens ausgeschlossen ist.

(2) Geländeoberfläche ist die natürliche Geländeoberfläche, soweit nicht gemäß § 9 Abs. 2 des Baugesetzbuchs oder in der Baugenehmigung eine andere Geländeoberfläche festgesetzt ist.

Erläuterungen

1. Während § 909 BGB nur die Rechtsfragen regelt, die bei einer Vertiefungsmaßnahme auf dem Nachbargrundstück auftreten, wird die **Bodenerhöhung** nicht behandelt. **Bodenerhöhungen bzw. Aufschüttungen** müssten demnach vom Nachbarn hingenommen werden, es sei denn, dass es sich um so genannte „gefahrdrohende Anlagen" im Sinne von § 907 BGB handelt (vgl. hierzu *Stollenwerk*, DWW 1995 S. 275 f.). Da die bloße Bodenerhöhung allerdings grundsätzlich keine „Anlage" im Sinne von § 907 BGB ist (vgl. BGH, NJW 1976 S. 1840) wurde § 26 BbgNRG erforderlich. Die Erhöhung des Grundstücks bis zur Oberfläche der umliegenden Grundstücke ist ohne weiteres erlaubt. Ein Nachteil für die Nachbarn entsteht in aller Regel dann, wenn über deren Oberfläche hinaus aufgeschüttet wird. Bodenerhöhungen im Sinne von § 26 BbgNRG sind solche, die durch menschliches Zutun geschaffen wurden, also nicht durch den Einfluss von Naturkräften (Unwetter, Erdrutsche oder Anschwemmungen, BGH, NJW 1980 S. 2580) entstehen. Beispiele für **Bodenerhöhungen** sind u. a. **künstliche Hügel** oder **Dämme, Terrassen, Böschungen, Erdwälle zu Einfriedigungszwecken, die Anlage für Auffahrten** usw. Der Eigentümer des Grundstücks, das erhöht werden soll, hat ein **Wahlrecht** zwischen der **Einhaltung eines entsprechenden Abstandes** zum Nachbargrundstück oder der **Ergreifung von Sicherungsmaßnahmen**. Welcher Abstand tatsächlich einzuhalten ist, wird nicht ausdrücklich geregelt, weil er auch je doch Bodenbeschaffenheit unterschiedlich ausfällt. Er muss jedoch so groß sein, dass auch bei natürlicher Veränderung der Aufschüttung durch Witterungseinflüsse genügend Freifläche zu der Grundstücksgrenze bleibt, um abgeschwemmtes Erdreich vollständig aufzunehmen. Als Anhaltspunkt kann die Vorschrift des § 10 Abs. 1 des Nachbarrechtsgesetzes von Baden-Württemberg herangezogen werden. Hier muss der Abstand der oberen Kante der Erhöhung von der Grenze doppelt so groß sein, wie ihr Höhenunterschied zwischen der Grenzlinie. Schutzvorkehrungen zur sicheren Befestigung erhöhter Flächen sind bspw. Stützmauern. Die Anbringung entsprechender Schutzvorkehrungen umfasst natürlich auch deren regelmäßige Wartung. Die Unterhaltungspflicht trifft darüber hinaus auch den Rechtsnachfolger (Käufer oder Erben). Bei auftretenden Schäden am Nachbargrundstück ist die Vorschrift Schutzgesetz im Sinne von § 823 Abs. 2 BGB. Sofern die Aufschüttung baurechtlich genehmigt wurde (vgl. § 55 Abs. 10 Nr. 3 BbgBO), ist der Nachbar an die erteilte Baugenehmigung zwar gebunden. Sie entbindet ihn jedoch nicht von der Pflicht zur Ergreifung von Sicherungsmaßnahmen zum Schutz vor hierdurch entstehenden schädigenden Einwirkungen auf das Nachbargrundstück.

Beispiel:

Erwin Sturr will ein Pflanzhochbeet anlegen und durch eine Böschung von mehr als 45 Grad Steigung direkt an der Grenze befestigen. Sein Vorhaben verstößt gegen § 26, weil eine solche Böschung im allgemeinen keinen hinlänglichen Schutz vor abrutschendem Erdreich bietet.

2. Geländeoberfläche ist die **natürliche Geländeoberfläche**, soweit durch öffentlich-rechtliche Bauvorschriften keine andere Geländeoberfläche bestimmt wird. Die Regelung in Absatz 2 entspricht insofern der Definition nach § 2 Abs. 7 BdgBO.

§ 27
Aufschichtungen und sonstige Anlagen

(1) Mit Aufschichtungen von Holz, Steinen, Stroh und dergleichen sowie sonstigen mit dem Grundstück nicht fest verbundenen Anlagen, die nicht über 1,50m hoch sind, braucht kein Mindestabstand von der Grenze eingehalten zu werden. Sind sie höher, so muß der Abstand um so viel über 0,50m betragen, als ihre Höhe das Maß von 1,50m übersteigt.

(2) Absatz 1 gilt nicht

1. **für Baugerüste,**
2. **für Aufschichtungen und Anlagen, die eine Wand oder geschlossene Einfriedung nicht überragen, und**
3. **gegenüber Grenzen zu öffentlichen Verkehrsflächen, zu öffentlichen Grünflächen und zu oberirdischen Gewässern von mehr als 0,50m Breite (Mittelwasserstand).**

Erläuterungen

1. Aufschichtungen sind Anhäufungen von Holz, Steinen, Stroh und ähnlichem Material sowie Erdaufschüttungen, soweit sie nicht als Erhöhung im Sinne von § 29 BbgNRG anzusehen sind. Unter § 27 BbgNRG fallen auch Komposthaufen. Sonstige mit dem Boden nicht fest verbundene Anlagen sind z. B. Gerüste mit Ausnahme von Baugerüsten (vgl. § 27 Abs. 2 Nr. 1 BbgNRG). Für Aufschichtungen und sonstige Anlagen bis zu 1,50m Höhe muss kein Grenzabstand eingehalten werden. Sind sie höher, so muss der Abstand so viel über 0,50m betragen, als ihre Höhe das Maß von 1,50m übersteigt. Sonstige Beeinträchtigungen – so etwa Geruchsbelästigungen – können mit Beseitigungs- oder Unterlassungsansprüchen (§ 1004 BGB) angegangen werden. Gemessen wird senkrecht zur Grenze an der zu ihr nächsten Stelle der Aufschichtung.

Beispiel:

Mit einem zwei Meter hohen Holzstapel ist ein Grenzabstand von 1m einzuhalten.

Ein Verstoß gegen die Abstandsbestimmungen gibt dem Nachbarn einen durchsetzbaren Beseitigungsanspruch (vgl. § 1004 BGB). Eine Brennholzablagerung in Form aufgeschichteter Holzstöße auf einem Wohngrundstück in einem reinen Wohngebiet kann eine nach Baunutzungsverordnung zulässige Nebenanlage sein. Der Nachbar kann unter bestimmten Voraussetzungen einen baurechtlichen Abwehranspruch haben (vgl. OVG Koblenz, Beschl. vom 30.11.1998 – 5 W 810/98 –).

2. Die **Abstandsvorschriften** gelten **nicht für Baugerüste**; ferner nicht für Aufschichtungen oder sonstige Anlagen, die eine **Wand oder geschlossene Einrichtung nicht überragen**, da dann von ihnen keine besondere Beeinträchtigung ausgeht. In Betracht kommen hier Mauern, Bretter und Wände, aber auch Lattenzäune. Diese sind als geschlossen anzusehen, wenn die Bretter jeweils breiter als die zwischen ihnen liegenden Zwischenräume sind und das aufgeschichtete Material nicht hindurchfallen kann. Maschendrahtzäune sind demzufolge keine geschlossenen Einrichtungen. Ragt die Aufschichtung oder Anlage über die Einfriedigung, ist der volle Abstand nach Absatz 1 einzuhalten. § 27 Abs. 1 BbgNRG gilt im Übrigen nicht gegenüber Grenzen zu öffentlichen Verkehrsflächen, zu öffentlichen Grünflächen und zu oberirdischen privaten oder öffentlichen Gewässern von mehr als 0,50m Breite (Mittelwasserstand). Insoweit bestehen bereits ausreichende öffentlich-rechtliche Vorschriften (vgl. z. B. § 26 Abs. 2 BgbStrGb oder § 11 Abs. 2 FStrG), die eine Beeinträchtigung ausschließen.

ABSCHNITT 8
EINFRIEDUNG

§ 28
Einfriedungspflicht

Jeder Grundstückseigentümer kann von dem Nachbarn die Einfriedung nach folgenden Regeln verlangen:

1. **Wenn Grundstücke unmittelbar nebeneinander an derselben Straße liegen, so hat jeder Grundstückseigentümer an der Grenze zum rechten Nachbargrundstück einzufrieden.**
2. a) **Rechtes Nachbargrundstück ist das, das von der Straße aus betrachtet rechts liegt.**
   b) **Liegt ein Grundstück zwischen zwei Straßen, so ist das Grundstück rechtes Nachbargrundstück, welches von der Straße aus betrachtet rechts liegt, an der sich der Haupteingang des Grundstücks befindet. Ist ein Haupteingang nicht feststellbar, so hat der Grundstückseigentümer auf Verlangen des Nachbarn zu bestimmen, welche Straße als die Straße gelten soll, an der sich der Haupteingang befindet; § 264 Abs. 2 des Bürgerlichen Gesetzbuchs gilt entsprechend. Durch Verlegung des Haupteingangs wird die Einfriedungspflicht ohne Zustimmung des Eigentümers des angrenzenden Grundstücks nichts verändert.**
   c) **Für Eckgrundstücke gilt Buchstabe a ohne Rücksicht auf die Lage des Haupteingangs.**
3. **Als Straßen gelten auch Wege, wenn solche an Stellen von Straßen für die Lage von Grundstücken maßgeblich sind.**
4. **Wenn an einer Grenze beide Nachbarn einzufrieden haben, so haben sie gemeinsam einzufrieden.**
5. **An Grenzen, für die durch Nummer 1 keine Einfriedungspflicht begründet wird, insbesondere an beiderseits rückwärtigen Grenzen, ist gemeinsam einzufrieden.**

Erläuterungen

Der Begriff der **Einfriedung** stammt aus dem Bauordnungsrecht und umfasst eine Anlage, die ein Grundstück gegenüber Nachbargrundstücken, Straßen, Plätzen oder Wegen abgrenzt und demgemäß vor unbefugtem Betreten schützt. Einfriedungen können in Form von **Zäunen, Mauern oder Hecken** errichtet werden, eine Grenzmarkierung oder eine Stützmauer gehören jedoch nicht dazu. Das Bürgerliche Gesetzbuch enthält keine Regelungen zur Einfriedungspflicht von Grundstücken. In den Bestimmungen der §§ 921 bis 923 BGB erfolgen allenfalls Aussagen über eine Unterhaltungs- und Beseitigungspflicht von gemeinsamen Grenzeinrichtungen. Es besteht **grundsätzlich keine pauschale Einfriedungspflicht**, was bedeutet, es steht im Belieben des Nachbarn zu entscheiden, ob er sein Grundstück einfriedet oder nicht. Eine Einfriedungspflicht entsteht demzufolge nicht durch das Gesetz, sondern durch das Verlangen des Nachbarn. Ist bereits eine Einfriedung vorhanden, die jedoch nicht ortsüblich ist, so richtet sich das begründete Verlagen auf Wahrung der Ortsüblichkeit (*Hülbusch/Bauer/Schlick*, § 39 Rn. 13 unter Bezugnahme auf LG Koblenz, Urt. vom 19.2.1998 – 14 S 111/97 –). Ein mobiler Elektro-Weidezaun ist keine

Einfriedigung im Sinne des Nachbarrechts. Zur Frage, inwieweit eine Einfriedigungspflicht des Grundstücksnachbarn nach Landesnachbarrecht besteht, wenn das Grundstück zugleich teilweise ein Teil der „freien Landschaft" im Sinne des § 59 BNatSchG ist, vgl. AG Brandenburg, Urt. vom 5.8.2015 – 34 C 93/12 –. Handelt es sich bei einem Teil des Grundstücks um eine „freie Landschaft" im Sinne des § 59 BNatSchG, kann der Nachbar nicht verpflichtet werden, auf diesem Teil des Grundstücks an der Grundstücksgrenze einen Zaun als Einfriedigung zu errichten. Ein Grundstückseigentümer hat gegenüber seinem Nachbarn keinen Anspruch auf Beseitigung eines vermeintlich „hässlichen" – d. h. ästhetisch nicht mehr ganz so schönen – Zaunes und die Errichtung einer neuen – ortsüblichen – Einfriedigung, wenn der ältere Zaun immer noch ausreichend die Funktion einer Einfriedigung erfüllt, selbst wenn der Nachbar nach dem Nachbarrechtsgesetz grundsätzlich zur Einfriedigung verpflichtet ist. Jedoch kann ein Grundstückseigentümer die Beseitigung einer in einem relativ kurzen Abstand zur Grenze hin auf dem Nachbargrundstück parallel zur Grenze errichteten Mauer von dem Nachbarn verlangen, weil diese Mauer das Erscheinungsbild der Einfriedigung wesentlich stört (vgl. AG Brandenburg, Urt. vom 29.11.2019 – 31 C 121/18 –).

§ 29
Anzeigepflicht

(1) Die Absicht, eine Einfriedung zu errichten, zu beseitigen, durch eine andere zu ersetzen oder wesentlich zu verändern, ist dem Nachbarn mindestens zwei Wochen vor Beginn der Arbeiten anzuzeigen; § 8 Abs. 2 gilt entsprechend.

(2) Die Anzeigepflicht besteht auch dann, wenn der Nachbar weder die Einfriedung verlangen kann noch zu den Kosten beizutragen hat.

Erläuterungen

Vor Errichtung, Beseitigung oder wesentlicher Änderung einer Einfriedung ist der **Grundstücksnachbar zu informieren**. § 29 BbgNRG sieht hierfür eine Anzeigepflicht von zwei Wochen vor Beginn der Arbeiten vor. Die Anzeige ist zwar formlos zu stellen, es muss jedoch mitgeteilt werden, welche Einfriedungsarbeiten durchgeführt werden, damit sich der Nachbar darauf einstellen kann. Die Anzeigepflicht besteht unabhängig davon, ob der Nachbar sich an den Kosten zu beteiligen hat bzw. ob er ein entsprechendes Einfriedungsverlangen erhoben hat. Arbeiten, die ohne vorherige Anzeige oder mit Verstoß gegen die Anzeigefrist begonnen werden, können mit einer einstweiligen Anordnung im Sinne der ZPO angegangen werden.

§ 30
Ausnahmen von der Einfriedungspflicht

(1) Eine Einfriedungspflicht besteht nicht, wenn und soweit die Grenze mit Gebäuden besetzt ist oder Einfriedungen nicht ortsüblich sind.

(2) Eine Einfriedungspflicht besteht ferner nicht für Grenzen zwischen Grundstücken und den an sie angrenzenden Flächen für die Land- und Forstwirtschaft, öffentlichen Verkehrsflächen, öffentlichen Grünflächen und Gewässern.

Erläuterungen

1. Das **Einfriedungsverlangen** ist **nicht schrankenlos**. Es entfällt bspw. dann, wenn an oder auf der Grenze ein Gebäude steht, weil hierdurch praktisch ein „einfriedungsähnlicher" Zustand besteht. Der Gebäudebegriff orientiert sich an den Vorgaben des Bauordnungsrechts. Ein überdachter Stellplatz ist demzufolge kein Gebäude im Sinne des § 30

Abs. 1 BbgNRG. Falls eine Grundstücksgrenze nur zum Teil mit Gebäuden besetzt ist, ist der übrige Teil einzufrieden.

Eine Einfriedungspflicht besteht ebenfalls dann nicht, wenn eine solche nicht ortsüblich ist. Mit dieser Regelung soll verhindert werden, dass in Ortsteilen, die planmäßig ohne Einfriedungen gestaltet sind, einzelne Eigentümer die Errichtung einer Einfriedung verlangen und dadurch das Gesamtbild stören. Allerdings besagt die Vorschrift nicht, dass der Nachbar eine Einfriedung dulden muss, die der tatsächlichen ortsüblichen widerspricht (BGH, NJW 1979 S. 1410). Bei der Prüfung der **Ortsüblichkeit** geht es um die Frage, ob sich die Art der Einfriedung in die Umgebung einfügt. Es geht jedoch nicht soweit, dass die Einfriedungsart überwiegend im betreffenden Ort vorhanden sein muss, es reicht, wenn diese der **unmittelbaren (näheren) Nachbarschaft** angepasst ist. Zum Begriff der Ortsüblichkeit vgl. BGH, NJW 1992 S. 2569. Ein Einfriedungsanspruch eines Nachbarn besteht auch dann, wenn in geringem Abstand zur Grenze Bauwerke stehen, jedenfalls solange diese Bauwerke nicht den gesamten Bereich der Grundstücksgrenze einnehmen (OLG Bbg, Urt. vom 21.11.2013 – 5 U 11/12 –).

2. Absatz 2 orientiert sich am Berliner Nachbarrecht. Aus privatrechtlichen Gesichtspunkten sollen die Eigentümer land- oder forstwirtschaftlich genutzter Grundstücke, öffentlicher Verkehrs- und Grünflächen sowie von oberirdischen Gewässern nicht zur Einfriedung verpflichtet werden und gleichzeitig keine fordern können. Dadurch soll insbesondere im Außenbereich keine zaunmäßige Grundstücksaufteilung dokumentiert werden. Der Begriff der Landwirtschaft orientiert sich an den Vorgaben des § 201 BauGB, der der Forstwirtschaft an den Regelungen des § 4 Abs. 1 LWaldG. Einfriedungspflichten nach öffentlichem Recht (so z. B. aufgrund von Festsetzungen im Bebauungsplan) werden von der Regelung nicht berührt. Öffentliches Recht gewährt Grundeigentümern, die Anlieger eines öffentlichen Weges geworden sind, **keinen Anspruch auf eine Sichtschutz** bietende Einzäunung (BVerwG, NVwZ 2000 S. 435).

§ 31
Einfriedungspflicht des Störers

Besteht keine Einfriedungspflicht nach § 30, so hat der Eigentümer eines bebauten oder gewerblich genutzten Grundstücks auf Verlangen des Eigentümers des Nachbargrundstücks einzufrieden, wenn

1. **von seinem Grundstück unzumutbare Beeinträchtigungen des Nachbargrundstücks ausgehen, die durch eine Einfriedung verhindert oder gemildert werden können, und**
2. **die Einfriedung zulässig ist.**

Erläuterungen

Die Behinderung der Zufuhr von Licht und Luft zum Nachbargrundstück durch bauliche Anlagen ist nach dem bürgerlichen Recht ebenso wenig abwehrfähig wie die Zuführung von Immissionen im Sinne von § 90,6 sofern sie unwesentlich oder wesentlich, aber ortsüblich sind und nicht durch wirtschaftlich zumutbare Maßnahmen verhindert werden können (vgl. hierzu Einleitung S. 7). Über diese Regeln hinaus ist es grundsätzlich weder möglich noch geboten, dem Nachbarn besondere Duldungspflichten abzuverlangen. Weitergehende Ansprüche können sich dann allenfalls aus dem aus § 242 BGB (Treu und Glauben) entwickelten nachbarlichen Gemeinschaftsverhältnis ergeben, welches für die Fälle entwickelt wurde, die nicht durch § 906 BGB abgedeckt sind (so z. B. für das Betreten des Nachbargrundstücks durch Katzen, vgl. zur Problematik *Stollenwerk*, DWW 2002 S. 22). § 31 schafft eine Sonderregelung im Sinne von § 1004 BGB (vgl. hierzu auch OLG Düsseldorf, NJW-RR 1990 S. 1100) und erfasst die Fälle, in denen eine Einfriedungspflicht nach § 30 BbgNTG nicht besteht, in denen aber die von dem Grundstück ausgehenden Beeinträchtigungen eine Einfriedung erforderlich machen. Diese Einfriedungspflicht besteht für bebaute oder gewerblich genutzte Grundstücke. Keine Einfriedungspflicht wird demnach für unbebaute nicht gewerblich genutzte Grundstücke ausgelöst. Bebaut ist ein Grundstück, welches mit baulichen Anlagen i. S. von § 2 BgbBO versehen ist. Gewerblich genutzt wird ein Grundstück, auf dem eine auf Gewinnerzielung gerichtete und auf Dauer angelegte Tätigkeit verrichtet wird, die nicht zur Urproduktion gehört. Es kann hier auf die Begriffsdefinition des Gewerberechts zurückgegriffen werden (vgl. hierzu *Stollenwerk*, Praxishandbuch zum Gewerberecht, Rn. 33 ff.). Eine **Einfriedungspflicht** wird ausgelöst, wenn von dem Grundstück **unzumutbare Beeinträchtigungen** ausgehen. Beeinträchtigungen sind objektiv rechtswidrige Einwirkungen auf das Grundstück des Betroffenen, die durch eine unmittelbar oder mittelbar vom Willen getragene Handlung oder Unterlassung des Nachbarn verursacht oder mitverursacht worden sind (vgl. hierzu OLG Düsseldorf, NJW-RR 1990 S. 1100; durch unbeeinflusste Naturereignisse ausgelöste Beeinträchtigungen sind dem Grundstückseigentümer also nicht zuzurechnen, vgl. BGH, MDR 1991 S. 869). § 31 BbgNRG formuliert darüber hinaus gleichzeitig eine Verantwortlichkeit des Nachbarn für von seinem Grundstück ausgehende Störungen, wenn er das Grundstück bebaut hat oder gewerblich nutzt, sodass es für den Einfriedungsanspruch nicht darauf ankommt, ob der Eigentümer die Störung herbeigeführt oder verschuldet hat. Die Verantwortlichkeit braucht also nicht von dem Bau, der Baunutzung oder dem Gewerbebetrieb selbst unmittelbar auszugehen, muss aber zumindest aus der Grundstücksnutzung begünstigt worden sein, sodass der Eigentümer als unmittelbar oder mittelbar Verantwortlicher anzusehen ist. Eine Wildkaninchenplage, die in keinerlei Zusammenhang zur Grundstücksnutzung steht, löst demzufolge kein Einfriedungsverlangen im Sinne von § 31 BbgNRG aus. Aus einem Wohnblock oder einer Sandkiste nahe der Grundstücksgrenze ist der Eigentümer für Übergriffe spielender Kinder auf das Nachbargrundstück nicht verantwortlich (siehe OLG Düsseldorf, NJW-RR 1990 S. 1100). Hat er jedoch eine Einrichtung geschaffen, die einen besonderen Anreiz zum Missbrauch bietet, so sind ihm die aus dem Missbrauch entstehenden Störungen als eigne Störung zuzurechnen (vgl. VGH München, NVwZ 1989 S. 269). Die Beweislast für die Beeinträchtigung und ihre Unzumutbarkeit trägt der Anspruchsgegner. Die mangelnde Ursächlichkeit aus der Bebauung oder Nutzung seines Grundstücks hat der Nachbar zu beweisen. Durch das Erfordernis der Unzumutbarkeit soll gesagt werden, dass kleine Beeinträchtigungen im Rahmen des nachbarlichen Gemeinschaftsverhältnisses wechselseitig ertragen werden müssen. Die **Unzumutbarkeit richtet** sich nach dem **Empfinden** eines **verständigen Durchschnittsmenschen** unter Berücksichtigung der Natur und der Zweckbestimmung des betroffenen Grundstücks (vgl. AG Frankfurt, NJW-RR 1990 S. 1001). Eine nur das **ästhetische Empfinden** des Nachbarn verletzende sichtbare Nutzung eines Grundstücks ist **rechtlich generell irrelevant** (vgl. hierzu BGH, NJW 1975 S. 170).

> *Beispiel:*
>
> *Nachbar Friedsahm unterhält eine Zucht mit freilaufenden Hühnern. Diese überschreiten die Grundstücksgrenze zum Nachbarn und knabbern an dessen Salatanpflanzungen. Der Nachbar kann in einem solchen Fall unter den Vorgaben des § 31 BbgNRG die Errichtung einer Einfriedung von Friedsahm verlangen.*
>
> *Nicht unumstritten ist die Frage, ob die Unterhaltung eines **Gartenteiches** oder Schwimmbeckens eine Einfriedungsverpflichtung auslöst, weil die Gefahr besteht, dass Kleinkinder vom Nachbargrundstück in das Wasser fallen und dort Schaden nehmen könnten. Im Zweifelsfalle wird man von einer **Einfriedungsverpflichtung** ausgehen müssen und zwar aus folgendem Grund:*

Grundsätzlich ist der Eigentümer für den Zustand seines Grundstücks verantwortlich. Nach den Grundsätzen der allgemeinen Verkehrssicherungspflicht ist er gehalten, Gefährdungen, die sich aus dem Zustand des Grundstücks für Dritte ergeben können, soweit wie möglich, zu vermeiden. Er ist verpflichtet, sein Grundstück zu sichern; wenn dies nicht durch eine Einfriedung erfolgt, kann er alternativ die Wasseroberfläche etwa durch Gitterroste abdecken um ein Hineinfallen zu verhindern. Ist das Grundstück nicht in dieser Form gesichert, so hat der Nachbar **Anspruch auf Sicherungsmaßnahmen** (AG Marbach, VersR 1987 S. 852). Die allgemeine Verkehrssicherungspflicht konkurriert bei Kleinkindern mit der Aufsichtspflicht der Eltern des Kleinkindes. So darf der Eigentümer sich darauf verlassen, dass die Nachbarn ihrer Aufsichtspflicht über Kleinkinder nachkommen. Die Verkehrssicherungspflicht des Grundeigentümers gelangt aber dort Bedeutung in den Fällen, in denen die Eltern ihre Aufsichtspflicht nicht verletzt haben. Dies gilt insbesondere dann, wenn auch bei altersbedingter Sorgfaltspflicht und Überwachungsdichte das Kind aus dem Aufsichtsbereich der Eltern ohne deren Verschulden entweicht und in den Gartenteich des Nachbarn stürzt. In diesem Fall drohen dem Gartenteichbesitzer Schadensersatz- und Schmerzensgeldansprüche (BGH, MDR 1995 S. 197). Diese Grundsätze gelten auch bei privaten Schwimmbecken.

Gilt für **öffentliche Teichanlagen** etwas anderes?

Grundsätzlich besteht ein Unterschied zwischen einem privaten Gartenteich und einer öffentlichen Teichanlage. In der Regel kann davon ausgegangen werden, dass in öffentlichen Park- und Grünanlagen Kleinkinder nicht allein unterwegs sind. Eine besondere Sicherungspflicht besteht daher für die Kommunen in diesen Fällen nicht. Die Rechtsprechung hat jedoch zwei Ausnahmen gesehen. Eine Pflicht zur Absicherung einer öffentlichen Teichanlage kann sich ergeben, wenn sich in unmittelbarer Nähe eine Freizeiteinrichtung für Kinder (Spiel- oder Bolzplatz) befindet (vgl. OLG Köln – 22 U 101/92 –), ferner, wenn die Kommune aktiv diese Gefahrenlage schafft (z. B. durch Errichtung einer Steganlage), die den Spieltrieb von Kleinkindern geradezu fördert (vgl. OLG Brandenburg, Urt. vom 22.2.2006 – 13 U 107/05 –).

Die **Einfriedung** muss **geeignet** sein, die **unzumutbaren Beeinträchtigungen** vom Nachbargrundstück **fernzuhalten**. Notfalls ist eine bestehende Einfriedung noch zu verstärken oder zu erhöhen (vgl. § 32 Abs. 3 BbgNRG). Die zu errichtende Einfriedung muss weiterhin nach öffentlichem Recht zulässig sein. Es wird damit nochmals klargestellt, dass ein Vorrang des öffentlichen Rechts vor anderweitigen Vereinbarungen besteht (vgl. § 3 Abs. 1 BbgNRG). Ein eingetragenes „Geh-, Fahr- und Leitungsrecht“ beinhaltet kein Zaunrecht (OLG Nürnberg, NJW-RR 2000 S. 1257).

§ 32
Beschaffenheit

(1) Es kann nur die Errichtung einer ortsüblichen Einfriedung oder, wenn keine Ortsüblichkeit feststellbar ist, eines etwa 1,25m hohen Zaunes aus Maschendraht verlangt werden. Können Nachbarn, die gemeinsam einzufrieden haben, sich nicht auf eine unter mehreren ortsüblichen Einfriedungen einigen, so ist ein Zaun der in Satz 1 bezeichneten Art zu errichten.

(2) Schreiben öffentlich-rechtliche Vorschriften eine andere Art der Einfriedung vor, so tritt diese an die Stelle der in Absatz 1 genannten Einfriedungsart.

(3) Bietet die Einfriedung gemäß Absatz 1 keinen angemessenen Schutz vor unzumutbaren Beeinträchtigungen, so hat auf Verlangen des Nachbarn derjenige, von dessen Grundstück die Beeinträchtigungen ausgehen, die Einfriedung im erforderlichen Umfang zu verstärken oder höher auszuführen.

Erläuterungen

1. Die Beschaffenheit der Einfriedung nach § 32 Abs. 1 BbgNRG ergibt folgende Prüfungsreihenfolge:

Zunächst beurteilt sich die Konsistenz nach Bauordnungsrecht, soweit öffentlich-rechtliche Vorschriften entsprechende Regelungen enthalten. Einfriedungen bedürfen im Regelfalle keiner Baugenehmigung. § 55 Abs. 6 BbgBO legt fest, dass die Errichtung oder Änderung folgender Einfriedungen genehmigungsfrei ist:

- Einfriedungen, die den Festsetzungen einer örtlichen Bauvorschrift über Einfriedungen entsprechen,
- offene Einfriedungen mit nicht mehr als 2m Höhe und geschlossene Einfriedungen mit nicht mehr als 1,50m Höhe, ausgenommen im Außenbereich,
- offene, sockellose Einfriedungen mit nicht mehr als 2m Höhe im Außenbereich, die einem land- oder forstwirtschaftlichen Betrieb dienen.

Die Einfriedung kann, soweit Rechtsvorschriften nicht entgegenstehen, durch Nachbarvereinbarung (vgl. § 3 Abs. 1 BbgNRG) bestimmt werden. Kommt eine Vereinbarung nicht zustande, richtet sich die Ausgestaltung der Einfriedung nach der Ortsüblichkeit. Falls sich in der betreffenden Umgebung keine Ortsüblichkeit feststellen lässt, gilt im Zweifel die gesetzliche Regelung, die besagt, dass die Voraussetzung durch einen etwa 1,25m hohen Maschendrahtzaun erfüllt wird.

Bei der Frage der ortsüblichen Einfriedung kann jedoch die allgemeine Verkehrssicherungspflicht Bedeutung erlangen. So darf die Zaungestaltung bspw. keine Gefahr für Kinder ergeben, die den Zaun überklettern (vgl. LG Tübingen, NJW-RR 2002 S. 960). Insbesondere gelten hier die Vorgaben von § 3 BbgBO, dass nämlich Einfriedungen generell keine Gefahr für die öffentliche Sicherheit und Ordnung in sich bergen sollen (vgl. hierzu VG Koblenz, Urt. vom 28.11.2006 – 7 K 2595/05. KO – zu Einfriedungen mit Stacheldraht).

Eine zum Zeitpunkt der Errichtung ortsübliche Einfriedung muss jedoch nicht entfernt werden, wenn sich die Verhältnisse später ändern sollten (Bestandsschutz).

2. Bietet jedoch diese Art der Einfriedung keinen angemessenen Schutz vor Beeinträchtigungen, so hat der Einfriedungspflichtige diese in dem erforderlichen Maße zu verstärken und/oder zu erhöhen. So muss ein Weidezaun nach Auffassung des OLG Celle (NJW-RR 2000 S. 1194) mindestens 1,20m hoch sein, um ausreichenden Schutz vor dem Überspringen einer Stute zu gewährleisten. Andererseits ergibt sich hieraus auch die Pflicht, einen beschädigten Zaun entsprechend auszubessern.

§ 33
Standort

Wer zur Einfriedung allein verpflichtet ist, hat die Einfriedung auf seinem Grundstück zu errichten. Haben Nachbarn gemeinsam einzufrieden, so ist die Einfriedung auf der gemeinsamen Grenze zu errichten.

Erläuterungen

§ 33 BbgNRG regelt die **Standortfrage** einer **Einfriedung**. Grundsätzlich besteht die Möglichkeit, sich über den Ort der Einfriedung zu verständigen, so etwa die Errichtung einer Mauer auf der gemeinsamen Grenze, welche dann als Grenzeinrichtung im Sinne von § 921 BGB angesehen wird. Soweit jedoch nur ein Nachbar zur Errichtung einer Einfriedung verpflichtet ist, hat er diese auf seinem Grundstück zu errichten. Besteht eine gemeinsame Einfriedungspflicht der Nachbarn, so ist nach Satz 2 zu verfahren. Die Nachbarn können eine gemeinsame Einfriedung auf der gemeinsamen Grundstücksgrenze errichten. Weigert sich in diesem Falle ein Nachbar zur Errichtung, ist er auf Duldung zu verklagen, wenn der Nachbar beabsichtigt, für die Errichtung das nachbarrechtliche Grundstück zu benutzen. Die Vorschriften der §§ 921 und 922 BGB regeln bereits die Kosten- und Unterhaltungsfragen für gemeinsame Grenzanlagen. Sie sind jedoch nicht abschließend, sodass noch Raum für landesrechtliche Regelungen bleibt (im Ergebnis auch *Postier*, Rn. 1.1. zu § 35). Auch Hecken können Grenzeinrichtungen i. S. von § 921 BGB sein (vgl. hierzu BGH, NJW 2000 S. 512 ff.).

§ 34
Kosten der Errichtung

(1) Wer zur Einfriedung allein verpflichtet ist, hat die Kosten der Einfriedung zu tragen.

(2) Haben Nachbarn gemeinsam einzufrieden, so tragen sie die Kosten der Einfriedung je zur Hälfte. Ist bei gemeinsamer Einfriedung nur für eines der beiden Grundstücke eine Einfriedung nach § 32 Abs. 2 vorgeschrieben, so sind die Kosten einer Einfriedung nach § 32 Abs. 1 maßgebend; die Mehrkosten trägt der gemäß § 32 Abs. 2 verpflichtete Grundstückseigentümer. Die bei einer Einfriedung nach § 32 Abs. 3 gegenüber einer Einfriedung nach § 32 Abs. 1 oder 2 entstehenden Mehrkosten der Errichtung trägt der Nachbar, von dessen Grundstück die Beeinträchtigungen ausgehen.

Erläuterungen

1. § 34 BbgNRG regelt die **Kostenfrage der Einfriedungserrichtung**. Soweit keine besonderen Vereinbarungen zwischen den Grundstücksnachbarn getroffen werden, hat derjenige die Kosten zu tragen, welcher zur Einfriedung verpflichtet ist.

2. Sind beide **Nachbarn gleichzeitig zur Einfriedung verpflichtet**, können sie eine gemeinsame Einfriedung (Grenzeinrichtung im Sinne von § 921 BGB) errichten. In diesem Falle richtet sich der **Herstellungs- und Unterhaltungsaufwand nach § 922 BGB**. Ist eine aufwendigere als die nach § 32 Abs. 1 BbgNRG vorgesehene Art der Einfriedung in öffentlich-rechtlichen Vorschriften (§ 32 Abs. 2 BbgNRG) nur für eines der beiden Grundstücke vorgeschrieben, so sind die dadurch entstehenden Mehrkosten allein dem Eigentümer des betroffenen Grundstücks anzulasten (Satz 2); ansonsten sind die (Gesamt)-Kosten gleichmäßig zu verteilen. Der Störer, von dessen Grundstück unzumutbare Beeinträchtigungen ausgehen, hat den Mehraufwand zu tragen, der in Erfüllung des Verbesserungsverlangens seines Nachbarn nach § 32 Abs. 3 BbgNRG entsteht. Schuldet er ohnehin die Einfriedung, trifft ihn auch die volle Kostenlast. Hat er hingegen seinen Nachbarn zur ortsüblichen Einfriedung verpflichtet, muss dieser zwar die entsprechenden Grundkosten tragen, den Aufwand, der auf Verstärkung oder Erhöhung der Einfriedung entfällt, erhält er aber ersetzt. Im Falle beiderseitiger Einfriedungspflichten sind die entstandenen Mehrkosten vorweg von den Gesamtkosten abzuziehen und der Rest ist zur Hälfte auf die betroffenen Nachbarn aufzuteilen.

> *Beispiel:*
>
> *Grundstücksnachbar Emsig betreibt eine Hühnerzucht. Da es bereits mehrmals vorgekommen ist, dass die Hühner im benachbarten Garten spazieren gehen, stellte sein Nachbar Friedlich ein Einfriedungsverlangen. Emsig folgte dieser Forderung und errichtete einen 1,25m hohen Maschendrahtzaun. Vier Jahre später betriebt Friedlich eine Hundezucht mit Schäferhunden. Zum Schutz der Nachbarschaft möchte auch er eine Einfriedung errichten und verständigt sich mit Emsig darauf, dass er auf seinem Grundstück, gegen Kostenteilung, eine Einfriedung errichtet, während der seinerzeit errichtete Maschendrahtzaun entfernt wird, da er ohnehin brüchig ist. Aufgrund der Hundehaltung muss Friedlich jedoch einen stärkeren und größeren Zaun errichten. In diesem Fall kann er gegenüber Emsig rechtlich nur den hälftigen Kostenanteil für eine ortsübliche Einfriedigung verlangen, da Emsig lediglich zu Errichtung dessen verpflichtet wäre.*

§ 35
Benutzung und Kosten der Unterhaltung

(1) Wer zur Einfriedung allein verpflichtet ist, ist zur ausschließlichen Benutzung der Einfriedung berechtigt und hat die Kosten der Unterhaltung der Einfriedung zu tragen.

(2) Haben Nachbarn gemeinsam einzufrieden, so gilt für die gemeinsame Benutzung und Unterhaltung der Einfriedung auch dann die Regelung des § 922 des Bürgerlichen Gesetzbuchs, wenn die Einfriedung ganz auf einem der Grundstücke errichtet ist.

Erläuterungen

Die Regelung des Absatz 1 sieht vor, dass dem zur **Errichtung der Einfriedung** Verpflichteten die **Unterhaltung** obliegt. Er hat damit auch das alleinige Recht zur Nutzung. Das bedeutet, dass in diesem Fall der Nachbar ohne ausdrückliche Zustimmung keine Hacken oder sonstige Vorrichtungen an der Einfriedung anbringen darf.

Dies gilt auch für den Fall, dass die Einfriedung – abweichend von § 33 Satz 1 BbgNRG – nicht ausschließlich auf dem eigenen Grundstück steht, sondern von der Grenzlinie geschnitten wird. Dies widerspricht nicht den Vorgaben der §§ 921, 922 BGB, weil das Land hier eigene Kompetenz zur Regelung hat, da der Bund keine abschließende Vorgabe trifft (so auch *Postier*, Rn. 1.1. zu § 35). Zu den Unterhaltungskosten gehören sowohl die Lohnkosten für Ausbesserungsarbeiten als auch die entstehenden Materialkosten. Absatz 2 hat nur deklaratorische Bedeutung, weil die Unterhaltung einer gemeinsamen Einfriedung sich an den Vorgaben des § 922 BGB orientiert. Alteinfriedungen (die also vor Inkrafttreten des Gesetzes errichtet wurden) sind vorbehaltlich anderweitiger Vereinbarungen von dem Grundstückseigentümer zu unterhalten, auf dessen Grundstück sie errichtet wurden. Bei gemeinschaftlichen Einfriedungen sind die Vorgaben der §§ 921, 922 BGB anzuwenden mit entsprechender Aufteilung der Unterhaltungskosten.

ABSCHNITT 9
GRENZABSTÄNDE FÜR PFLANZEN

§ 36
Grenzabstände für Wald

Für Wald gelten die Bestimmungen des Waldgesetzes des Landes Brandenburg.

Erläuterungen

Die bisherige Fassung des § 36 BbgNRG, nach der auf Waldgrundstücken zumindest die Grenzabstände für Wald bei Verjüngung nach Maßgabe des Waldgesetzes des Landes Brandenburg einzuhalten sind, war abzuändern, weil die Verweisung ins Leere ging. Das mit Gesetz vom 20.4.2004 (GVBl. I S. 137) neugefasste Waldgesetz des Landes Brandenburg hat auf eine Festlegung von Grenzabständen bei Verjüngung des Waldes verzichtet. In Zukunft soll auf die Bestimmungen des Waldgesetzes des Landes Brandenburg in der jeweils gültigen Fassung verwiesen werden. Es handelt sich insoweit um eine deklaratorische dynamische Verweisung, die der Klarstellung dient.

§ 37
Grenzabstände für Bäume, Sträucher und Hecken

(1) Mit Bäumen außerhalb des Waldes, Sträuchern und Hecken (Anpflanzungen) von über 2m regelmäßiger Wuchshöhe ist ein solcher Abstand zum Nachbargrundstück einzuhalten, daß

1. **bei Obstbäumen ein Abstand von 2m,**
2. **bei sonstigen Bäumen ein Abstand von 4m und**
3. **im übrigen für jeden Teil der Anpflanzung der Abstand mindestens ein Drittel seiner Höhe über den Erdboden beträgt. Der Abstand wird waagerecht und rechtwinklig zur Grenze gemessen.**

Bei Bäumen wird der Abstand von der Mitte des Stammes an der Stelle gemessen, an der dieser aus dem Boden tritt. Im Übrigen wird der Abstand von der äußeren Stelle der Anpflanzung gemessen, die der Grenze am nächsten ist.

(2) Der doppelte Abstand ist gegenüber Grundstücken einzuhalten, die landwirtschaftlich oder erwerbsgärtnerisch genutzt oder zu diesem Zweck vorübergehend nicht genutzt werden.

Erläuterungen

1. Nachbarrechtliche Störungen, die durch Anpflanzungen entstehen, gibt es mehrere. Das BbgNRG behandelt in § 37 BbgNRG nur die Problempunkte, die dadurch aufkommen, dass Anpflanzungen zu dicht an die Nachbargrenze gesetzt werden und hier zu vorhersehbaren Beeinträchtigungen führen. Das Gesetz schreibt daher katalogmäßig Grenzabstände vor, die der Nachbar bei der Anpflanzung zu beachten hat. Verletzt er die Abstandsbestimmungen, hat der Nachbar einen Beseitigungsanspruch, der jedoch zeitlich befristet ist.

Demnach bestehen **keine Abwehransprüche**, wenn Anpflanzungen mit einem **ordnungsgemäßen Grenzabstand gepflanzt** wurden, trotzdem aber zu einer vermehrten Schattenbildung führen. Die ständige Rechtsprechung hat klargestellt, dass der **Licht- und Luftentzug** durch Hecken, Sträucher oder Bäume eine **negative Einwirkung** ist, die **nicht abgewehrt** werden kann (vgl. OLG Düsseldorf, NJW 1979 S. 2618; OLG Hamm, Urt. vom 28.9.1998 – 5 U 67/98 – und Zusammenfassung bei *Horst*, DWW 1997 S. 361 ff. und MDR 1998 S. 685). Dagegen enthalten die Vorschriften **keine Regelungen** zum **Astüberhang** oder zu **eindringenden Wurzeln**, weil dieser Bereich durch das Bürgerliche Gesetzbuch (vgl. § 910 BGB) abgedeckt wird.

Auch andere pflanzliche Immissionen wie der Unkrautflug von verwilderten benachbarten Grundstücken oder der Laub- oder Blütenfall von Nachbars Bäumen werden bundesgesetzlich (§§ 906, 1004 BGB) erfasst. Beim **Herüberwehen von Unkrautsamen** von verwilderten Nachbargrundstücken hat die Rechtsprechung in Bezug auf das **ästhetische Empfinden** beim Anblick des ungepflegten Nachbargrundstücks **keine Abwehransprüche** zugebilligt (vgl. *Horst*, MDR 1986 S. 686 m. w. N.). Ähnliches gilt auch für allgemeine Störungen, da diese allein durch Naturkräfte ausgelöst werden. Ausnahmsweise hat die Rechtsprechung in Extremfällen Beseitigungsansprüche entsprechend dem nachbarlichen Gemeinschaftsverhältnis (§ 242 BGB) zugebilligt, wenn die totale Grundstücksverwahrlosung zu einer massiven Störung führt. So etwa, wenn der Nachbar einen jährlichen Kampf gegen ein herüberwachsendes Brennnesselmeer führen muss (vgl. OLG Koblenz, Beschl. vom 4.6.1972 – 1 W 31/71 – oder LG Bonn – 8 S 211/87 –, welches sogar eine zweimalige Reinigungsaktion bei verwahrlosten Grundstücken verlangte).

Beeinträchtigungen durch **Laub- und Blütenfall** vom Nachbargrundstück werden, wie erwähnt, nach dem Bürgerlichen Gesetzbuch beurteilt. Die Rechtsprechung hat auch hier regelmäßig **Abwehransprüche** abgelehnt, weil entweder derartige Einwirkungen als **unwesentliche** oder aber als **ortsübliche Beeinträchtigungen** angesehen wurden (vgl. Übersicht bei *Stollenwerk*, Nachbarrecht, S. 83 ff.).

In die nachbarrechtlichen Grenzabstandsregelungen fließen jedoch öffentlich-rechtliche Regelungen zum Schutz von Bäumen ein. Landeseinheitlich gilt derzeit die **Baumschutzverordnung der DDR** vom 28.5.1981 (Text im Anhang 3), die als Landesrecht ausdrücklich Bestand hat. Hierdurch soll erreicht werden, dass in einem abgegrenzten Bereich bestimmte Bäume erhalten werden. Da der Baumschutz bei entsprechenden Regelungen nicht an der Grundstücksgrenze endet (vgl. OLG Düsseldorf, NJW-RR 1989 S. 1807), entsteht eine Konfliktsituation, wenn Nachbarschutz und Baumschutz Überschneidungen erfahren.

> *Beispiel:*
>
> *Peter Stroh pflanzt einen Baum unmittelbar an die Nachbargrenze und verletzt somit zugleich die Abstandsvorschriften des BbgNRG. Der Nachbar will diesen Zustand*

nicht hinnehmen und verklagt Stroh erfolgreich auf Beseitigung. Der Baum wird von der Baumschutzverordnung erfasst. Obwohl der Nachbar einen privatrechtlichen Beseitigungsanspruch hat, muss der Nachbar vorher die Genehmigung der unteren Naturschutzbehörde einholen.

Literatur und Rechtsprechung haben sich mit diesem Problemkreis schwergetan (vgl. zuletzt OLG Köln, UPR 1998 S. 194 und Erwiderung von *Otto*, UPR 1998 S. 187), wobei allgemein anerkannt ist, dass der Nachbar in diesen Fällen **erst zur Beseitigung verpflichtet** ist, wenn er von der **zuständigen Behörde** eine **entsprechende Erlaubnis** erhalten hat. Demzufolge ist es sinnvoll, derartige Klageverfahren unmittelbar mit dem Antrag zu verbinden, dass der Beklagte einen Befreiungsantrag bei der zuständigen Behörde einzureichen hat (vgl. hierzu BGH, NJW 1993 S. 226; im Zusammenhang mit Rückschnittmaßnahmen entlang von Eisenbahnstrecken, vgl. VG Köln, NuR 2002 S. 116 ff.).

Für Baumbepflanzungen außerhalb des Waldes (hier gilt § 36 BbgNRG) sind verschiedene Abstandsstufen vorgesehen. **Anpflanzungen** bis zu einer **Wuchshöhe von 2m** können **ohne Einhaltung** eines **Grenzabstandes** angepflanzt werden. Dies gilt nach Ansicht des AG Neuruppin (Urt. vom 22.2.2000 – 43 C 318/99 –) auch dann, wenn die Pflanzen in der Regel höher werden, ihr Zurückschneiden jedoch üblich ist. Eine solche Pflanzbefugnis ist auch aus § 39 Satz 2 BbgNRG ableitbar, weil danach der Pflanzeneigentümer einem Beseitigungsverlangen durch Zurückschneiden auf die Höhe von 2m begegnen kann.

Mit Obstbäumen und sonstigen Bäumen, die regelmäßig höher wachsen als 2m und bei denen ein Zurückschneiden unüblich oder nicht möglich ist, hat der Eigentümer zum Nachbargrundstück einen Abstand von 2m bzw. 4m einzuhalten. Der Abstand von 2m gilt auch für Obstbäume, die an Spaliervorrichtungen hochgezogen werden. Sie stellen trotz gewisser Geschlossenheit der Pflanzkörper keine Hecke dar.

Mit Sträuchern und Hecken ist ein Abstand zur Grenze einzuhalten, der von jedem Teil der Anpflanzung aus ein Drittel seiner Höhe ausmacht.

Beispiel:

Mit einem 3m über den Erdboden ragenden Wachholderstrauch ist ein Grenzabstand von mindestens 1m einzuhalten.

Die Berechnung des Abstandes erfolgt in der Form, dass bei Bäumen von der Mitte des Stammes rechtwinklig und waagerecht zur Grenzlinie gemessen wird, und zwar an der Stelle, an welcher der Baum aus dem Boden austritt. Unerheblich ist daher, ob das Gelände ein Gefälle aufweist oder der Baum schief zur Grenze hin steht.

Ergänzend sei an dieser Stelle darauf hingewiesen, dass sich Rückschnittsansprüche auch aus öffentlichem Recht ergeben können. Dann nämlich, wenn Astwerk in den öffentlichen Verkehrsraum hineinwuchert und hier bspw. den Gehweg für Passanten unbenutzbar macht. Rückschnittsansprüche können hier alternativ auf § 26 Abs. 2 BbgStrG und § 18 Abs. 1 BbgStrG (erlaubnispflichtige Sondernutzung) bzw. auf das allgemeine Ordnungsrecht gestützt werden (vgl. hierzu Problematik auch *Stollenwerk*, Rechtsfragen zum Rückschnitt in der Zeitschrift Verkehrsdienst 2006 S. 47). Das LG Frankfurt/Oder hat mit Urt. vom 5.4.2011 – 19 S 2/09 – entschieden, dass ein Nachbar, der sich von seinem Nachbarn „bespitzelt" vorkommt, nicht verlangen kann, dass eine Hecke auf 1m Höhe gehalten wird, obwohl nach dem Gesetz die Hecke 2m hoch sein darf.

Durch die Ergänzung von § 37 Abs. 1 BbgNRG um Satz 2 und 3 wird die Berechnung des Grenzabstandes für Pflanzen präzisiert. Danach wird der Abstand bei Bäumen im Sinne von § 37 Abs. 1 Nr. 1 und 2 BbgNRG von der Mitte des Stammes waagerecht und rechtwinklig zur Grenzlinie an der Stelle gemessen, an welcher der Stamm aus dem Boden hervortritt. Ein Gefälle im Gelände oder eine etwaige seitliche Neigung des Baumes wirken sich somit nicht auf die Abstandsberechnung aus.

Bei einer sonstigen Anpflanzung im Sinne von § 37 Abs. 1 Nr. 3 BbgNRG wird der Abstand waagerecht und rechtwinklig von ihrem äußersten grenznächsten Punkt aus gemessen. Dieser Punkt kann auch im Luftraum oberhalb der Stelle liegen, aus der die Anpflanzung aus dem Boden hervortritt.

Zwar soll eine Hecke in der Regel dreimal so hoch sein wie ihr Abstand zu dem Grundstück des Nachbarn (§ 37 Abs. 1 Nr. 3 BbgNRG); stellt diese Hecke aber zugleich auch eine Einfriedigung des Grundstücks dar, kann ihre Beschaffenheit nach § 32 BbgNRG auch dergestalt „ortsüblich" sein, so dass diese Hecke dann auch zumindest bis zur Höhe der dort in diesem Gebiet ortsüblichen (Hecken-)Einfriedigungen wachsen darf (vgl. AG Brandenburg, Urt. vom 27.9.2019 – 31 C 272/17 –).

2. Gemäß Absatz 2 **verdoppeln** sich die **Grenzabstände gegenüber landwirtschaftlich** und **erwerbsgärtnerisch genutzten Grundstücken**. Zur Begriffsdefinition kann daher auf die Vorgaben des Bauplanungsrechts zurückgegriffen werden. Landwirtschaftliche oder gärtnerisch nutzbare Flächen verlieren nicht deshalb ihren besonderen Schutz, weil sie vorübergehend nicht bebaut werden oder stillliegen. Die Regelung gilt dagegen nicht für Flächen, die nicht bestellt und nur gelegentlich als Weide genutzt werden, Lagerplätze, Aufstellorte zur Bienenhaltung oder Heideland.

§ 38
Ausnahmen von den Abstandsvorschriften

§ 37 gilt nicht für

1. **Anpflanzungen, die hinter einer geschlossenen Einfriedung vorgenommen werden und diese nicht überragen; als geschlossen gilt auch eine Einfriedung, deren Bauteile breiter sind als die Zwischenräume;**
2. **Anpflanzungen auf öffentlichen Verkehrsflächen;**
3. **Anpflanzungen an den Grenzen zu öffentlichen Verkehrsflächen, zu öffentlichen Grünflächen und zu oberirdischen Gewässern von jeweils mehr als 4m Breite;**
4. **Hecken, die nach § 33 auf der Grenze angepflanzt werden oder die das öffentliche Recht als Einfriedung vorschreibt.**

§ 37 gilt ferner nicht, wenn das öffentliche Recht andere Grenzabstände vorschreibt.

Erläuterungen

Keine Grenzabstände sind einzuhalten bei

- **Anpflanzungen**, die hinter einer **geschlossenen Einfriedung** vorgenommen werden und diese nicht überragen. Eine Beeinträchtigung durch eine Anpflanzung kann nur dann vorliegen, wenn eine solche auch tatsächlich optisch wahrnehmbar ist. Ein solcher ist nicht gegeben, wenn sich diese komplett hinter einer Einfriedung verbirgt. Als geschlossene Einfriedungen kommen in der Regel Mauern in Betracht, die keine Zwischenräume aufweisen. Da § 37 BbgNRG ohnehin regelt, dass bei Anpflanzungen erst ab einer Wuchshöhe von 2m Grenzabstände einzuhalten sind, kommen für die Regelung nur solche Gewächse in Betracht, die diese Höhe bereits überschreiten. Es kommt auch nur auf die tatsächlichen Verhältnisse und nicht auf die Tatsache an, ob die vorhandene Einfriedung etwa rechtlich in zulässiger Weise errichtet wurde.
- **Anpflanzungen** zu den **Grenzen zu öffentlichen Verkehrsflächen**. Im Bereich öffentlicher Verkehrsflächen sind grundsätzlich keine Grenzabstände einzuhalten. Mögliche Nachteile, die einem Anlieger durch die Straßenbepflanzung entstehen, sind als Folge der Situationsgebundenheit des Eigentums hinzunehmen (§ 27 Abs. 2 BbgStrG). Zu den öffentlichen Verkehrsflächen gehören Straßen, Rad- und Gehwege, Park- und Rastplätze usw. Vgl. hierzu auch VG Frankfurt/Oder, Urt. vom 27.3.2018 – 5 K 1083/13 –.

- Anpflanzungen an den Grenzen zu öffentlichen Verkehrsflächen, zu öffentlichen Grünflächen und zu oberirdischen Gewässern von jeweils mehr als 4m Breite. Zu den öffentlichen Grünflächen zählen Parkanlagen, Spielplätze oder Friedhöfe. Die Befreiung von der Einhaltung von Grenzabständen zu oberirdischen Gewässern besteht nur, wenn diese bei Mittelwasserstand mehr als 4m breit sind.
- **Hecken**, die nach § 33 BbgNRG auf Grenzen eingepflanzt werden und dementsprechend als Grenzeinrichtung im Sinne von § 921 BGB gelten oder die das öffentliche Recht als Einfriedung vorschreibt (z. B. durch eine Festsetzung im Bebauungsplan). Zur Frage des Anspruchs auf Wiederherstellung und Geldersatzes bei rechtswidrig entfernten Hecken vgl. BGH, NZM 2000 S. 106; OLG Köln, NZM 2000 S. 108 und KG, NZM 2000 S. 109.

Da insbesondere eine Naturalrestitution bzw. der entsprechende Geldersatz bei älteren Baum- oder Heckenbeständen nur mit unverhältnismäßig hohem Aufwand erreicht werden könnte, erhält die Ersatzpflicht eine Einschränkung, die sich an der Zumutbarkeitsgrenze orientiert (vgl. § 251 Abs. 2 BGB und *Stollenwerk*, NZM 2000 S. 958).

2. Satz 2 stellt nochmals klar, dass öffentlich-rechtliche Abstandsvorschriften die Vorgaben des § 37 BbgNRG verdrängen.

§ 39
Beseitigungsanspruch

Wird der vorgeschriebene Mindestabstand nicht eingehalten, so kann der Nachbar die Beseitigung der Anpflanzung verlangen. Der Eigentümer und der Nutzungsberechtigte des Grundstücks sind befugt, statt dessen die Anpflanzung auf ihrem Grundstück zurückzuschneiden, sofern auch auf diese Weise ein den Vorschriften dieses Gesetzes entsprechender Zustand hergestellt werden kann. Eine Beseitigung oder Zurückschneidung kann nur verlangt werden, soweit pflanzenschützende Vorschriften nicht berührt werden.

Erläuterungen

Der **Beseitigungsanspruch** im Sinne des § 39 BbgNRG setzt **keine konkrete Beeinträchtigung** voraus. Er geht daher weiter als die Rechte nach §§ 910, 1004 BGB. Der **reine Verstoß** gegen die Abstandsvorschriften **genügt**. Das brandenburgische Recht enthält im Gegensatz zu den Regelungen in anderen Bundesländern ein ausdrückliches **Wahlrecht** zwischen **Beseitigung** und **Rückschnitt**. Der Grundstückseigentümer kann demzufolge **ausdrücklich den Beseitigungsanspruch verhindern**, wenn die Anpflanzung **rechtmäßig beschnitten** werden kann. Bei Bäumen, Sträuchern und Hecken, die regelmäßig höher als 2m wachsen, bei denen aber ein Zurückschneiden üblich ist, beginnt die Verjährungsfrist erst dann zu laufen, wenn die Wuchshöhe von 2m überschritten wird (vgl. LG Frankfurt/ Oder, Urt. vom 18.5.2011 – 19 S 2/09 –).

Das Beseitigungsverlangen ist auf keinen bestimmten Zeitraum im Jahr beschränkt. Weigert sich der Nachbar allerdings, dem rechtmäßigen Verlangen nach Beseitigung oder dem Zurückschneiden der Anpflanzung zu entsprechen, kann dieses nicht im Rahmen der **Selbsthilfe** durch den Nachbarn (wie etwa nach § 910 BGB) durchgesetzt werden. Er muss den Betroffenen in diesem Fällen auf Erfüllung des Beseitigungsanspruchs verklagen. Rechtswidrig vom Anspruchsberechtigten vorgenommene Rückschnitte lösen in aller Regel Schadensersatzansprüche aus (vgl. hierzu auch *Stollenwerk*, NZM 2000 S. 958). Nach Satz 3 müssen pflanzrechtliche Vorschriften beachtet werden. Hierzu gehören vor allem Baumschutzverordnungen. Vgl. zum Zusammenspiel des Beseitigungsanspruchs und des Baumschutzrechts Erl. 1 zu § 37 BbgNRG.

§ 40
Ausschluß des Beseitigungsanspruchs

Der Anspruch nach diesem Gesetz auf Beseitigung von Anpflanzungen, die die vorgeschriebenen Mindestabstände nicht einhalten, ist ausgeschlossen, wenn der Nachbar nicht bis zum Ablauf des zweiten auf das Anpflanzen folgenden Kalenderjahres Klage auf Beseitigung erhoben hat. Für Anpflanzungen, die zunächst die vorgeschriebenen Abstände einhalten, beginnt die Frist, wenn sie über die nach diesem Gesetz zulässige Höhe hinausgewachsen sind.

Erläuterungen

§ 40 enthält eine **zeitliche Beschränkung des Beseitigungsanspruchs**. Werden Anpflanzungen unter Missachtung der Grenzabstandsregelungen vorgenommen, so hat der Nachbar einen Beseitigungsanspruch. Dieser Anspruch ist jedoch zeitlich befristet und muss spätestens mit **Ablauf des zweiten auf das Anpflanzen folgenden Jahres** per **Klageantrag** geltend gemacht worden sein. **Schriftliche Hinweise** des Nachbarn oder **anwaltliche Aufforderungen unterbrechen** die Frist **nicht**. Sie beginnt mit dem Zeitpunkt der Anpflanzung bzw. mit dem Zeitpunkt der Überschreitung der zulässigen Höhe. Im Interesse des nachbarlichen Rechtsfriedens hält der Gesetzgeber eine zeitliche Beschränkung des Beseitigungsanspruchs für geboten, damit nicht nach vielen Jahren noch dieses Recht u. U. schikanös missbraucht wird. Demzufolge wird auch bei **Wechsel des Eigentümers keine neue Beseitigungsfrist** in Lauf gesetzt (BGH, NJW 1973 S. 703). Der etwaige Grundstückskäufer muss sich daher das „Verstreichenlassen" der Frist durch seinen Vorgänger anrechnen lassen.

Nach Fristablauf stehen dem Nachbarn regelmäßig nur noch die Ansprüche nach § 910 BGB (Rückschnitt des Astüberhanges oder eindringender Wurzeln) zu.

In Bezug auf die Regelungen von Rückschnittsansprüchen stellt sich die Frage, ob diese auch einer zeitlichen Beschränkung unterworfen sind. *Postier* (Anm. 1 zu § 40 BbgNRG) vertritt die Ansicht, dass der Anspruch nach § 39 BbgNRG auf Beseitigung auch den Anspruch auf Zurückschneiden miterfasst. Das OLG Frankfurt a. M. (NJW-RR 1997 S. 657) bejahte in einer Entscheidung zum HessNachbRG eine zeitliche Beschränkung der Rückschnittsansprüche analog der Beschränkung der Beseitigungsansprüche. Es begründete seine Auffassung schlicht damit, dass auch der Rückschnitt eine Art „Teilbeseitigung" darstelle. Eine derartige Gesetzesauslegung erscheint jedoch etwas konstruiert und schränkt die bestehenden Nachbarrechte unzulässig ein. Mangels gesetzlicher ausdrücklicher Regelung wird man angesichts des rechtsstaatlichen Gesetzesvorbehalts im Zweifel von einem **unbefristeten Rückschnittsanspruch** ausgehen müssen (vgl. hierzu auch *Stollenwerk*, NZM 1998 S. 324; siehe auch LG Trier, Urt. vom 6.11.2001 – 1 S 91/91 –). Zwischenzeitlich hat das LG Frankfurt/Oder mit Beschl. vom 18.5.2011 – 19 S 2/09 – entschieden, dass Rückschnittsforderungen bei Hecken, die regelmäßig über 2m wachsen, dann beginnen, wenn die Wuchshöhe die 2 m-Marke überschreitet. Aufgrund dieser Entscheidung ist davon auszugehen, dass der Rückschnittsanspruch auch zeitlich befristet ist. Unberührt bleiben Ansprüche aus der Verkehrssicherungspflicht (BbgOLG, Urt. vom 18.10.2007 – 5 U 174/06 –).

§ 41
Ersatzanpflanzungen

Werden für Anpflanzungen, bei denen der Anspruch auf Beseitigung nach § 40 ausgeschlossen ist, Ersatzanpflanzungen oder Nachpflanzungen vorgenommen, so sind die nach diesem Gesetz vorgeschriebenen Abstände einzuhalten. Dies gilt nicht für die Ersetzung einzelner abgestorbener Heckenpflanzen einer geschlossenen Hecke.

Erläuterungen

Ergibt sich im Laufe der Zeit die Notwendigkeit, Anpflanzungen, bei denen der Anspruch auf Beseitigung ausgeschlossen ist, durch neue Anpflanzungen zu ersetzen, dann muss mit der neuen Anpflanzung der nach diesem Gesetz vorgeschriebene Grenzabstand eingehalten werden. Geschieht dies nicht, wird nach § 40 BbgNRG ein neuer Beseitigungsanspruch in Lauf gesetzt.

Beispiel:

Nachbar Störenfried hat vor Jahren eine große Buche direkt an der Grenze angepflanzt, ohne dass dies vom Nachbarn bemängelt wurde. Nachdem der Baum eingegangen war, wurde ein neuer Baum gepflanzt. Der Nachbar verlangt jetzt zurecht die Einhaltung eines Grenzabstandes von 4 m.

Die Vorschrift gilt grundsätzlich auch für einzelne Ersatzanpflanzungen bzw. Nachpflanzungen in geschlossen Anlagen (etwa in Baum- oder Sträuchergruppen). Eine Ausnahme besteht nach Satz 2 für die Ersetzung einzelner abgestorbener Heckenpflanzungen einer geschlossenen Hecke. Diese dürfen zur Erhaltung der Linienführung am bisherigen Standort nachgepflanzt werden. Diese Regelung darf jedoch nicht dazu missbraucht werden, nach und nach die ganze Hecke zu erneuern, um so den zu geringen Grenzabstand beizubehalten. Die Ersetzung einzelner Heckenpflanzen ist daher nicht mehr zulässig, wenn demnächst die Erneuerung der ganzen Hecke ansteht.

§ 42

Nachträgliche Grenzänderungen

Die Rechtmäßigkeit des Abstandes wird durch nachträgliche Grenzänderungen nicht berührt; § 41 gilt entsprechend.

Erläuterungen

Nachträgliche Grenzänderungen berühren die Rechtmäßigkeit des Grenzabstandes **nicht**. Es reicht daher aus, wenn vor der Grenzänderung der gesetzlich vorgeschriebene Grenzabstand eingehalten wurde. Einer rechtmäßigen Anpflanzung wird diejenige gleichgesetzt, deren Entfernung wegen des Ablaufs der Ausschlussfrist nicht mehr verlangt werden kann. Demzufolge wird der Fristablauf für eine Anpflanzung, die den vorgeschriebenen Abstand zur alten Grenze nicht einhält, durch die nachträgliche Grenzänderung nicht unterbrochen.

§ 43

Wild wachsende Pflanzen

Die Vorschriften dieses Abschnitts gelten für wild wachsende Pflanzen entsprechend. Als Anpflanzen im Sinne des § 40 Satz 1 gilt die Erklärung des Grundstückseigentümers gegenüber dem Nachbarn, daß er die wild wachsende Pflanze nicht beseitigen wolle.

Erläuterungen

§ 43 BbgNRG enthält eine Sonderregelung für **wildwachsende Pflanzen**, die mit Ausnahme von Berlin in keinem anderen Bundesland besteht. Hintergrund der Regelung ist die Feststellung, dass im Zweifelsfall zu den Anpflanzungen auch sogenannte „Unkräuter" gehören, mit denen Grenzabstände einzuhalten sind. Wildwachsende Pflanzen sind **Bäume und Sträucher, die sich selbst ausgesät haben**, also **nicht durch menschliche Einwirkung** vorhanden sind. Um auch hier nachbarrechtliche Streitigkeiten zu verhindern, wurde rechtlich für Klarheit gesorgt. Erklärt der Nachbar, er wolle die wildwachsenden Pflanzen nicht entfernen, so kann der Nachbar ab diesem Zeitpunkt bis zum Ablauf des übernächsten Jahres (vgl. § 40 BbgNRG) Klage auf Beseitigung erheben, um nicht den Beseitigungsanspruch zu verlieren. Die Beweislast für die Rechtzeitigkeit der Klage hat der Pflanzeigentümer. Der Nachbar muss dagegen belegen, dass er den Eigentümer vorher zu Erklärung aufgefordert hat. Die Vorschrift umfasst nur Bäume und Sträucher, weil für andere Pflanzen Mindestabstände nicht vorgesehen sind. Abwehrrechte gegen Unkrautflug vom Nachbargrundstück werden von der Vorschrift jedoch nicht erfasst und sind in Ausnahmefällen nur über §§ 906, 1004 BGB abwendbar (vgl. hierzu *Stollenwerk*, Nachbarrecht, S. 82 ff., *Schmid*, NJW 1988 S. 29 und *Herrmann* NJW 1997 S. 153 ff.).

ABSCHNITT 10
DULDUNG VON LEITUNGEN

§ 44
Leitungen in Privatgrundstücken

(1) Der Eigentümer und die Nutzungsberechtigten eines Grundstücks müssen dulden, daß durch ihr Grundstück der Eigentümer und die Nutzungsberechtigten des Nachbargrundstücks auf eigene Kosten Versorgungs- und Abwasserleitungen hindurchführen, wenn

1. **das Vorhaben bauplanungsrechtlich zulässig,**
2. **der Anschluß an das Versorgungs- und Entwässerungsnetz anders nicht möglich und**
3. **die damit verbundene Beeinträchtigung nicht erheblich ist.**

(2) Ist das betroffene Grundstück an das Versorgungs- und Entwässerungsnetz bereits angeschlossen und reichen die vorhandenen Leitungen aus, um die Versorgung oder Entwässerung der beiden Grundstücke durchzuführen, so beschränkt sich die Verpflichtung nach Absatz 1 auf das Dulden des Anschlusses. Im Falle des Anschlusses ist zu den Herstellungskosten des Teils der Leitungen, der nach dem Anschluß mitbenutzt werden soll, ein angemessener Beitrag und auf Verlangen Sicherheit in Höhe des voraussichtlichen Beitrags zu leisten. In diesem Falle darf der Anschluß erst nach Leistung der Sicherheit vorgenommen werden.

(3) Bestehen mehrere Möglichkeiten der Durchführung, so ist die für das betroffene Grundstück schonendste zu wählen.

Erläuterungen

1. Fehlt einem Grundstück die **nötige Verbindung** zu einem **öffentlichen Versorgungs- und Abwasserleitungsnetz**, so muss der Nachbar u. U. dulden, dass die notwendigen Leitungen über sein Grundstück verlegt werden (Leitungsnotweg). Verschiedentlich wurden Zweifel daran geäußert (vgl. *Dehner*, B V 2c; *Säcker*, Münchner Kommentar zum BGB, § 917 Rn. 37), ob die bürgerlich-rechtlichen Regelungen zum Notwegerecht überhaupt noch Raum für landesrechtliche Bestimmungen zulassen. Der BGH (NJW 1991 S. 176 ff.) hat jedoch festgestellt, dass § 917 BGB keinen Leitungsnotweg umfasse, sondern anderfalls in den Bundesländern eine analoge Anwendung der Vorschriften in Betracht kommt, sofern entsprechende landesrechtliche Bestimmungen fehlen (vgl. hierzu auch *Wieth/Högner/Krzensk*, Nachbarschutz im Freistaat Sachsen, S. 19). Liegen die Voraussetzungen nicht vor, handelt es sich um eine abwehrfähige Eigentumsstörung (vgl. OLG Düsseldorf, NJW-RR 1991 S. 403). Die Verpflichtung zur Duldung besteht bei Vorliegen folgender **Voraussetzungen**:

– Das **Bauvorhaben** auf dem verbindungslosen Grundstück, für das die Leitung gedacht ist, muss **bauplanungsrechtlich zulässig** sein. Das beurteilt sich nach den §§ 29 ff. BauGB. Auf die Einhaltung bauordnungsrechtlicher Vorschriften kommt es ausdrücklich nicht an. Bei Zweifeln über die Bebaubarkeit kann ein planungsrechtlicher Vorbescheid beim zuständigen Bauaufsichtsamt eingeholt werden (vgl. § 76 BbgBO). Dem

Nachbarn steht zum Schutze seines Eigentums vor einer Belastung durch ein mögliches Notleitungsrecht auch ein Abwehrrecht gegen eine rechtwidrig erteilte Baugenehmigung zu (vgl. BayVGH, BayVBl. 2000 S. 472).

- Der **Anschluss an das Versorgungs- und Entwässerungsnetz** ist **anders nicht möglich**. Es wird hier als Voraussetzung keine Zweckmäßigkeit, sondern eine zwingende Notwendigkeit vorgeschrieben. Ohne die gewünschte Durchleitung kann also das Versorgungsnetz nicht erreicht werden. Wird die unmittelbare Verbindungsmöglichkeit allerdings vom Berechtigten selbst verbaut, besteht kein Anspruch nach § 44 BbgNRG (vgl. hierzu auch BGH, NJW-RR 1999 S. 166).
- Die **Beeinträchtigung** des Eigentümers oder Nutzungsberechtigten des Verbindungsgrundstücks darf **nicht erheblich** sein. Erheblich ist die Beeinträchtigung nicht im Falle einer Bodenverlegung; dabei darf allerdings nicht nur der Zustand nach der Verlegung eine Rolle spielen, sondern auch die Verlegung selbst. Ist das Grundstück noch nicht bebaut, ist dafür Sorge zu tragen, dass die Leitung später bei Bebauung nicht zu einer erheblichen Beeinträchtigung führt. Weitere Duldungspflichten können sich aus dem öffentlichen Recht ergeben.

Ein Grundstücksnachbar muss die Durchleitung von Abwasser des Nachbarn über sein Grundstück nicht dulden, wenn für das Nachbargrundstück ein anderweitiger, nicht über sein Grundstück führender Anschluss an das Entwässerungsnetz der Anliegerstraße möglich ist und besonders vertrauensbegründende Umstände, die zu der Situation der über das Grundstück führenden Abwasserleitung geführt haben, weder vorgetragen noch ersichtlich sind (vgl. LG Potsdam, Urt. vom 14.3.2014 – 1 S 48/12 –). Das Notleitungsrecht kann auch dazu berechtigen, Leitungen durch ein Gebäude zu führen; eine Einschränkung ergibt sich nur aus dem Gebot, die für den Duldungspflichtigen geringstmögliche Belastung zu wählen (BGH, Urt. vom 26.1.2018 – V ZR 47/17 –).

Die **Kosten** der Verlegung einer Leitung sind von dem zu tragen, der sie legt bzw. legen lässt. Entsprechendes gilt für die Herstellung eines Anschlusses für die Kosten der Anschlussleitung.

> *Beispiel:*
>
> *Bedingt durch die Grundstückslage des Eigentümers Pullemann kann die Stromversorgung für dessen Wohnungsbauvorhaben nur durch eine Leitung erfolgen, die über das Grundstück des Nachbarn verlaufen muss. Hier besteht ein Leitungsnotwegerecht, falls die Verlegung des Stromkabels keine erheblichen Beeinträchtigungen des Nachbargrundstücks auslöst. Wer jedoch sich die unmittelbare Verbindungsmöglichkeit zum Netz verbaut hat, dem fehlt das Recht, die Leitung auf einem Umweg über das benachbarte Grundstück zu führen (BGH, NJW-RR 1999 S. 166; NJW 2008 S. 3123).*

Bei fehlender Bebauung eines auch wegemäßig nicht (rechtlich gesicherten) erschlossenen unbebauten Hinterliegergrundstücks existiert kein – an sich zur Vermittlung der dauerhaften Vorteilslage – ausreichendes Notleitungsrecht zugunsten des Hinterliegergrundstücks nach dem BbgNRG. In solchen Fällen fehlt es an der zur Entstehung eines Notleitungsrechts notwendigen Voraussetzung des Vorliegens eines bauplanungsrechtlich zulässigen Vorhabens. Zur bauplanungsrechtlichen Zulässigkeit des Vorhabens gem. § 34 Abs. 1 Satz 1 BauGB gehört nämlich auch die (wegemäßig) gesicherte Erschließung; ein Notwegerecht gemäß § 917 Abs. 1 BGB soll aber nur eine bereits zulässige Nutzung des gefangenen Grundstücks ermöglichen; jedoch keine von der bisherigen Nutzung der Art nach völlig abweichende neue Nutzung erst zulässig machen (VG Cottbus, Urt. vom 24.11.2016 – 6 K 572/13 –).

2. Nach Absatz 2 erfährt die allgemeine **Duldungsverpflichtung Einschränkungen**, wenn das duldungspflichtige Grundstücks bereits am Versorgungs- und Entwässerungsnetz angeschlossen ist und die vorhandenen Leitungen zur Versorgung oder Entwässerung ausreichen. Nutzt der Nachbar die vorhandenen Leitungen, so hat er einen angemessenen Beitrag zu den Herstellungskosten des Teils der Leitungen zu leisten, den er mitbenutzt. Auf Verlangen ist eine Sicherheit (Bankbürgschaft) in Höhe des voraussichtlichen Beitrags zu leisten. Das bedeutet, dass neben den Aufwendungen für die ursprüngliche Herstellung und dem Umfang zwischenzeitlicher Abnutzung des jetzt gemeinsam genutzten Leitungsstücks auch zu berücksichtigen ist, wie viele Personen auf der Nachbar- wie auf der eigenen Seite die Leitung nutzen (so *Postier*, § 44 Rn. 2.2.).

3. Bei der **Auswahl** mehrerer Anschlussmöglichkeiten ist die **schonendste** zu wählen unter Berücksichtigung des **Verhältnismäßigkeitsgrundsatzes**. Die notwendigen Arbeiten sind so einzurichten und durchzuführen, dass sie für das betroffene Grundstück möglichst wenig Schäden oder Belästigungen bringen. Die Regelung des § 44 Abs. 3 BbgNRG enthält den gleichen Rechtsgedanken wie § 1020 BGB (Ausübung einer Grunddienstbarkeit, vgl. BGH, NJW 1991 S. 176).

§ 45
Unterhaltung

(1) Der Berechtigte hat die nach § 44 Abs. 1 vorgelegten Leitungen oder die nach § 44 Abs. 2 hergestellten Anschlußleitungen auf seine Kosten zu unterhalten. Zu den Unterhaltungskosten der Teile der Leitungen, die von ihm mitbenutzt werden, hat er einen angemessenen Beitrag zu leisten.

(2) Zur Durchführung von Maßnahmen im Sinne des Absatzes 1 Satz 1 darf der Berechtigte oder der von ihm Beauftragte das betroffene Grundstück betreten.

Erläuterungen

1. Der Berechtigte hat die nach § 44 BbgNRG verlegten Leitungen auf seine **Kosten zu unterhalten**. Hinsichtlich der Teile der Leitung, die mit dem duldenden Grundstückseigentümer gemeinsam benutzt werden, hat sich der Berechtigte angemessen bei der Unterhaltung zu beteiligen. Das wird regelmäßig eine hälftige Beteiligung sein, es sei denn, dass die Benutzung des einen Nachbarn weitaus stärker ist als die des anderen.

2. Für die entsprechenden Instandhaltungs- und Instandsetzungsarbeiten hat der Berechtigte auch das Recht, das Grundstück des Nachbarn zu betreten und die erforderlichen Maßnahmen vorzunehmen oder vornehmen zu lassen.

§ 46
Schadensersatz und Anzeigepflicht

Für die Verpflichtungen zur Anzeige und zum Schadensersatz gelten § 8 Abs. 1 Satz 1 und § 15 entsprechend.

Erläuterungen

Bei der Verlegung von Leitungen oder der Herstellung eines Anschlusses, auch bei der Unterhaltung von Leitungen (Instandhaltungs- und Instandsetzungsarbeiten) kann Schaden für den zur Duldung Verpflichteten entstehen. Der Berechtigte ist zum Schadensersatz und **zur Anzeige verpflichtet**. Hierfür gelten die Bestimmungen des § 8 Abs. 1 und § 15 BbgNRG. Neben der Verpflichtung zum **Schadensersatz** wird keine Gebühr oder ein sonstiges Entgelt für die Benutzung geschuldet.

§ 47
Nachträgliche erhebliche Beeinträchtigung

(1) Führen die nach § 44 Abs. 1 verlegten Leitungen oder die nach § 44 Abs. 2 hergestellten Anschlußleitungen nachträglich zu einer erheblichen Beeinträchtigung, so können der Eigentümer und die Nutzungsberechtigten des betroffenen Grundstücks von dem Berechtigten verlangen, daß er seine Leitungen beseitigt und die Beseitigung der Teile der Leitungen, die gemeinsam genutzt werden, duldet. Dieses Recht entfällt, wenn der Berechtigte die Beeinträchtigung so herabmindert, daß sie nicht mehr erheblich ist.

(2) Der Schaden, der durch die Maßnahmen nach Absatz 1 auf dem betroffenen Grundstück entsteht, ist zu ersetzen.

Erläuterungen

1. Führen die hindurchgelegten oder die angeschlossenen Leitungen des Berechtigten nachträglich zu einer **erheblichen Beeinträchtigung** bei der **Nutzung des Grundstücks**, so kann der Duldungspflichtige verlangen, dass der Berechtigte die Leitungen, die dieser verlegt hat, wieder beseitigt und bei angeschlossenen Leitungen die Beseitigung der gemeinschaftlichen Leitung duldet. Es geht also sowohl um die nach § 44 Abs. 1 BbgNRG verlegten Leitungen als auch um die nach § 44 Abs. 2 BbgNRG hergestellten Anschlussleitungen. Eine solche Situation kann sich infolge von Planungen des betroffenen Grundstückseigentümers ergeben, wenn die Leitungen so verlaufen, dass er sein Grundstück (aus seiner Sicht) nicht im optimalen Sinne, z. B. für sein Bauvorhaben benutzen kann. Die **Beweislast** liegt im Streitfall beim **Eigentümer** oder Nutzungsberechtigten des **betroffenen Grundstücks**. Die Beseitigungspflicht kann dadurch ausgeräumt werden, dass der bisherige Berechtigte die erhebliche Beeinträchtigung beseitigt, indem er z. B. einen Teil der Leitung verlegt bzw. verlegen lässt. Der Berechtigte hat die Kosten, die durch die Beseitigung der von ihm verlegten Leitungen entstehen, selbst zu tragen. Beeinträchtigt die vom Eigentümer oder Nutzungsberechtigten des betroffenen Grundstücks verlegte Leitung, so kann dieser die Leitung beseitigen, allerdings dann auf seine eigenen Kosten. Hat der Nachbar die Leitung vorher mitbenutzt, trifft ihn hinsichtlich der Beseitigung keine Kostenbeteiligung.

2. Absatz 2 schreibt vor, dass der Berechtigte dem Duldungspflichtigen allen Schaden zu ersetzen hat, der durch das Beseitigen oder das Umverlegen der Leitungen entsteht.

§ 48
Anschlußrecht des Duldungspflichtigen

(1) Der Eigentümer und die Nutzungsberechtigten eines Grundstücks, das gemäß § 44 Abs. 1 in Anspruch genommen ist, sind berechtigt, ihrerseits an die verlegten Leitungen anzuschließen, wenn diese ausreichen, um die Versorgung oder Entwässerung der beiden Grundstücke durchzuführen. § 44 Abs. 2 Satz 2 und § 45 Abs. 1 gelten entsprechend.

(2) Soll ein auf dem betroffenen Grundstück errichtetes oder noch zu erstellendes Gebäude an die Leitungen angeschlossen werden, die der Eigentümer oder die Nutzungsberechtigten des Nachbargrundstücks nach § 44 Abs. 1 durch das Grundstück hindurchführen wollen, so können der Eigentümer und die Nutzungsberechtigten des betroffenen Grundstücks verlangen, daß die Leitungen in einer ihrem Vorhaben Rechnung tragenden und technisch vertretbaren Weise verlegt werden. Die durch dieses Verlangen entstehenden Mehrkosten sind zu erstatten. In Höhe der voraussichtlich erwachsenden Mehrkosten ist auf Verlangen binnen zwei Wochen Vorschuß zu leisten; der Anspruch nach Satz 1 erlischt, wenn der Vorschuß nicht fristgerecht geleistet wird.

Erläuterungen

1. Die Regelung des § 48 BbgNRG befasst sich mit dem Fall, dass der duldungspflichtige Nachbar seinerseits an eine vom Berechtigten über das **„Duldungs-Grundstück"** geführte Leitung anschließt. In diesem Fall ist ein angemessener Beitrag zu den Herstellungskosten des Teils der Leitungen zu leisten, der als Anschluss mitbenutzt werden soll bzw. wird. Es kann auch Sicherheitsleistung verlangt werden. Die eigene Anschlussleitung muss der Eigentümer des „Duldungs-Grundstücks" selbst bezahlen und unterhalten.

2. Absatz 2 behandelt den Fall, dass die Leitungen noch nicht verlegt sind, von dem Recht nach § 44 Abs. 1 BbgNRG noch kein Gebrauch gemacht worden ist, das Vorhaben aber bereits angezeigt oder beabsichtigt ist und der Eigentümer oder die Nutzungsberechtigten des betroffenen Grundstücks ihrerseits einen Plan bzw. eine bestimmte Absicht haben, dass und wie sie an diese Leitungen ein bereits errichtetes, aber an das Versorgungs- und Entwässerungsnetz noch nicht angeschlossenes oder ein demnächst noch zu erstellendes Gebäude anschließen wollen. Sie können dann verlangen, dass die Verlegung der Leitungen so geschieht, dass ihrem baulichen Vorhaben Rechnung getragen und die Verlegung in technisch vertretbarer Weise durchgeführt wird. In der Regel werden dabei Mehrkosten entstehen, die zu erstatten sind (auf Verlangen Vorschuss binnen zwei Wochen). Wird der begehrte Vorschuss nicht oder nicht fristgerecht geleistet, erlischt der Anspruch nach Satz 1.

§ 49
Leitungen in öffentlichen Straßen

Die §§ 44 bis 48 gelten nicht für die Verlegung von Leitungen in öffentlichen Straßen und in öffentlichen Grünflächen.

Erläuterungen

Öffentliche Straßen (einschließlich öffentlicher Wege und Plätze) sowie öffentliche Grünflächen sind von den **Vorgaben der §§ 44 bis 48** BbgNRG **ausgenommen**. Die Zweckbestimmung von Straße und Grünanlage hat den Gesetzgeber veranlasst, kein Leitungsnotwegrecht zuzulassen. Ihre Zugänglichkeit für den Gemeingebrauch lässt ein Duldungsrecht nach § 44 Abs. 1 BbgNRG nicht zu. Der Straßeneigentümer muss bspw. frei bestimmen können, wo eine Längsleitung zu verlegen ist.

§ 50
Entschädigung

(1) Für die Duldung der Rechtsausübung nach § 44 ist der Nachbar durch eine Geldrente zu entschädigen. Die Rente ist jährlich im voraus zu entrichten.

(2) Die Höhe der Rente ist nach Billigkeit zu bemessen. Dabei sind die dem Berechtigten durch die Ausübung des Rechts zugute kommenden Einsparungen und der Umfang der Belästigung des Nachbarn angemessen zu berücksichtigen.

Erläuterungen

1. Wie bei der Duldung des Hammerschlags- und Leiterrechts (§ 24 BbgNRG) sieht das Gesetz eine **Entschädigung** für die Inanspruchnahme des Nachbargrundstücks vor. Sie wird als Rentenzahlung jährlich fällig, es sei denn, die Beteiligten treffen eine anderweitige Abmachung.

2. Die **Rentenhöhe** ist nach **Billigkeit zu bemessen**. Hierbei spielen sowohl die Einsparungen des Berechtigten als auch der Umfang der Belästigung des Nachbarn eine Rolle. Hilfsweise kann auf die Vorgabe des § 24 Abs. 1 BbgNRG zurückgegriffen werden. Danach ist eine Nutzungsentschädigung in Höhe der ortsüblichen Miete für einen dem benutzten Grundstücksteil vergleichbaren Lagerplatz zu zahlen. Vom OLG Hamm (NJW-RR 1992 S. 723) wurde in einem Streitfall eine jährliche Entschädigung in Höhe von 60,- DM geschätzt.

§ 51
Anschluß an Fernheizungen

Die Vorschriften dieses Abschnitts gelten entsprechend für den Anschluß eines Grundstücks an eine Fernheizung, sofern derjenige, der sein Grundstück anschließen will, einem Anschlußzwang unterliegt.

Erläuterungen

Ein Anschlusszwang kann auch in Form von Satzungen angeordnet werden (vgl. hierzu §§ 12, 131 BbgKVerf).

ABSCHNITT 11
DACHTRAUFE UND ABWÄSSER

§ 52
Niederschlagswasser

(1) Der Eigentümer und die Nutzungsberechtigten eines Grundstücks müssen ihre baulichen Anlagen so einrichten, daß

1. **Niederschlagswasser nicht auf das Nachbargrundstück tropft oder auf dieses abgeleitet wird und**
2. **Niederschlagswasser, das auf das eigene Grundstück tropft oder abgeleitet ist, nicht auf das Nachbargrundstück übertritt.**

(2) Absatz 1 findet keine Anwendung auf freistehende Mauern entlang öffentlicher Straßen und öffentlicher Grünflächen.

Erläuterungen

1. Der **Eigentümer** oder der **Nutzungsberechtigte** eines Grundstücks darf durch **seine baulichen Anlagen keine Voraussetzungen** dafür schaffen, dass **Niederschlagswasser** auf das **Nachbargrundstück eindringt**. Die Vorschrift behandelt also nicht das Niederschlagswasser, das als Regen, Schnee oder Hagel unmittelbar auf dem Boden niederschlägt, sich sammelt und von dort als wild fließendes Wasser abströmt. Für derartige Niederschläge (Oberflächenwasser) hat der Grundstückseigentümer grundsätzlich keine besonderen Verpflichtungen zum Auffang (vgl. hierzu BGH, UPR 1991 S. 376 f.; OLG Koblenz, DWW 2001 S. 26). **Niederschlagswasser** im Sinne des Gesetzes ist nur das **Regen- und Schneewasser**, das zunächst auf eine bauliche Anlage (§ 2 Abs. 1 BbgBO) eines Grundstücks fällt und von dort auf dem Erdboden gelangt. Unerheblich ist, ob das Niederschlagswasser unmittelbar von der baulichen Anlage auf das Nachbargrundstück tropft oder von dieser zunächst auf das eigene Grundstück und dann erst auf das Nachbargrundstück abläuft. § 52 BbgNRG ist Schutzgesetz im Sinne von § 823 Abs. 2 BGB zugunsten der Eigentümer tieferliegender Grundstücke (OLG Hamm, VersR 1985 S. 648; LG Paderborn, ZMR 1991 S. 300; Brandenburgisches OLG, Urt. vom 30.7.2009 – 5 U 133/08 –). Aus diesem Grunde kann der Nachbar, der seine bauliche Anlagen schuldhaft so errichtet, dass Niederschlagswasser auf das Nachbargrundstück übertritt, schadensersatzpflichtig werden. Bei der Geltendmachung der deliktischen Haftung wegen der Verletzung eines Schutzgesetzes kommen dem für den Gesetzesverstoß und das Verschulden beweispflichtigen Geschädigten Beweiserleichterungen zugute. Steht die Verletzung des Schutzgesetzes objektiv fest, so muss der das Schutzgesetz Übertretende in aller Regel Umstände darlegen und beweisen, die geeignet sind, die daraus folgende Annahme seines Verschuldens auszuräumen (hierzu ebenfalls Brandenburgisches OLG, Urt. vom 30.7.2009 – 5 U 133/08 –). Ein Übertritt von Wasser liegt auch dann vor, wenn Sickerwasser aus dem Untergrund auf das Nachbargrundstück gelangt (vgl. OLG Zweibrücken, Urt. vom 12.6.2014 – 6 U 64/12 –, zu einer gleichlautenden Vorschrift im rheinland-pfälzischen Nachbarrechtsgesetz).

Führt ein Bauvorhaben zur unzumutbaren Behinderung des Niederschlagswassers von einem höheren Nachbargrundstück, so steht dem betroffenen Nachbarn ein bauordnungsrechtlicher Abwehranspruch zu (vgl. OVG Lüneburg, NVwZ-RR 1995 S. 190). Das Gesetz enthält jedoch keine Aussage, auf welche Art entsprechende Vorkehrungen zu treffen sind, damit Niederschlagswasser nicht durch bauliche Anlagen auf das Nachbargrundstück abgeleitet wird. Neben der Ableitung in den Kanal ist die Anlegung von Sickerschächten, aber auch die Inanspruchnahme eines Leitungsnotwegs (vgl. § 44 BbgNRG) denkbar. **Beweispflichtig** für die **nicht ordnungsgemäße Ableitung** ist der **beeinträchtigte Nachbar**.

> *Beispiel:*
>
> *Das unmittelbar an die Grenze gebaute Haus des Nachbarn besitzt keine Dachrinne. Bei Regen läuft das Wasser auf die Nachbarterrasse. Hier besteht ein Beseitigungs- bzw. Unterlassungsanspruch nach § 52 BbgNRG.*

2. Absatz 2 enthält eine Einschränkung der Verpflichtungen des Absatzes 1 in Bezug auf freistehende Mauern entlang öffentlicher Straßen und Grünflächen. Der Begriff der öffentlichen Straße orientiert sich an den Vorgaben des Straßenrechts und umfasst auch gewidmete Wege und Plätze. Der Straßenanlieger hat auch keinen Anspruch darauf, dass Spritzwasser von der Fahrbahn in jedem Fall von seinem Grundstück ferngehalten wird (vgl. VGH München, NVwZ 1998 S. 536). Zur Ablehnung eines Folgebeseitigungsanspruchs bei Regenwasserzufluss aus dem öffentlichen Bereich vgl. OVG Lüneburg, Urt. vom 21.11.1994 – 12 L 980/93 –. Ansprüche aus Unterlassung des Zuflusses von Niederschlagswasser vom Nachbargrundstück gemäß § 1004 Abs. 1 BGB i. V. m. § 52 BbgNRG verjähren in der Regelverjährungsfrist von drei Jahren gemäß §§ 195, 199 BGB. Die Verjährungsfrist beginnt dabei in dem Zeitpunkt, wie dem Anspruchsberechtigten ein Vorgehen gegen die Einwirkung tatsächlich möglich war, mithin unabhängig von der Begründung der Eigentümerstellung am betroffenen Grundstück (hier: Anwartschaftsberechtigter), vgl. Brandenburgisches OLG, Urt. vom 21.6.2012 – 5 U 77/11 –.

§ 53
Anbringen von Sammel- und Abflußeinrichtungen

(1) Der Eigentümer und die Nutzungsberechtigten eines Grundstücks, die aus besonderem Rechtsgrund verpflichtet sind, das von den baulichen Anlagen eines Nachbargrundstücks tropfende oder abgeleitete oder von dem Nachbargrundstück übertretende Niederschlagswasser aufzunehmen, sind berechtigt, auf eigene Kosten besondere Sammel- und Abflußeinrichtungen an der baulichen Anlage des traufberechtigten Nachbarn anzubringen, wenn die damit verbundene Beeinträchtigung nicht erheblich ist. Sie haben diese Einrichtungen zu unterhalten.

(2) Für die Verpflichtungen zur Anzeige und zum Schadensersatz gelten die §§ 8 und 15 entsprechend.

Erläuterungen

1. Wer aus besonderem Rechtsgrund (Vertrag, Dienstbarkeit) zur Duldung der sogenannten „Traufe" verpflichtet ist, erhält durch Absatz 1 die **Befugnis**, auf **seine Kosten Sammel- und Abflusseinrichtungen**, also Dachrinnen und Abflussrohre, die er dann auch unterhalten muss, an der baulichen Anlage des Nachbarn anzubringen. An Vereinbarungen der Voreigentümer sind Sonderrechtsnachfolger (so etwa Käufer) nicht gebunden (OLG Düsseldorf, NJW-RR 1991 S. 403 f.). Ein Recht zur Anbringung besteht nur, wenn damit keine erheblichen Beeinträchtigungen für das Nachbargrundstück verbunden sind. Denkbar sind hier bspw. technische oder gestalterische Störungen, wobei sich der im Gesetz festgeschriebene „Erheblichkeitsbegriff" an dem der „wesentlichen" Grundstücksbeeinträchtigung im Sinne des bürgerlich-rechtlichen Nachbarrechts orientiert.

2. Die Arbeiten nach Absatz 1 dürfen erst dann begonnen werden, wenn sie vorher **fristgerecht angezeigt** worden sind. Diese Anzeigepflicht besteht auch für Unterhaltungsarbeiten.

§ 54
Abwässer

Der Eigentümer und die Nutzungsberechtigten eines Grundstücks dürfen ihre baulichen Anlagen nicht so einrichten, daß Abwässer und andere Flüssigkeiten auf das Nachbargrundstück übertreten.

Erläuterungen

Der **Abwasserbegriff** orientiert sich an den **Vorgaben des brandenburgischen Wasserrechts** (vgl. § 64 BbgWG). **Abwasser ist Schmutzwasser**, also Wasser, das durch häuslichen, gewerblichen, landwirtschaftlichen oder sonstigen Gebrauch in seinen Eigenschaften verändert ist. Dazu gehören auch die aus Anlagen zum Behandeln, Lagern und Ablagern von Abfällen und Futtermitteln austretenden Flüssigkeiten. Ob das Wasser rein oder verunreinigt ist, ist unerheblich. Zu den anderen Flüssigkeiten gehören etwa Jauche, Öl sowie Chemikalien. **Keine Abwässer** sind **Traufwasser** oder **wild abfließendes Wasser**. Nicht wild abfließendes Wasser, sondern Abwässer sind bspw. Grundwasser, das sich im Keller sammelt, Drainwasser sowie Wasser, das aus gebrochenen Rohren strömt, da es aus einer künstlichen Anlage stammt (vgl. OLG Saarbrücken, VersR 1975 S. 149). Der Nachbar ist gemäß §§ 903 ff. BGB nicht verpflichtet, Abwässer auf seinem Grundstück aufzunehmen. Um unzulässige Einwirkungen auf das Nachbargrundstück nach Möglichkeit auszuschließen, sind bauliche Anlagen von vornherein so einzurichten, dass Abwässer und andere Flüssigkeiten nicht auf das Nachbargrundstück übertreten können. Damit ist sowohl die Zuleitung von Abwässern durch besondere Abflusseinrichtungen als auch das bloße Abfließen solcher Flüssigkeiten von baulichen Anlagen des Grundstücks untersagt. Ein Unterlassungsanspruch besteht auch bereits dann, wenn noch keine konkrete Störung durch den Abfluss oder die Ableitung eingetreten ist.

Beispiel:

Der Grundstückseigentümer Emsig hat nahe der Grundstücksgrenze einen Wasserhahn zur Reinigung seiner Gartengeräte installiert. Da ein besonderer Abfluss nicht besteht und die Abwässer nicht im Boden versickern, kommt es immer vor, dass diese auf das Nachbargrundstück fließen.

ABSCHNITT 12

WILD ABFLIEßENDES WASSER

§ 55

Abfluß und Zufluß

(1) Wild abfließendes Wasser ist oberirdisch außerhalb eines Bettes abfließendes Quell- oder Niederschlagswasser.

(2) Der Eigentümer und die Nutzungsberechtigten eines Grundstücks dürfen nicht

1. den Abfluß wild abfließenden Wassers auf Nachbargrundstücke verstärken und

2. den Zufluß wild abfließenden Wassers von Nachbargrundstücken auf ihr Grundstück hindern,

wenn dadurch die Nachbargrundstücke erheblich beeinträchtigt werden.

(3) Der Eigentümer und die Nutzungsberechtigten eines Grundstücks dürfen den Abfluß von Niederschlagswasser von ihrem Grundstück auf Nachbargrundstücke mindern oder unterbinden.

Erläuterungen

1. Weder das WHG noch das BbgWG definieren den Begriff des **„wild abfließenden Wassers“**. Aus diesem Grunde definiert § 55 Abs. 1 BbgNRG den Begriff. Wild abfließendes Wasser ist demnach nicht Wasser, das durch ein künstliches Bett oder Leitungen läuft oder vom Menschen in irgendeiner Weise behandelt worden ist. Auch nicht Niederschlagswasser, das nicht unmittelbar auf den Boden niederschlägt, sondern das durch einen Umweg, z. B. auf das Dach eines Bauwerkes auftritt und von da zum Boden abläuft oder abtropft. Ferner fällt **nicht unter die Regelung wild fließendes Quellwasser**.

Zum Abwehranspruch des Nachbarn gegen befürchtete Grundstücksbeeinträchtigung durch ein benachbartes kommunales Versickerungsbecken für Niederschlagswasser, vgl. BayVGH, Urt. vom 11.1.2013 – 22 B 12.2367 –. Einem Grundstückseigentümer steht auch dann ein Anspruch aus § 906 Abs. 2 Satz 2 BGB zu, wenn die wesentliche Beeinträchtigung von einer von dem Nachbarn eigennützig auf fremdem Grund gelegten Leitung ausgeht. Kehrseite einer solchen aus Sicht des Eigentümers fremdnützigen Duldung ist, dass der Nachbar als der alleinige Nutznießer der Gefälligkeit alle Schäden auszugleichen hat, die aus der damit geschaffenen erhöhten Gefahr resultieren (OLG SH, Urt. vom 6.12.2012 – 16 U 64/12 –).

2. Absatz 2 enthält eine Verbotsnorm. Sie verbietet dem Eigentümer und dem Nutzungsberechtigten eines Grundstücks

- den Abfluss wild abfließenden Wassers auf das Nachbargrundstück zu verstärken, es soll bei dem natürlichen Abfluss bleiben.
- den Zufluss wild abfließenden Wassers von dem (höher liegenden) Grundstück auf ihr Grundstück zu verhindern. Ein Abwehrrecht steht ihnen nur zu, wenn das zufließende Wasser kein „wild fließendes Wasser“ im Sinne von Absatz 1 ist.

Dies gilt jedoch nur, wenn dadurch die **Nachbargrundstücke** eine **erhebliche Beeinträchtigung** erfahren. **Erhebliche Beeinträchtigungen** drohen dann, wenn der künstliche Eingriff in den natürlichen Abfluss des Wassers **negative Auswirkungen** auf die **Nutzungsmöglichkeiten** des betroffenen Grundstücks hat. So etwa das Versiegen oder die Unbenutzbarkeit eines Brunnens, Eindringen von Feuchtigkeit in ein Gebäude. Das in der Benutzung beeinträchtigte Grundstück braucht nicht das unmittelbar angrenzende Nachbargrundstück zu sein. Geschützt ist jedes Grundstück, auf dem als Folge der Einwirkungen erhebliche Beeinträchtigungen hervorgerufen werden. Die **Nachbarn** können jedoch vom Gesetz

abweichende Regelungen treffen. An bloße Nutzungsvereinbarungen, die keine dingliche Absicherung im Grundbuch erfahren, ist jedoch der Einzelrechtsnachfolger nicht gebunden (vgl. OLG Düsseldorf, NJW-RR 1991 S. 403 f.). Der Grundstückseigentümer hat aufgrund der Verkehrssicherungspflicht für eine Abwasseranlage auf seinem Grundstück dafür zu sorgen, dass anfallendes Regenwasser nicht auf ein Nachbargrundstück übertritt; er hat die Abwasseranlage auch dann zu unterhalten, wenn er verpflichtet ist, das Niederschlagswasser vom Nachbargrundstück aufzunehmen (so OLG Düsseldorf, NJW-RR 2002 S. 306 f.).

3. Absatz 3 regelt die Verfügungsgewalt des Grundstückseigentümers und Nutzungsberechtigten eines Grundstücks bzgl. Niederschlagswasser.

> *Beispiel:*
>
> *Fritz Schlau erhielt eine kostenlose Gartenbewässerung durch den Umstand, dass regelmäßig Niederschlagswasser über das Hanggrundstück des Nachbarn in seinen Garten abfloss. Der Oberlieger ist in diesem Falle berechtigt, etwa durch den Einbau einer Zisterne nur noch einen kontrollierten Zulauf zuzulassen.*

§ 56
Wiederherstellung des früheren Zustands

(1) Haben Naturereignisse den Abfluß wild abfließenden Wassers von einem Grundstück auf ein Nachbargrundstück verstärkt oder den Zufluß wild abfließenden Wassers von einem Nachbargrundstück auf ein Grundstück gemindert oder unterbunden und wird dadurch das Nachbargrundstück erheblich beeinträchtigt, so müssen der Eigentümer und die Nutzungsberechtigten des Grundstücks die Wiederherstellung des früheren Zustands durch den Eigentümer und die Nutzungsberechtigten des beeinträchtigten Nachbargrundstücks dulden.

(2) Die Wiederherstellung muß binnen drei Jahren vom Ende des Jahres ab, in dem die Veränderung eingetreten ist, durchgeführt werden. Während der Dauer eines Rechtsstreits über die Verpflichtung zur Duldung der Wiederherstellung ist der Lauf der Frist für die Prozeßbeteiligten gehemmt.

Erläuterungen

1. Haben **Naturereignisse** (wie starke Regenfälle, Erdbeben, Hochwasser, Hagelschauer oder schwere Stürme) auf einem Nachbargrundstück einen Zustand herbeigeführt, dessen Hervorrufung nach § 55 Abs. 2 BbgNRG untersagt ist, müssen die Eigentümer und Nutzungsberechtigten des Grundstücks die Wiederherstellung des früheren Zustandes durch den Eigentümer und Nutzungsberechtigten des beeinträchtigenden Nachbargrundstücks dulden.

> *Beispiel:*
>
> *Bedingt durch einen Erdrutsch auf dem Nachbargrundstück fließt ein Bach nicht mehr wie bisher durch das Grundstück des Nachbarn Froh. Er kann diese „natürliche" Umleitung auf dem Nachbargrundstück wieder beseitigen, wenn hierdurch die Nutzungsmöglichkeiten seines Grundstücks erheblich beeinträchtigt werden.*

2. Absatz 2 setzt eine Ausschlussfrist für die Wiederherstellungsarbeiten; nach deren Ablauf entfällt die Duldungspflicht der beteiligten Nachbarn. Die Frist läuft vom Ende des Jahres an, in dem die Veränderung (nicht das Ereignis) eingetreten ist. Diese Regelung kann dann zu Schwierigkeiten führen, wenn z. B. ein wolkenbruchartiger Regen erst nach gewisser Zeit zu Veränderungen führt.

§ 57
Schadensersatz

Schaden, der bei Ausübung des Rechts nach § 56 Abs. 1 auf dem betroffenen Grundstück entsteht, ist zu ersetzen; § 15 gilt entsprechend.

Erläuterungen

Entsteht bei der Ausübung des Rechts nach § 56 BbgNRG ein **Schaden** – gleich welcher Art – auf dem anderen oder an dem anderen Grundstück, so ist dieser **ohne Rücksicht auf ein Verschulden** zu ersetzen. Es kann wegen eines evtl. Schadens Sicherheit in Höhe des voraussichtlichen Schadensbetrages verlangt werden. In Notfällen entfällt die Sicherheitsleistung (vgl. § 59 BbgNRG).

§ 58
Anzeigepflicht

Die Absicht, das Recht nach § 56 Abs. 1 auszuüben, ist zwei Wochen vor Beginn der Bauarbeiten anzuzeigen; § 8 gilt entsprechend.

Erläuterungen

Bevor mit **Wiederherstellungsarbeiten** auf dem vom Naturereignis betroffenen Grundstück begonnen werden darf, ist grundsätzlich allen, die zur Duldung verpflichtet werden sollen, die Absicht anzuzeigen. Die Frist beträgt hier im Gegensatz zu § 8 BbgNRG zwei Wochen. In Notfällen entfällt eine Anzeigepflicht (vgl. § 59 BbgNRG).

§ 59
Wegfall der Verpflichtung zur Sicherheitsleistung und zur Anzeige

Ist die Ausübung des Rechts nach § 56 Abs. 1 zur Abwendung einer gegenwärtigen erheblichen Gefahr erforderlich, so entfällt die Verpflichtung zur Sicherheitsleistung und zur Anzeige.

Erläuterungen

Handlungen, die als **Notstandsmaßnahmen** (§ 904 BGB) bei unvorhersehbaren Naturereignissen ergriffen werden, unterliegen nicht der Anzeigepflicht bzw. der Pflicht zur Leistung einer Sicherheitsleistung.

§ 60
Veränderung des Grundwasserspiegels

(1) Der Eigentümer und die Nutzungsberechtigten eines Grundstücks dürfen auf dessen Untergrund mit physikalischen oder chemischen Mitteln nicht in einer Weise einwirken, daß der Grundwasserspiegel steigt oder sinkt und dadurch auf einem Nachbargrundstück erhebliche Beeinträchtigungen hervorgerufen werden.

(2) Erlaubnisse nach öffentlich-rechtlichen Vorschriften bleiben hiervon unberührt.

Erläuterungen

Da **Grundwasser** nach den Vorgaben des § 1 Abs. 4 BbgWG nicht vom Herrschaftsrecht des Grundeigentümers erfasst wird (vgl. auch BVerfG, NJW 1982 S. 745), kann dem Eigentümer untersagt werden, Einwirkungen auf den Untergrund seines Grundstücks in der Gestalt vorzunehmen, dass der **Grundwasserfluss zu Lasten seines Nachbarn verändert** wird. Grundwasser ist das Wasser, das natürliche Hohlräume der Erde ausfüllt und allein der Schwerkraft unterliegt (vgl. § 4 Abs. 4 BbgWG). Die in Absatz 1 genannten Einwirkungen sind bspw. **Pressung des Bodens** durch **Aufschüttungen** oder die **Errichtung größerer Bauwerke** bzw. die **Einleitung von Schadstoffen,** die den Grundwasserspiegel beeinflussen. Eine erhebliche Beeinträchtigung ist bspw. das Ansteigen des Grundwassers mit der Folge, dass Teile des Nachbargrundstücks überflutet werden oder aber das Absinken, welches bspw. eine Wasserschöpfstelle austrocknet. Unterlassungsansprüche werden auf der Grundlage des § 1004 BGB durchgesetzt. Die Vorgaben des § 60 BbgNRG sind darüber hinaus Schutzgesetz im Sinne von § 823 Abs. 2 BGB (vgl. hierzu BayObLG, NJW-RR 2000 S. 608). Öffentlich-rechtliche Benutzungsordnungen so etwa auf der Grundlage des WHG erteilte Genehmigungen bleiben unberührt.

ABSCHNITT 13
ÜBERGANGS- UND SCHLUSSVORSCHRIFTEN

§ 61
Übergangsvorschriften

(1) Der Umfang von Rechten, die bei Inkrafttreten dieses Gesetzes bestehen, richtet sich unbeschadet der Vorschrift des Absatzes 2 nach diesem Gesetz.

(2) Der Anspruch auf Beseitigung von Pflanzen, die bei Inkrafttreten des Gesetzes vorhanden sind und deren Grenzabstände den Vorschriften dieses Gesetzes nicht entsprechen, ist ausgeschlossen, wenn

1. **der Nachbar nicht innerhalb eines Jahres nach Inkrafttreten dieses Gesetzes Klage auf Beseitigung erhoben hat oder**
2. **die Pflanzen dem bisherigen Recht entsprechen.**

(3) Ansprüche auf Zahlung aufgrund dieses Gesetzes bestehen nur, wenn das den Anspruch begründende Ereignis nach Inkrafttreten dieses Gesetzes eingetreten ist; anderenfalls behält es bei dem bisherigen Recht sein Bewenden.

Erläuterungen

1. Der Gesetzgeber möchte grundsätzlich, dass sich nachbarrechtliche Angelegenheiten, die bei Inkrafttreten des Gesetzes bereits bestanden, an diesem orientieren. Da das Landesrecht jedoch freie Vereinbarungen zwischen Nachbarn generell zulässt (vgl. § 3 BbgNRG), können auf dieser Grundlage getroffene rechtswirksame Vereinbarungen nicht vom Nachbarrechtsgesetz erfasst werden.

> *Beispiel:*
>
> *Der Nachbar Kurz besitzt den hinteren Teil eines geteilten Grundstücks und hat mit dem Eigentümer des vorderen zur Straße liegenden Grundstücks vor Inkrafttreten des Nachbarrechtsgesetzes eine Vereinbarung über ein Notleitungsrecht getroffen. Nach dieser Vereinbarung darf er seine Be- und Entwässerung über dessen Grundstück leiten. Wenn seinerzeit eine Vereinbarung über die Einmalzahlung für die Inanspruchnahme des Leitungsnotwegs getroffen und gezahlt wurde, kann der Nachbar nicht unter Berufung auf § 50 Abs. 1 BbgNRG eine jährliche Geldrente verlangen.*

Das Nachbarrechtsgesetz kann in diesen Fällen allenfalls ergänzend für die Fälle herangezogen werden, bei welchen Regelungslücken bestehen.

2. Gegenüber **Nachbaranpflanzungen**, die bereits beim Inkrafttreten des Gesetzes bestanden haben und den Grenzabstandsvorschriften (§§ 36 ff. BbgNRG) widersprechen, bestand ein Beseitigungsanspruch, falls dieser bis zum 4.7.1997 per Klage geltend gemacht worden war. Das galt jedoch nur insoweit, als dass diese Anpflanzungen dem bisherigen Recht nicht entsprechen. Das ZGB-DDR kannte keine verbindlichen Grenzabstandsvorgaben. Als Rechtsvorschriften kommen insbesondere Festsetzungen in Bebauungs- und Grünordnungsplänen in Betracht. Liegen jedoch keine eindeutigen Bestimmungen aus damaliger Zeit über Grenzabstände für Anpflanzungen vor, sind die Pflanzen in ihrem Bestand geschützt.

3. Ansprüche, insbesondere Schadensersatzansprüche, bestehen nur dann, wenn das den Anspruch auslösende schädigende Ereignis nach dem 4.7.1996 erfolgt ist.

§ 62

Inkrafttreten, Außerkrafttreten

(1) Dieses Gesetz tritt am Tage nach der Verkündung in Kraft.[1)]

(2) Gleichzeitig treten, soweit sie als Landesrecht fortgelten

1. **die §§ 316 bis 322 des Zivilgesetzbuchs der Deutschen Demokratischen Republik vom 19. Juni 1975 (GBl. I Nr. 27 S. 465).**
2. **Erster Teil, Achter Titel §§ 125 bis 131, 133, 137 bis 140, 142 bis 144, 146 bis 148, 152, 153, 155, 156, 162 bis 167, 169 bis 174, 185, 186, Zweiundzwanzigster Titel §§ 55 bis 62 des Allgemeinen Landrechts für die Preußischen Staaten vom 5. Februar 1794,**

außer Kraft.

Erläuterungen

Es gab z. T. heftige Diskussionen über die Frage, ob vor Inkrafttreten des Landesnachbarrechts **Bestimmungen des ZGB-DDR** oder aber die Altvorschriften vor Inkrafttreten des Bürgerlichen Gesetzbuchs **anwendbar** waren (vgl. hierzu *Dehner*, DtZ 1991 S. 108 ff.; *Janke*, DtZ 1992 S. 311 ff.; *Horst*, DWW 1993 S. 213 ff. und DWW 1994 S. 135 ff; *Wilke*, DtZ 1996 S. 294 ff.). § 62 BbgNRG lässt die Fragen offen und bestimmt klar, dass die nachbarlichen Vorschriften im ZGB und Teile des Allgemeinen Landrechts für die Preußischen Staaten außer Kraft gesetzt werden. Hierzu wird insbesondere auf die Kommentierung *Postier* zum Nachbarrecht Brandenburg, Rn. 2.2. zu § 62 BbgNRG verwiesen.

1) Anmerkung: Verkündet am 3. Juli 1996

Anhang

Anhang 1

Bürgerliches Gesetzbuch (BGB)

in der Bekanntmachung der Neufassung vom 2. Januar 2002 (BGBl. I S. 42), zuletzt geändert durch Gesetz vom 4. Mai 2021 (BGBl. I S. 882)

– Auszug –

§ 226
Schikaneverbot

Die Ausübung eines Rechtes ist unzulässig, wenn sie nur den Zweck haben kann, einem anderen Schaden zuzufügen.

§ 242
Leistung nach Treu und Glauben

Der Schuldner ist verpflichtet, die Leistung so zu bewirken, wie Treu und Glauben mit Rücksicht auf die Verkehrssitte es erfordern.

§ 823
Schadensersatzpflicht

(1) Wer vorsätzlich oder fahrlässig das Leben, den Körper, die Gesundheit, die Freiheit, das Eigentum oder ein sonstiges Recht eines anderen widerrechtlich verletzt, ist dem anderen zum Ersatz des daraus entstehenden Schadens verpflichtet.

(2) Die gleiche Verpflichtung trifft denjenigen, welcher gegen ein den Schutz eines anderen bezweckendes Gesetz verstößt. Ist nach dem Inhalt des Gesetzes ein Verstoß gegen dieses auch ohne Verschulden möglich, so tritt die Ersatzpflicht nur im Falle des Verschuldens ein.

§ 903
Befugnisse des Eigentümers

Der Eigentümer einer Sache kann, soweit nicht das Gesetz oder Rechte Dritter entgegenstehen, mit der Sache nach Belieben verfahren und andere von jeder Einwirkung ausschließen. Der Eigentümer eines Tieres hat bei der Ausübung seiner Befugnisse die besonderen Vorschriften zum Schutz der Tiere zu beachten.

§ 904
Notstand

Der Eigentümer einer Sache ist nicht berechtigt, die Einwirkung eines anderen auf die Sache zu verbieten, wenn die Einwirkung zur Abwendung einer gegenwärtigen Gefahr notwendig und der drohende Schaden gegenüber dem aus der Einwirkung dem Eigentümer entstehenden Schaden unverhältnismäßig groß ist. Der Eigentümer kann Ersatz des ihm entstehenden Schadens verlangen.

§ 905
Begrenzung des Eigentums

Das Recht des Eigentümers eines Grundstücks erstreckt sich auf den Raum über der Oberfläche und auf den Erdkörper unter der Oberfläche. Der Eigentümer kann jedoch Einwirkungen nicht verbieten, die in solcher Höhe oder Tiefe vorgenommen werden, dass er an der Ausschließung kein Interesse hat.

§ 906
Zuführung unwägbarer Stoffe

(1) Der Eigentümer eines Grundstücks kann die Zuführung von Gasen, Dämpfen, Gerüchen, Rauch, Ruß, Wärme, Geräusch, Erschütterungen und ähnliche von einem anderen Grundstück ausgehende Einwirkungen insoweit nicht verbieten, als die Einwirkung die Benutzung seines Grundstücks nicht oder nur unwesentlich beeinträchtigt. Eine unwesentliche Beeinträchtigung liegt in der Regel vor, wenn die in Gesetzen oder Rechtsverordnungen festgelegten Grenz- oder Richtwerte von den nach diesen Vorschriften ermittelten und bewerteten Einwirkungen nicht überschritten werden. Gleiches gilt für Werte in allgemeinen Verwaltungsvorschriften, die nach § 48 des Bundes-Immissionsschutzgesetzes erlassen worden sind und den Stand der Technik wiedergeben.

(2) Das Gleiche gilt insoweit, als eine wesentliche Beeinträchtigung durch eine ortsübliche Benutzung des anderen Grundstücks herbeigeführt wird und nicht durch Maßnahmen verhindert werden kann, die Benutzern dieser Art wirtschaftlich zumutbar sind. Hat der Eigentümer hiernach eine Einwirkung zu dulden, so kann er von dem Benutzer des anderen Grundstücks einen angemessenen Ausgleich in Geld verlangen, wenn die Einwirkung eine ortsübliche Benutzung seines Grundstücks oder dessen Ertrag über das zumutbare Maß hinaus beeinträchtigt.

(3) Die Zuführung durch eine besondere Leitung ist unzulässig.

§ 907
Gefahr drohende Anlagen

(1) Der Eigentümer eines Grundstücks kann verlangen, dass auf den Nachbargrundstücken nicht Anlagen hergestellt oder gehalten werden, von denen mit Sicherheit vorauszusehen ist, dass ihr Bestand oder ihre Benutzung eine unzulässige Einwirkung auf sein Grundstück zur Folge hat. Genügt eine Anlage den landesgesetzlichen Vorschriften, die einen bestimmten Abstand von der Grenze oder sonstige Schutzmaßregeln vorschreiben, so kann die Beseitigung der Anlage erst verlangt werden, wenn die unzulässige Einwirkung tatsächlich hervortritt.

(2) Bäume und Sträucher gehören nicht zu den Anlagen im Sinne dieser Vorschriften.

§ 908
Drohender Gebäudeeinsturz

Droht einem Grundstück die Gefahr, dass es durch den Einsturz eines Gebäudes oder eines anderen Werkes, das mit einem Nachbargrundstück verbunden ist, oder durch die Ablösung von Teilen des Gebäudes oder des Werkes beschädigt wird, so kann der Eigentümer von demjenigen, welcher nach dem § 836 Abs. 1 oder den §§ 837, 838 für den eintretenden Schaden verantwortlich sein würde, verlangen, dass er die zur Abwendung der Gefahr erforderliche Vorkehrung trifft.

§ 909
Vertiefung

Ein Grundstück darf nicht in der Weise vertieft werden, dass der Boden des Nachbargrundstücks die erforderliche Stütze verliert, es sei denn, dass für eine genügende anderweitige Befestigung gesorgt ist.

§ 910
Überhang

(1) Der Eigentümer eines Grundstücks kann Wurzeln eines Baumes oder eines Strauches, die von einem Nachbargrundstück eingedrungen sind, abschneiden und behalten. Das gleiche gilt von herüberragenden Zweigen, wenn der Eigentümer dem Besitzer des Nachbargrundstücks eine angemessene Frist zur Beseitigung bestimmt hat und die Beseitigung nicht innerhalb der Frist erfolgt.

(2) Dem Eigentümer steht dieses Recht nicht zu, wenn die Wurzeln oder die Zweige die Benutzung des Grundstücks nicht beeinträchtigen.

§ 911
Überfall

Früchte, die von einem Baum oder einem Strauch auf ein Nachbargrundstück hinüberfallen, gelten als Früchte dieses Grundstücks. Diese Vorschrift findet keine Anwendung, wenn das Nachbargrundstück dem öffentlichen Gebrauch dient.

§ 912
Überbau; Duldung

(1) Hat der Eigentümer eines Grundstücks bei der Errichtung eines Gebäudes über die Grenze gebaut, ohne dass ihm Vorsatz oder grobe Fahrlässigkeit zur Last fällt, so hat der Nachbar den Überbau zu dulden, es sei denn, dass er vor oder sofort nach der Grenzüberschreitung Widerspruch erhoben hat.

(2) Der Nachbar ist durch eine Geldrente zu entschädigen. Für die Höhe der Rente ist die Zeit der Grenzüberschreitung maßgebend.

§ 913
Zahlung der Überbaurente

(1) Die Rente für den Überbau ist dem jeweiligen Eigentümer des Nachbargrundstücks von dem jeweiligen Eigentümer des anderen Grundstücks zu entrichten.

(2) Die Rente ist jährlich im Voraus zu entrichten.

§ 914
Rang, Eintragung und Erlöschen der Rente

(1) Das Recht auf die Rente geht allen Rechten an dem belasteten Grundstück, auch den älteren, vor. Es erlischt mit der Beseitigung des Überbaus.

(2) Das Recht wird nicht in das Grundbuch eingetragen. Zum Verzicht auf das Recht sowie zur Feststellung der Höhe der Rente durch Vertrag ist die Eintragung erforderlich.

(3) Im Übrigen finden die Vorschriften Anwendung, die für eine zugunsten des jeweiligen Eigentümers eines Grundstücks bestehende Reallast gelten.

§ 915
Abkauf

(1) Der Rentenberechtigte kann jederzeit verlangen, dass der Rentenpflichtige ihm gegen Übertragung des Eigentums an dem überbauten Teil des Grundstücks den Wert ersetzt, den dieser Teil zur Zeit der Grenzüberschreitung gehabt hat. Macht er von dieser Befugnis Gebrauch, so bestimmen sich die Rechte und Verpflichtungen beider Teile nach den Vorschriften über den Kauf.

(2) Für die Zeit bis zur Übertragung des Eigentums ist die Rente fortzuentrichten.

§ 916
Beeinträchtigung von Erbbaurecht oder Dienstbarkeit

Wird durch den Überbau ein Erbbaurecht oder eine Dienstbarkeit an dem Nachbargrundstück beeinträchtigt, so finden zugunsten des Berechtigten die Vorschriften der §§ 912 bis 914 entsprechende Anwendung.

§ 917
Notweg

(1) Fehlt einem Grundstück die zur ordnungsmäßigen Benutzung notwendige Verbindung mit einem öffentlichen Weg, so kann der Eigentümer von den Nachbarn verlangen, dass sie bis zur Hebung des Mangels die Benutzung ihrer Grundstücke zur Herstellung der erforderlichen Verbindung dulden. Die

Richtung des Notwegs und der Umfang des Benutzungsrechts werden erforderlichenfalls durch Urteil bestimmt.

(2) Die Nachbarn, über deren Grundstücke der Notweg führt, sind durch eine Geldrente zu entschädigen. Die Vorschriften des § 912 Abs. 2 Satz 2 und der §§ 913, 914, 916 finden entsprechende Anwendung.

§ 918

Ausschluss des Notwegrechts

(1) Die Verpflichtung zur Duldung des Notwegs tritt nicht ein, wenn die bisherige Verbindung des Grundstücks mit dem öffentlichen Weg durch eine willkürliche Handlung des Eigentümers aufgehoben wird.

(2) Wird infolge der Veräußerung eines Teils des Grundstücks der veräußerte oder der zurückbehaltene Teil von der Verbindung mit dem öffentlichen Weg abgeschnitten, so hat der Eigentümer desjenigen Teils, über welchen die Verbindung bisher stattgefunden hat, den Notweg zu dulden. Der Veräußerung eines Teils steht die Veräußerung eines von mehreren demselben Eigentümer gehörenden Grundstücken gleich.

§ 919

Grenzabmarkung

(1) Der Eigentümer eines Grundstücks kann von dem Eigentümer eines Nachbargrundstücks verlangen, dass dieser zur Errichtung fester Grenzzeichen und, wenn ein Grenzzeichen verrückt oder unkenntlich geworden ist, zur Wiederherstellung mitwirkt.

(2) Die Art der Abmarkung und das Verfahren bestimmen sich nach den Landesgesetzen; enthalten diese keine Vorschriften, so entscheidet die Ortsüblichkeit.

(3) Die Kosten der Abmarkung sind von den Beteiligten zu gleichen Teilen zu tragen, sofern nicht aus einem zwischen ihnen bestehenden Rechtsverhältnis sich ein anderes ergibt.

§ 920

Grenzverwirrung

(1) Lässt sich im Falle einer Grenzverwirrung die richtige Grenze nicht ermitteln, so ist für die Abgrenzung der Besitzstand maßgebend. Kann der Besitzstand nicht festgestellt werden, so ist jedem der Grundstücke ein gleich großes Stück der streitigen Fläche zuzuteilen.

(2) Soweit eine diesen Vorschriften entsprechende Bestimmung der Grenze zu einem Ergebnis führt, das mit den ermittelten Umständen, insbesondere mit der feststehenden Größe der Grundstücke, nicht übereinstimmt, ist die Grenze so zu ziehen, wie es unter Berücksichtigung dieser Umstände der Billigkeit entspricht.

§ 921

Gemeinschaftliche Benutzung von Grenzanlagen

Werden zwei Grundstücke durch einen Zwischenraum, Rain, Winkel, einen Graben, eine Mauer, Hecke, Planke oder eine andere Einrichtung, die zum Vorteil beider Grundstücke dient, voneinander geschieden, so wird vermutet, dass die Eigentümer der Grundstücke zur Benutzung der Einrichtung gemeinschaftlich berechtigt seien, sofern nicht äußere Merkmale darauf hinweisen, dass die Einrichtung einem der Nachbarn allein gehört.

§ 922

Art der Benutzung und Unterhaltung

Sind die Nachbarn zur Benutzung einer der im § 921 bezeichneten Einrichtungen gemeinschaftlich berechtigt, so kann jeder sie zu dem Zweck, der sich aus ihrer Beschaffenheit ergibt, insoweit benutzen, als nicht die Mitbenutzung des anderen beeinträchtigt wird. Die Unterhaltungskosten sind von den Nachbarn zu gleichen Teilen zu tragen. Solange einer der Nachbarn an dem Fortbestand der

Einrichtung ein Interesse hat, darf sie nicht ohne seine Zustimmung beseitigt oder geändert werden. Im Übrigen bestimmt sich das Rechtsverhältnis zwischen den Nachbarn nach den Vorschriften über die Gemeinschaft.

§ 923
Grenzbaum

(1) Steht auf der Grenze ein Baum, so gebühren die Früchte und, wenn der Baum gefällt wird, auch der Baum den Nachbarn zu gleichen Teilen.

(2) Jeder der Nachbarn kann die Beseitigung des Baumes verlangen. Die Kosten der Beseitigung fallen den Nachbarn zu gleichen Teilen zur Last. Der Nachbar, der die Beseitigung verlangt, hat jedoch die Kosten allein zu tragen, wenn der andere auf sein Recht an dem Baum verzichtet; er erwirbt in diesem Fall mit der Trennung das Alleineigentum. Der Anspruch auf die Beseitigung ist ausgeschlossen, wenn der Baum als Grenzzeichen dient und den Umständen nach nicht durch ein anderes zweckmäßiges Grenzzeichen ersetzt werden kann.

(3) Diese Vorschriften gelten auch für einen auf der Grenze stehenden Strauch.

§ 924
Unverjährbarkeit nachbarrechtlicher Ansprüche

Die Ansprüche, die sich aus den §§ 907 bis 909, 915, dem § 917 Abs. 1, dem § 918 Abs. 2, den §§ 919, 920 und dem § 923 Abs. 2 ergeben, unterliegen nicht der Verjährung.

§ 1004
Beseitigungs- und Unterlassungsanspruch

(1) Wird das Eigentum in anderer Weise als durch Entziehung oder Vorenthaltung des Besitzes beeinträchtigt, so kann der Eigentümer von dem Störer die Beseitigung der Beeinträchtigung verlangen. Sind weitere Beeinträchtigungen zu besorgen, so kann der Eigentümer auf Unterlassung klagen.

(2) Der Anspruch ist ausgeschlossen, wenn der Eigentümer zur Duldung verpflichtet ist.

Anhang 2

Brandenburgische Bauordnung (BbgBO)

in der Bekanntmachung der Fassung vom 15. November 2018 (GVBl. I/18, [Nr. 39]), zuletzt geändert durch Gesetz vom 9. Februar 2021 (GVBl. I/21[Nr. 5])

– Auszug –

§ 1
Anwendungsbereich

(1) Dieses Gesetz gilt für bauliche Anlagen und Bauprodukte. Es gilt auch für Grundstücke sowie für andere Anlagen und Einrichtungen, an die in diesem Gesetz oder in Vorschriften aufgrund dieses Gesetzes Anforderungen gestellt werden.

(2) Dieses Gesetz gilt nicht für

1. Anlagen des öffentlichen Verkehrs, einschließlich Zubehör, Nebenanlagen und Nebenbetrieben, ausgenommen Gebäude und Seilbahnen,
2. Anlagen, die der Bergaufsicht unterliegen, ausgenommen Gebäude,
3. Leitungen, die der öffentlichen Versorgung mit Wasser, Gas, Elektrizität, Wärme, der öffentlichen Abwasserentsorgung oder der Telekommunikation dienen, mit Ausnahme von Masten und Unterstützungen,
4. Rohrleitungen, die dem Ferntransport von Stoffen dienen, mit Ausnahme von Masten und Unterstützungen,
5. Kräne, mit Ausnahme von Kranbahnen und Unterstützungen,
6. Messestände in Messe- und Ausstellungsgebäuden,
7. Anschläge und Lichtwerbung an dafür genehmigten Säulen, Tafeln und Flächen,
8. Werbemittel an Zeitungs- und Zeitschriftenverkaufsstellen,
9. Auslagen und Dekorationen in Fenstern und Schaukästen,
10. Wahlwerbung für die Dauer eines Wahlkampfes,
11. Parkanlagen und andere Grünflächen, die öffentliche Einrichtungen sind, sowie Friedhöfe, mit Ausnahme von Gebäuden,
12. Sport- und Charterboote, die zweckentsprechend als Wasserfahrzeuge genutzt werden können und sollen.

§ 2
Begriffe

(1) Bauliche Anlagen sind mit dem Erdboden verbundene, aus Bauprodukten hergestellte Anlagen; eine Verbindung mit dem Boden besteht auch dann, wenn die Anlage durch eigene Schwere auf dem Boden ruht oder auf ortsfesten Bahnen begrenzt beweglich ist oder wenn die Anlage nach ihrem Verwendungszweck dazu bestimmt ist, überwiegend ortsfest benutzt zu werden. Bauliche Anlagen sind auch

1. Aufschüttungen und Abgrabungen,
2. Lagerplätze, Abstellplätze und Ausstellungsplätze,
3. Sport- und Spielflächen,
4. Campingplätze, Wochenendplätze und Zeltplätze,
5. Freizeit- und Vergnügungsparks,
6. Stellplätze für Kraftfahrzeuge und Abstellplätze für Fahrräder,
7. Gerüste,
8. Hilfseinrichtungen zur statischen Sicherung von Bauzuständen.

Anlagen sind bauliche Anlagen und sonstige Anlagen und Einrichtungen im Sinne des § 1 Absatz 1 Satz 2.

(2) Gebäude sind selbstständig benutzbare, überdeckte bauliche Anlagen, die von Menschen betreten werden können und geeignet oder bestimmt sind, dem Schutz von Menschen, Tieren oder Sachen zu dienen.

(3) Gebäude werden in folgende Gebäudeklassen eingeteilt:

1. Gebäudeklasse 1:
   a) freistehende Gebäude mit einer Höhe bis zu 7 Meter und nicht mehr als zwei Nutzungseinheiten von insgesamt nicht mehr als 400 Quadratmeter Grundfläche und
   b) freistehende land- oder forstwirtschaftlich genutzte Gebäude,
2. Gebäudeklasse 2:
   Gebäude mit einer Höhe bis zu 7 Meter und nicht mehr als zwei Nutzungseinheiten von insgesamt nicht mehr als 400 Quadratmeter Grundfläche,
3. Gebäudeklasse 3:
   sonstige Gebäude mit einer Höhe bis zu 7 Meter,
4. Gebäudeklasse 4:
   Gebäude mit einer Höhe bis zu 13 Meter und Nutzungseinheiten mit jeweils nicht mehr als 400 Quadratmeter Grundfläche,
5. Gebäudeklasse 5:
   sonstige Gebäude einschließlich unterirdischer Gebäude.

Höhe im Sinne des Satzes 1 ist das Maß der Fußbodenoberkante des höchstgelegenen Geschosses, in dem ein Aufenthaltsraum möglich ist, über der Geländeoberfläche im Mittel. Die Grundflächen der Nutzungseinheiten im Sinne dieses Gesetzes sind die Brutto-Grundflächen; bei der Berechnung der Brutto-Grundflächen nach Satz 1 bleiben Flächen in Kellergeschossen außer Betracht. Wird ein Nebengebäude an Gebäude der Gebäudeklasse 1 angebaut, verändert sich die Gebäudeklasse nicht, wenn das Nebengebäude nach § 61 Absatz 1 Nummer 1 Buchstabe c oder Buchstabe d genehmigungsfrei ist.

(4) Sonderbauten sind Anlagen und Räume besonderer Art oder Nutzung, die einen der nachfolgenden Tatbestände erfüllen:

1. Hochhäuser (Gebäude mit einer Höhe nach Absatz 3 Satz 2 von mehr als 22 Meter),
2. bauliche Anlagen mit einer Höhe von mehr als 30 Meter,
3. Gebäude mit mehr als 1 600 Quadratmeter Grundfläche des Geschosses mit der größten Ausdehnung, ausgenommen Wohngebäude und Garagen,
4. Verkaufsstätten, deren Verkaufsräume und Ladenstraßen eine Grundfläche von insgesamt mehr als 800 Quadratmeter haben,
5. Gebäude mit Räumen, die einer Büro- oder Verwaltungsnutzung dienen und einzeln eine Grundfläche von mehr als 400 Quadratmeter haben,
6. Gebäude mit Räumen, die einzeln für die Nutzung durch mehr als 100 Personen bestimmt sind,
7. Versammlungsstätten
   a) mit Versammlungsräumen, die insgesamt mehr als 200 Besucher fassen, wenn diese Versammlungsräume gemeinsame Rettungswege haben,
   b) im Freien mit Szenenflächen sowie Freisportanlagen jeweils mit Tribünen, die keine Fliegenden Bauten sind, und insgesamt mehr als 1 000 Besucher fassen,
8. Schank- und Speisegaststätten mit mehr als 40 Gastplätzen in Gebäuden oder mehr als 1 000 Gastplätzen im Freien, Beherbergungsstätten mit mehr als zwölf Betten und Spielhallen mit mehr als 150 Quadratmeter Grundfläche,
9. Gebäude mit Nutzungseinheiten zum Zwecke der Pflege oder Betreuung von Personen mit Pflegebedürftigkeit oder Behinderung, deren Selbstrettungsfähigkeit eingeschränkt ist, wenn die Nutzungseinheiten
   a) einzeln für mehr als sechs Personen oder
   b) für Personen mit Intensivpflegebedarf bestimmt sind oder
   c) einen gemeinsamen Rettungsweg haben und für insgesamt mehr als zwölf Personen bestimmt sind,
10. Krankenhäuser,
11. sonstige Einrichtungen zur Unterbringung von Personen sowie Wohnheime,

12. Tageseinrichtungen für Kinder, Menschen mit Behinderung und alte Menschen, ausgenommen Tageseinrichtungen einschließlich Tagespflege für nicht mehr als zehn Kinder,
13. Schulen, Hochschulen und ähnliche Einrichtungen,
14. Justizvollzugsanstalten und bauliche Anlagen für den Maßregelvollzug,
15. Camping- und Wochenendplätze,
16. Freizeit- und Vergnügungsparks,
17. Fliegende Bauten, soweit sie einer Ausführungsgenehmigung bedürfen,
18. Regallager mit einer Oberkante Lagerguthöhe von mehr als 7,50 Meter,
19. bauliche Anlagen, deren Nutzung durch Umgang oder Lagerung von Stoffen mit Explosions- oder erhöhter Brandgefahr verbunden ist,
20. Anlagen und Räume, die in den Nummern 1 bis 19 nicht aufgeführt und deren Art oder Nutzung mit vergleichbaren Gefahren verbunden sind.

(5) Aufenthaltsräume sind Räume, die zum nicht nur vorübergehenden Aufenthalt von Menschen bestimmt oder geeignet sind.

(6) Geschosse sind oberirdische Geschosse, wenn ihre Deckenoberkanten im Mittel mehr als 1,40 Meter über die Geländeoberfläche hinausragen; im Übrigen sind sie Kellergeschosse. Hohlräume zwischen der obersten Decke und der Bedachung, in denen Aufenthaltsräume nicht möglich sind, sind keine Geschosse.

(7) Stellplätze sind Flächen, die dem Abstellen von Kraftfahrzeugen außerhalb der öffentlichen Verkehrsflächen dienen. Garagen sind Gebäude oder Gebäudeteile zum Abstellen von Kraftfahrzeugen. Ausstellungs-, Verkaufs-, Werk- und Lagerräume für Kraftfahrzeuge sind keine Stellplätze oder Garagen.

(8) Feuerstätten sind in oder an Gebäuden ortsfest benutzte Anlagen oder Einrichtungen, die dazu bestimmt sind, durch Verbrennung Wärme zu erzeugen.

(9) Barrierefrei sind bauliche Anlagen, soweit sie für Menschen mit Behinderung in der allgemein üblichen Weise, ohne besondere Erschwernis und grundsätzlich ohne fremde Hilfe zugänglich und nutzbar sind.

(10) Bauprodukte sind

1. Produkte, Baustoffe, Bauteile und Anlagen sowie Bausätze gemäß Artikel 2 Nummer 2 der Verordnung (EU) Nr. 305/2011 des Europäischen Parlaments und des Rates vom 9. März 2011 zur Festlegung harmonisierter Bedingungen für die Vermarktung von Bauprodukten und zur Aufhebung der Richtlinie 89/106/EWG des Rates (ABl. L 88 vom 4.4.2011, S. 5, L 103 vom 12.4.2013, S. 10), die zuletzt durch die Verordnung (EU) 574/2014 (ABl. L 159 vom 28.5.2014, S. 41) geändert worden ist, die hergestellt werden, um dauerhaft in bauliche Anlagen eingebaut zu werden,
2. aus Produkten, Baustoffen, Bauteilen sowie Bausätzen gemäß Artikel 2 Nummer 2 der Verordnung (EU) Nr. 305/2011 vorgefertigte Anlagen, die hergestellt werden, um mit dem Erdboden verbunden zu werden

und deren Verwendung sich auf die Anforderungen nach § 3 Satz 1 auswirken kann.

(11) Bauart ist das Zusammenfügen von Bauprodukten zu baulichen Anlagen oder Teilen von baulichen Anlagen.

(12) Geländeoberfläche ist die natürliche Geländeoberfläche, soweit nicht gemäß § 9 Absatz 3 des Baugesetzbuchs oder in der Baugenehmigung eine andere Geländeoberfläche festgesetzt ist.

§ 3
Allgemeine Anforderungen

Anlagen sind so anzuordnen, zu errichten, zu ändern und instand zu halten, dass die öffentliche Sicherheit und Ordnung, insbesondere Leben, Gesundheit und die natürlichen Lebensgrundlagen, nicht gefährdet werden; dabei sind die Grundanforderungen an Bauwerke gemäß Anhang I der Verordnung (EU) Nr. 305/2011 zu berücksichtigen. Dies gilt auch für die Beseitigung von Anlagen und bei der Änderung ihrer Nutzung.

TEIL 2

DAS GRUNDSTÜCK UND SEINE BEBAUUNG

§ 4

Bebauung der Grundstücke mit Gebäuden

(1) Gebäude dürfen nur errichtet werden, wenn das Grundstück in angemessener Breite an einer befahrbaren öffentlichen Verkehrsfläche liegt oder wenn das Grundstück eine befahrbare, öffentlich-rechtlich gesicherte Zufahrt zu einer befahrbaren öffentlichen Verkehrsfläche hat.

(2) Ein Gebäude auf mehreren Grundstücken ist nur zulässig, wenn öffentlich-rechtlich gesichert ist, dass dadurch keine Verhältnisse eintreten können, die Vorschriften dieses Gesetzes oder aufgrund dieses Gesetzes widersprechen. Satz 1 gilt bei bestehenden Gebäuden nicht für eine Außenwand- und Dachdämmung, die über die Bauteilanforderungen der Energieeinsparverordnung vom 24. Juli 2007 (BGBl. I S. 1519), die zuletzt durch Artikel 3 der Verordnung vom 24. Oktober 2015 (BGBl. I S. 1789, 1790) geändert worden ist, in der jeweils geltenden Fassung für bestehende Gebäude nicht hinausgeht. Satz 2 gilt entsprechend für die mit der Wärmedämmung zusammenhängenden notwendigen Änderungen von Bauteilen.

§ 5

Zugänge und Zufahrten auf den Grundstücken

(1) Von öffentlichen Verkehrsflächen ist insbesondere für die Feuerwehr ein geradliniger Zu- oder Durchgang zu rückwärtigen Gebäuden zu schaffen; zu anderen Gebäuden ist er zu schaffen, wenn der zweite Rettungsweg dieser Gebäude über Rettungsgeräte der Feuerwehr führt. Zu Gebäuden, bei denen die Oberkante der Brüstung von zum Anleitern bestimmten Fenstern oder Stellen mehr als 8 Meter über Gelände liegt, ist in den Fällen des Satzes 1 anstelle eines Zu- oder Durchgangs eine Zu- oder Durchfahrt zu schaffen. Ist für die Personenrettung der Einsatz von Hubrettungsfahrzeugen erforderlich, sind die dafür erforderlichen Aufstell- und Bewegungsflächen vorzusehen. Bei Gebäuden, die ganz oder mit Teilen mehr als 50 Meter von einer öffentlichen Verkehrsfläche entfernt sind, sind Zufahrten oder Durchfahrten nach Satz 2 zu den vor und hinter den Gebäuden gelegenen Grundstücksteilen und Bewegungsflächen herzustellen, wenn sie aus Gründen des Feuerwehreinsatzes erforderlich sind.

(2) Zu- und Durchfahrten, Aufstellflächen und Bewegungsflächen müssen für Feuerwehrfahrzeuge ausreichend befestigt und tragfähig sein; sie sind als solche zu kennzeichnen und ständig freizuhalten; die Kennzeichnung von Zufahrten muss von der öffentlichen Verkehrsfläche aus sichtbar sein. Fahrzeuge dürfen auf den Flächen nach Satz 1 nicht abgestellt werden.

§ 6

Abstandsflächen, Abstände

(1) Vor den Außenwänden von Gebäuden sind Abstandsflächen von oberirdischen Gebäuden freizuhalten. Satz 1 gilt entsprechend für andere Anlagen, von denen Wirkungen wie von Gebäuden ausgehen, gegenüber Gebäuden und Grundstücksgrenzen. Eine Abstandsfläche ist nicht erforderlich vor Außenwänden, die an Grundstücksgrenzen errichtet werden, wenn nach planungsrechtlichen Vorschriften an die Grenze gebaut werden muss oder gebaut werden darf.

(2) Abstandsflächen sowie Abstände nach § 30 Absatz 2 Nummer 1 und § 32 Absatz 2 müssen auf dem Grundstück selbst liegen. Sie dürfen auch auf öffentlichen Verkehrs-, Grün- und Wasserflächen liegen, jedoch nur bis zu deren Mitte. Abstandsflächen sowie Abstände im Sinne des Satzes 1 dürfen sich ganz oder teilweise auf andere Grundstücke erstrecken, wenn öffentlich-rechtlich gesichert ist, dass sie nicht überbaut werden; Abstandsflächen dürfen auf die auf diesen Grundstücken erforderlichen Abstandsflächen nicht angerechnet werden.

(3) Die Abstandsflächen dürfen sich nicht überdecken; dies gilt nicht für

1. Außenwände, die in einem Winkel von mehr als 75 Grad zueinander stehen,
2. Außenwände zu einem fremder Sicht entzogenen Gartenhof bei Wohngebäuden der Gebäudeklassen 1 und 2,
3. Gebäude und andere bauliche Anlagen, die in den Abstandsflächen zulässig sind.

(4) Die Tiefe der Abstandsfläche bemisst sich nach der Wandhöhe; sie wird senkrecht zur Wand gemessen. Wandhöhe ist das Maß von der Geländeoberfläche bis zum Schnittpunkt der Wand mit der Dachhaut oder bis zum oberen Abschluss der Wand. Bei gestaffelten Wänden, bei Dächern oder Dachaufbauten sowie bei gegenüber der Außenwand vor- oder zurücktretenden Bauteilen oder Vorbauten ist die Wandhöhe für den jeweiligen Wandabschnitt, Dachaufbau, Vorbau oder das jeweilige Bauteil gesondert zu ermitteln. Das sich ergebende Maß ist H.

(5) Die Tiefe der Abstandsflächen beträgt 0,4 H, mindestens 3 Meter. In Gewerbe- und Industriegebieten genügt eine Tiefe von 0,2 H, mindestens 3 Meter. Vor den Außenwänden von Gebäuden der Gebäudeklassen 1 und 2 mit nicht mehr als drei oberirdischen Geschossen genügt als Tiefe der Abstandsfläche 3 Meter. Werden von einer städtebaulichen Satzung oder einer örtlichen Bauvorschrift nach § 87 Außenwände zugelassen oder vorgeschrieben, vor denen Abstandsflächen größerer oder geringerer Tiefe als nach den Sätzen 1 bis 3 liegen müssten, finden die Sätze 1 bis 3 keine Anwendung, es sei denn, die Satzung ordnet die Geltung dieser Vorschriften an.

(6) Bei der Bemessung der Abstandsflächen bleiben außer Betracht

1. vor die Außenwand vortretende Bauteile wie Gesimse und Dachüberstände,
2. Wintergärten mit nicht mehr als 5 Meter Breite, wenn sie
   a) insgesamt nicht mehr als ein Drittel der Breite der jeweiligen Außenwand in Anspruch nehmen
   b) über nicht mehr als zwei Geschosse reichen und nicht mehr als 3 Meter vortreten,
   c) mindestens 2 Meter von der gegenüberliegenden Nachbargrenze entfernt bleiben,
3. Balkone mit nicht mehr als 5 Meter Breite, wenn sie
   a) insgesamt nicht mehr als ein Drittel der Breite der jeweiligen Außenwand in Anspruch nehmen
   b) nicht mehr als 2 Meter vortreten,
   c) mindestens 2 Meter von der gegenüberliegenden Nachbargrenze entfernt bleiben,
4. sonstige Vorbauten, wenn sie
   a) insgesamt nicht mehr als ein Drittel der Breite der jeweiligen Außenwand in Anspruch nehmen
   b) nicht mehr als 1,50 Meter vor diese Außenwand vortreten und
   c) mindestens 2 Meter von der gegenüberliegenden Nachbargrenze entfernt bleiben,
5. bei Gebäuden an der Grundstücksgrenze die Seitenwände von Vorbauten und Dachaufbauten, auch wenn sie nicht an der Grundstücksgrenze errichtet werden.

(7) Bei der Bemessung der Abstandsflächen bleiben Maßnahmen zum Zwecke der Energieeinsparung und Solaranlagen an bestehenden Gebäuden unabhängig davon, ob diese den Anforderungen der Absätze 2 bis 6 entsprechen, außer Betracht, wenn sie

1. eine Stärke von nicht mehr als 0,25 Meter aufweisen und
2. mindestens 2,50 Meter von der Nachbargrenze zurückbleiben.

(8) In den Abstandsflächen eines Gebäudes sowie ohne eigene Abstandsflächen sind, auch wenn sie nicht an die Grundstücksgrenze oder an das Gebäude angebaut werden, zulässig

1. Garagen und Gebäude ohne Aufenthaltsräume und Feuerstätten mit einer mittleren Wandhöhe bis zu 3 Meter und einer Gebäudelänge je Grundstücksgrenze von 9 Meter; die Dachneigung darf 45 Grad nicht überschreiten,
2. gebäudeunabhängige Solaranlagen mit einer Höhe bis zu 3 Meter und einer Gesamtlänge je Grundstücksgrenze von 9 Meter,
3. Stützmauern und geschlossene Einfriedungen in Gewerbe- und Industriegebieten, außerhalb dieser Baugebiete mit einer Höhe bis zu 2 Meter.

Die Länge der die Abstandsflächentiefe gegenüber den Grundstücksgrenzen nicht einhaltenden Anlagen nach Satz 1 Nummer 1 und 2 darf auf einem Grundstück insgesamt 15 Meter nicht überschreiten.

(9) An bestehenden Gebäuden sind bei der nachträglichen Errichtung vor die Außenwand vortretender Aufzüge, Treppen und Treppenräume geringere Tiefen von Abstandsflächen zulässig, wenn wesentliche Beeinträchtigungen angrenzender oder gegenüberliegender Räume nicht zu befürchten sind und zu Nachbargrenzen ein Abstand von mindestens 3 Meter eingehalten wird.

(10) Bei rechtmäßig errichteten Gebäuden sind die sich ergebenden Abstandsflächen in folgenden Fällen unbeachtlich:

1. Änderungen innerhalb des Gebäudes,
2. Nutzungsänderungen, wenn der Abstand des Gebäudes zu den Nachbargrenzen mindestens 2,50 Meter beträgt oder die Außenwand als Gebäudeabschlusswand ausgebildet ist,
3. die Neuerrichtung von Dachräumen oder Dachgeschossen innerhalb der Abmessungen bestehender Dachräume oder Dachgeschosse,
4. die Errichtung und Änderung von Vor- und Anbauten, die für sich genommen die Tiefe der Abstandsflächen nach Absatz 5 einhalten,
5. die nachträgliche Errichtung von Dach- und Staffelgeschossen, wenn deren Abstandsflächen innerhalb der Abstandsflächen des bestehenden Gebäudes liegen. Satz 1 gilt nicht für Gebäude nach Absatz 8.
(11) Eine Abweichung von den Abstandsflächen und Abständen kann nach § 67 zugelassen werden, wenn deren Schutzziele berücksichtigt werden. Eine atypische Grundstückssituation ist nicht erforderlich.

§ 8
Nicht überbaute Flächen der bebauten Grundstücke, Kinderspielplätze

(1) Die nicht mit Gebäuden oder vergleichbaren baulichen Anlagen überbauten Flächen der bebauten Grundstücke sind

1. wasseraufnahmefähig zu belassen oder herzustellen und
2. zu begrünen oder zu bepflanzen,

soweit dem nicht die Erfordernisse einer anderen zulässigen Verwendung der Flächen entgegenstehen.

Satz 1 findet keine Anwendung, soweit Bebauungspläne oder andere Satzungen Festsetzungen zu den nicht überbauten Flächen treffen.

(2) Bei der Errichtung von Gebäuden mit mehr als drei Wohnungen müssen die durch die Gemeinde in einer örtlichen Bauvorschrift nach § 87 festgesetzten Kinderspielplätze auf dem Baugrundstück oder in unmittelbarer Nähe auf einem anderen geeigneten Grundstück, dessen dauerhafte Nutzung für diesen Zweck öffentlich-rechtlich gesichert sein muss, hergestellt werden.

(3) Soweit die Bauherrin oder der Bauherr durch örtliche Bauvorschrift zur Herstellung von Kinderspielplätzen verpflichtet ist, kann die Gemeinde durch öffentlich-rechtlichen Vertrag mit der Bauherrin oder dem Bauherrn vereinbaren, dass die Bauherrin oder der Bauherr ihre oder seine Verpflichtung ganz oder teilweise durch Zahlung eines Geldbetrages an die Gemeinde ablöst (Kinderspielplatzablösevertrag). Der Anspruch der Gemeinde auf Zahlung des im Kinderspielplatzablösevertrages vereinbarten Geldbetrages entsteht mit Baubeginn.

(4) Die Gemeinde hat den Geldbetrag für die Ablösung von Kinderspielplätzen für die Herstellung zusätzlicher oder die Instandhaltung, die Instandsetzung oder die Modernisierung bestehender Kinderspielplätze zu verwenden

TEIL 3
BAULICHE ANLAGEN

Abschnitt 1
Gestaltung

§ 9
Gestaltung

Bauliche Anlagen müssen nach Form, Maßstab, Verhältnis der Baumassen und Bauteile zueinander, Werkstoff und Farbe so gestaltet sein, dass sie nicht verunstaltet wirken. Bauliche Anlagen dürfen das Straßen-, Orts- und Landschaftsbild nicht verunstalten.

§ 14
Brandschutz

Bauliche Anlagen sind so anzuordnen, zu errichten, zu ändern und instand zu halten, dass der Entstehung eines Brandes und der Ausbreitung von Feuer und Rauch (Brandausbreitung) vorgebeugt wird und bei einem Brand die Rettung von Menschen und Tieren sowie eine Entrauchung von Räumen und wirksame Löscharbeiten möglich sind.

§ 30
Brandwände

(1) Brandwände müssen als raumabschließende Bauteile zum Abschluss von Gebäuden (Gebäudeabschlusswand) oder zur Unterteilung von Gebäuden in Brandabschnitte (innere Brandwand) ausreichend lang die Brandausbreitung auf andere Gebäude oder Brandabschnitte verhindern.

(2) Brandwände sind erforderlich

1. als Gebäudeabschlusswand, ausgenommen von Gebäuden ohne Aufenthaltsräume und ohne Feuerstätten mit nicht mehr als 50 Kubikmeter Brutto-Rauminhalt, wenn diese Abschlusswände an oder mit einem Abstand von weniger als 2,50 Meter gegenüber der Grundstücksgrenze errichtet werden, es sei denn, dass ein Abstand von mindestens 5 Meter zu bestehenden oder nach den baurechtlichen Vorschriften zulässigen künftigen Gebäuden gesichert ist
2. als innere Brandwand zur Unterteilung ausgedehnter Gebäude in Abständen von nicht mehr als 40 Meter
3. als innere Brandwand zur Unterteilung landwirtschaftlich genutzter Gebäude sowie sonstiger Gebäude zur Tierhaltung, ausgenommen überdachte Tierhaltungsflächen, in Brandabschnitte von nicht mehr als 10 000 Kubikmeter Brutto-Rauminhalt
4. als Gebäudeabschlusswand zwischen Wohngebäuden und angebauten landwirtschaftlich genutzten Gebäuden sowie als innere Brandwand zwischen dem Wohnteil und dem landwirtschaftlich genutzten Teil eines Gebäudes.

(3) Brandwände müssen auch unter zusätzlicher mechanischer Beanspruchung feuerbeständig sein und aus nichtbrennbaren Baustoffen bestehen. Anstelle von Brandwänden sind in den Fällen des Absatzes 2 Nummer 1 bis 3 zulässig

1. für Gebäude der Gebäudeklasse 4 Wände, die auch unter zusätzlicher mechanischer Beanspruchung hochfeuerhemmend sind
2. für Gebäude der Gebäudeklassen 1 bis 3 hochfeuerhemmende Wände
3. für Gebäude der Gebäudeklassen 1 bis 3 Gebäudeabschlusswände, die jeweils von innen nach außen die Feuerwiderstandsfähigkeit der tragenden und aussteifenden Teile des Gebäudes, mindestens jedoch feuerhemmende Bauteile, und von außen nach innen die Feuerwiderstandsfähigkeit feuerbeständiger Bauteile haben. In den Fällen des Absatzes 2 Nummer 4 sind anstelle von Brandwänden feuerbeständige Wände zulässig, wenn der Brutto-Rauminhalt des landwirtschaftlich genutzten Gebäudes oder Gebäudeteils nicht größer als 2 000 Kubikmeter ist.

(4) Brandwände müssen bis zur Bedachung durchgehen und in allen Geschossen übereinander angeordnet sein. Abweichend davon dürfen anstelle innerer Brandwände Wände geschossweise versetzt angeordnet werden, wenn

1. die Wände im Übrigen Absatz 3 Satz 1 entsprechen
2. Decken, soweit sie in Verbindung mit diesen Wänden stehen, feuerbeständig sind, aus nichtbrennbaren Baustoffen bestehen und keine Öffnungen haben
3. die Bauteile, die diese Wände und Decken unterstützen, feuerbeständig sind und aus nichtbrennbaren Baustoffen bestehen
4. die Außenwände in der Breite des Versatzes in dem Geschoss oberhalb oder unterhalb des Versatzes feuerbeständig sind und
5. Öffnungen in den Außenwänden im Bereich des Versatzes so angeordnet oder andere Vorkehrungen so getroffen sind, dass eine Brandausbreitung in andere Brandabschnitte nicht zu befürchten ist.

(5) Brandwände sind 0,30 Meter über die Bedachung zu führen oder in Höhe der Dachhaut mit einer beiderseits 0,50 Meter auskragenden feuerbeständigen Platte aus nichtbrennbaren Baustoffen abzu-

schließen; darüber dürfen brennbare Teile des Daches nicht hinweggeführt werden. Bei Gebäuden der Gebäudeklassen 1 bis 3 sind Brandwände mindestens bis unter die Dachhaut zu führen. Verbleibende Hohlräume sind vollständig mit nichtbrennbaren Baustoffen auszufüllen.

(6) Müssen Gebäude oder Gebäudeteile, die über Eck zusammenstoßen, durch eine Brandwand getrennt werden, so muss der Abstand dieser Wand von der inneren Ecke mindestens 5 Meter betragen; das gilt nicht, wenn der Winkel der inneren Ecke mehr als 120 Grad beträgt oder mindestens eine Außenwand auf 5 Meter Länge als öffnungslose feuerbeständige Wand aus nichtbrennbaren Baustoffen, bei Gebäuden der Gebäudeklassen 1 bis 4 als öffnungslose hochfeuerhemmende Wand ausgebildet ist.

(7) Bauteile mit brennbaren Baustoffen dürfen über Brandwände nicht hinweggeführt werden. Bei Außenwandkonstruktionen, die eine seitliche Brandausbreitung begünstigen können, wie hinterlüftete Außenwandbekleidungen oder Doppelfassaden, sind gegen die Brandausbreitung im Bereich der Brandwände besondere Vorkehrungen zu treffen. Außenwandbekleidungen von Gebäudeabschlusswänden müssen einschließlich der Dämmstoffe und Unterkonstruktionen nichtbrennbar sein. Bauteile dürfen in Brandwände nur soweit eingreifen, dass deren Feuerwiderstandsfähigkeit nicht beeinträchtigt wird; für Leitungen, Leitungsschlitze und Schornsteine gilt dies entsprechend.

(8) Öffnungen in Brandwänden sind unzulässig. Sie sind in inneren Brandwänden nur zulässig, wenn sie auf die für die Nutzung erforderliche Zahl und Größe beschränkt sind; die Öffnungen müssen feuerbeständige, dicht- und selbstschließende Abschlüsse haben.

(9) In inneren Brandwänden sind feuerbeständige Verglasungen nur zulässig, wenn sie auf die für die Nutzung erforderliche Zahl und Größe beschränkt sind.

(10) Absatz 2 Nummer 1 gilt nicht für seitliche Wände von Vorbauten im Sinne des § 6 Absatz 6, wenn sie von dem Nachbargebäude oder der Nachbargrenze einen Abstand einhalten, der ihrer eigenen Ausladung entspricht, mindestens jedoch 1 Meter beträgt.

(11) Die Absätze 4 bis 10 gelten entsprechend auch für Wände, die nach Absatz 3 Satz 2 und 3 anstelle von Brandwänden zulässig sind.

§ 70
Beteiligung der Nachbarn und der Öffentlichkeit

(1) Nachbarn sind die Eigentümer oder die Erbbauberechtigten der an das Baugrundstück angrenzenden Grundstücke.

(2) Vor der Zulassung von Abweichungen nach § 67 und vor der Erteilung von Befreiungen nach § 31 Absatz 2 des Baugesetzbuchs, die öffentlich-rechtlich geschützte nachbarliche Belange berühren können, hat die Bauaufsichtsbehörde die betroffenen Nachbarn von dem Vorhaben zu benachrichtigen und ihnen Gelegenheit zur Stellungnahme innerhalb von zwei Wochen zu geben. Die Bauherrin oder der Bauherr hat auf Verlangen der Bauaufsichtsbehörde Unterlagen zu deren Beteiligung zur Verfügung zu stellen.

(3) Die Benachrichtigung entfällt, wenn die Nachbarin oder der Nachbar dem Vorhaben, der Zulassung der Abweichung oder der Erteilung der Befreiung schriftlich zugestimmt oder die Zustimmung bereits schriftlich gegenüber der Bauaufsichtsbehörde verweigert hat.

(4) Die Nachbarin oder der Nachbar hat das Recht, die von der Bauherrin oder vom Bauherrn eingereichten Bauvorlagen bei der Bauaufsichtsbehörde einzusehen.

(5) Hat eine Nachbarin oder ein Nachbar oder eine von der Bauaufsichtsbehörde hinzugezogene Verfahrensbeteiligte oder ein von der Bauaufsichtsbehörde hinzugezogener Verfahrensbeteiligter nicht Stellung genommen oder wird deren Einwendungen nicht entsprochen, so ist ihnen eine Ausfertigung der Baugenehmigung oder der Entscheidung über die Abweichung oder Befreiung zuzustellen. Bei mehr als 20 Nachbarinnen oder Nachbarn, denen die Baugenehmigung zuzustellen ist, kann die Zustellung nach Satz 1 durch öffentliche Bekanntmachung ersetzt werden; die Bekanntmachung hat den verfügenden Teil der Baugenehmigung, die Rechtsbehelfsbelehrung sowie einen Hinweis darauf zu enthalten, wo die Akten des Baugenehmigungsverfahrens eingesehen werden können. Sie ist in ortsüblicher Weise bekannt zu machen. Die Zustellung gilt mit dem Tag der Bekanntmachung als bewirkt.

(6) Bei baulichen Anlagen, die aufgrund ihrer Beschaffenheit oder ihres Betriebs geeignet sind, die Allgemeinheit oder die Nachbarschaft zu gefährden, zu benachteiligen oder zu belästigen, kann die

Bauaufsichtsbehörde auf Antrag der Bauherrin oder des Bauherrn das Bauvorhaben ortsüblich bekannt machen; Absatz 2 findet insoweit keine Anwendung. Öffentlich-rechtliche Einwendungen gegen das Bauvorhaben bleiben im Verwaltungsverfahren unberücksichtigt, wenn sie nicht innerhalb eines Monats nach der Bekanntmachung bei der Bauaufsichtsbehörde eingehen. Die Zustellung der Baugenehmigung nach Absatz 5 Satz 1 kann durch öffentliche Bekanntmachung ersetzt werden; Absatz 5 Satz 4 sowie Satz 1 gelten entsprechend. In der Bekanntmachung nach Satz 1 ist darauf hinzuweisen

1. wo und wann die Akten des Verfahrens eingesehen werden können
2. wo und wann Einwendungen gegen das Bauvorhaben vorgebracht werden können,
3. welche Rechtsfolgen mit Ablauf der Frist des Satzes 2 eintreten und
4. dass die Zustellung der Baugenehmigung durch öffentliche Bekanntmachung ersetzt werden kann.

(7) Bei der Errichtung, Änderung oder Nutzungsänderung

1. eines oder mehrerer Gebäude, wenn dadurch dem Wohnen dienende Nutzungseinheiten mit einer Größe von insgesamt mehr als 5 000 Quadratmeter Brutto-Grundfläche geschaffen werden
2. baulicher Anlagen, die öffentlich zugänglich sind, wenn dadurch die gleichzeitige Nutzung durch mehr als 100 zusätzliche Besucher ermöglicht wird, und
3. baulicher Anlagen, die nach Durchführung des Bauvorhabens Sonderbauten nach § 2 Absatz 4 Nummer 9 Buchstabe c, Nummer 10 bis 13, 15 und 16 sind, ist eine Öffentlichkeitsbeteiligung nach den hierfür geltenden immissionsschutzrechtlichen Bestimmungen durchzuführen, wenn sie innerhalb eines Achtungsabstands eines Betriebsbereichs im Sinne des § 3 Absatz 5a des Bundes-Immissionsschutzgesetzes liegen, es sei denn, die Immissionsschutzbehörde hat bestätigt, dass sich das Vorhaben außerhalb des angemessenen Abstands des Betriebsbereichs befindet.

(8) Im Übrigen gelten für die Beteiligung im bauaufsichtlichen Verfahren die Vorschriften des Verwaltungsverfahrensgesetzes in Verbindung mit den Vorschriften des Verwaltungsverfahrensgesetzes für das Land Brandenburg.

Gesetz über die Anerkennung von Gütestellen im Sinne des § 794 Abs. 1 Nr. 1 der Zivilprozessordnung im Land Brandenburg (Brandenburgisches Gütestellengesetz – BbgGüteStG)

vom 5. Oktober 2000 (GVBl. I S. 134), zuletzt geändert durch Gesetz vom 8. März 2018 (GVBl. I/18 – Nr. 4)

§ 1
Schiedsstellen der Gemeinden

Die nach dem Schiedsstellengesetz in den Gemeinden eingerichteten Schiedsstellen sind Gütestellen im Sinne des § 794 Abs. 1 Nr. 1 der Zivilprozessordnung.

§ 2
Anerkennung weiterer Gütestellen

(1) Auf Antrag können weitere Personen, Personenvereinigungen oder Einrichtungen als Gütestelle im Sinne des § 794 Abs. 1 Nr. 1 der Zivilprozessordnung anerkannt werden, wenn sie die Voraussetzungen der §§ 3 bis 6 erfüllen.

(2) Die Anerkennung kann mit einer Befristung, einer Bedingung, dem Vorbehalt des Widerrufs sowie mit einer Auflage versehen werden.

§ 3
Persönliche Voraussetzungen

(1) Natürliche Personen können als Gütestelle anerkannt werden, wenn sie nach ihrer Persönlichkeit und ihren Fähigkeiten für das Amt geeignet sind und die Gewähr für eine von den Parteien unabhängige und objektive Schlichtung bieten. Die erforderlichen Fähigkeiten besitzt, wer theoretische Kenntnisse und praktische Erfahrungen im Bereich der einvernehmlichen Streitbeilegung nachweist. Die natürlichen Personen müssen sich verpflichten, außergerichtliche Streitbeilegung als dauerhafte Aufgabe zu betreiben.

(2) Nicht anerkannt werden kann, wer

1. die Fähigkeit zur Bekleidung öffentlicher Ämter nicht besitzt,
2. unter Betreuung steht,
3. durch sonstige, nicht unter Nummer 2 fallende gerichtliche Anordnungen in der Verfügung über sein Vermögen beschränkt ist.

(3) Juristische Personen, rechtsfähige Personenvereinigungen oder deren Einrichtungen können als Gütestelle anerkannt werden, wenn hinsichtlich der von ihnen bestellten Schlichtungspersonen die Voraussetzungen nach Absatz 1 Satz 1 und 2 vorliegen, keine Hindernisse nach Absatz 2 gegeben sind und gewährleistet ist, dass die Schlichtungspersonen ihr Amt unabhängig und ohne Bindung an Weisungen ausüben. Die in Satz 1 genannten Stellen müssen sich verpflichten, außergerichtliche Streitbeilegung als dauerhafte Aufgabe zu betreiben.

(4) Das Brandenburgische Berufsqualifikationsfeststellungsgesetz findet keine Anwendung.

(5) Die Gütestelle muss ihren Sitz im Land Brandenburg haben.

(6) Das Grundrecht der Berufsfreiheit (Artikel 49 Absatz 1 der Verfassung des Landes Brandenburg) wird insoweit eingeschränkt.

§ 4
Schlichtungsordnung

(1) Gütestellen im Sinne von § 2 bedürfen einer Schlichtungsordnung. Diese muss den Parteien des Schlichtungsverfahrens jederzeit zugänglich sein.

(2) Die Schlichtungsordnung muss vorsehen, dass

1. die Schlichtungstätigkeit nicht ausgeübt wird, wenn ein in § 17 des Schiedsstellengesetzes genannter Ausschlussgrund vorliegt;
2. die am Schlichtungsverfahren beteiligten Parteien die Gelegenheit erhalten, selbst oder durch von ihnen beauftragte Personen Tatsachen und Rechtsansichten vorzubringen und sich zu dem Vortrag der jeweils anderen Partei zu äußern.

(3) Die Schlichtungsordnung muss ferner die von der Gütestelle erhobene Vergütung (Gebühren und Auslagen) bezeichnen. Die Vergütung für die Durchführung eines Schlichtungsverfahrens im Sinne der §§ 1 und 2 des Brandenburgischen Schlichtungsgesetzes darf einschließlich Auslagen und Umsatzsteuer einen Betrag von 200 Euro nicht übersteigen.

§ 5
Haftpflichtversicherung

(1) Soweit die Gütestelle nicht von einer juristischen Person des öffentlichen Rechts getragen wird, muss eine Haftpflichtversicherung für Vermögensschäden bestehen und die Versicherung während der Dauer der Anerkennung als Gütestelle aufrechterhalten bleiben. Die Versicherung muss bei einem im Inland zum Geschäftsbetrieb befugten Versicherungsunternehmen zu den nach Maßgabe des Versicherungsaufsichtsgesetzes eingereichten Allgemeinen Versicherungsbedingungen aufgenommen werden und sich auch auf solche Vermögensschäden erstrecken, für die die Gütestelle nach § 278 oder § 831 des Bürgerlichen Gesetzbuches einzustehen hat.

(2) Der Versicherungsvertrag hat Versicherungsschutz für jede einzelne Pflichtverletzung zu gewähren, die gesetzliche Haftpflichtansprüche privatrechtlichen Inhalts gegen die Gütestelle zur Folge haben können.

(3) Die Mindestversicherungssumme beträgt 100 000 Euro für jeden Versicherungsfall. Die Leistungen des Versicherers für alle innerhalb eines Versicherungsjahres verursachten Schäden können auf den vierfachen Betrag der Mindestversicherungssumme begrenzt werden.

(4) Die Vereinbarung eines Selbstbehaltes bis zu 1 vom Hundert der Mindestversicherungssumme ist zulässig.

(5) Im Versicherungsvertrag ist der Versicherer zu verpflichten, der für die Anerkennung von Gütestellen zuständigen Stelle den Beginn und die Beendigung oder Kündigung des Versicherungsvertrages sowie jede Änderung des Versicherungsvertrages, die den vorgeschriebenen Versicherungsschutz beeinträchtigt, unverzüglich mitzuteilen.

(6) Zuständige Stelle im Sinne des § 117 Absatz 2 Satz 1 des Versicherungsvertragsgesetzes vom 23. November 2007 (BGBl. I S. 2631), das zuletzt durch Artikel 15 des Gesetzes vom 17. August 2017 (BGBl. I S. 3214, 3229) geändert worden ist, ist die für die Anerkennung als Gütestelle zuständige Stelle.

§ 6
Aktenführung

(1) Die Gütestelle hat durch die Führung von Akten sicherzustellen, dass sie jederzeit den Nachweis über die Verfahrenshandlungen der Parteien und die von ihr ausgeübte Tätigkeit erbringen kann. In diesen Akten müssen insbesondere

1. der Inhalt des Güteantrags,
2. der Zeitpunkt der Einreichung des Güteantrags bei der Gütestelle, weiterer Verfahrenshandlungen der Parteien und der Gütestelle sowie der Beendigung des Güteverfahrens,
3. im Falle des Abschlusses eines Vergleichs zwischen den Parteien dessen genauer Wortlaut enthalten sein.

(2) Die Gütestelle hat die Akten für die Dauer von fünf Jahren nach Beendigung des Verfahrens aufzubewahren.

(3) Innerhalb des in Absatz 2 genannten Zeitraumes können die Parteien von der Gütestelle gegen Erstattung der hierdurch entstehenden Kosten beglaubigte Ablichtungen der Akten und Ausfertigungen geschlossener Vergleiche verlangen.

§ 7
Rücknahme und Widerruf der Anerkennung

(1) Die Anerkennung als Gütestelle ist mit Wirkung für die Zukunft zurückzunehmen, wenn Tatsachen nachträglich bekannt werden, bei deren Kenntnis die Anerkennung hätte versagt werden müssen.

(2) Die Anerkennung ist zu widerrufen, wenn

1. die natürliche oder juristische Person nicht mehr die persönlichen Voraussetzungen des § 3 erfüllt;
2. die Schlichtungsordnung nicht mehr den Anforderungen des § 4 entspricht;
3. die erforderliche Haftpflichtversicherung nach § 5 nicht mehr besteht;
4. die Gütestelle auf die Rechte aus ihrer Anerkennung gegenüber der für die Anerkennung zuständigen Stelle schriftlich verzichtet hat.

§ 8
Zuständigkeit, Gebühren und Mitteilungspflichten

(1) Zuständig für die Anerkennung als Gütestelle sowie für die Rücknahme und den Widerruf der Anerkennung ist der Präsident des Brandenburgischen Oberlandesgerichts. Dieser entscheidet auch über die Ermächtigung nach § 797a Absatz 4 Satz 1 der Zivilprozessordnung. Die Ermächtigung soll nur einer Notarin oder einem Notar erteilt werden.

(2) Für die Anerkennung als Gütestelle wird eine Gebühr in Höhe von 100 Euro erhoben. Wird der Antrag auf Anerkennung abgelehnt oder zurückgenommen, beträgt die Gebühr 50 Euro.

(3) Änderungen der für die Anerkennung nach den §§ 3 bis 6 maßgeblichen Umstände sind der nach Absatz 1 zuständigen Stelle unverzüglich mitzuteilen.

(4) Die nach Absatz 1 zuständige Stelle veröffentlicht zur Information der rechtsuchenden Bürgerinnen und Bürger ein Verzeichnis der anerkannten Gütestellen. Das Verzeichnis enthält den Familiennamen und den Vornamen des Vorstehers oder der Vorsteherin der Gütestelle, im Fall einer Personenvereinigung oder juristischen Person deren Bezeichnung oder Firma, die Anschrift der Gütestelle und die von ihr mitgeteilten Kommunikationsdaten. Die Daten in dem Verzeichnis dürfen verarbeitet und im Wege eines automatisierten Abrufverfahrens übermittelt werden. Das Grundrecht auf Datenschutz (Artikel 11 Absatz 1 der Verfassung des Landes Brandenburg) wird insoweit eingeschränkt..

§ 9
Anfechtung von Entscheidungen

Über die Rechtmäßigkeit von Anordnungen, Verfügungen oder sonstigen Maßnahmen nach diesem Gesetz entscheiden auf Antrag die ordentlichen Gerichte. Für das Verfahren gelten die Vorschriften der §§ 23 bis 30 des Einführungsgesetzes zum Gerichtsverfassungsgesetz.

§ 10
Anerkannte Gütestellen

Für die bis zum Ablauf des 8. März 2018 anerkannten Gütestellen gilt § 3 in der bis zum 8. März 2018 geltenden Fassung fort.

Anhang 4

Gesetz über die Schiedsstellen in den Gemeinden (Schiedsstellengesetz – SchG)

vom 21. November 2000 (GVBl. I S. 158, ber. 2001 S. 38), zuletzt geändert durch Art. 2 des Gesetzes vom 8. März 2018 (GVBl. I/17 Nr. 4)

ERSTER ABSCHNITT
DIE SCHIEDSSTELLE

§ 1

(1) Zur Durchführung des Schlichtungsverfahrens über streitige Rechtsangelegenheiten richtet jede Gemeinde eine oder mehrere Schiedsstellen ein und unterhält sie. Sind mehrere Schiedsstellen errichtet, bestimmt die Gemeinde deren Zuständigkeitsbereiche. Der Bereich einer Schiedsstelle soll in der Regel nicht mehr als zehntausend Einwohner umfassen. Die Schiedsstelle führt in ihrer Bezeichnung einen Zusatz, der auf die Gemeinde oder auf den Schiedsstellenbereich hinweist. Werden nicht in allen amtsangehörigen Gemeinden Schiedsstellen gebildet, richtet das Amt in Anwendung des § 135 Abs. 5 der Kommunalverfassung des Landes Brandenburg für die übrigen Gemeinden Schiedsstellen ein, wenn diese durch Beschluss dem Amt diese Aufgabe übertragen haben. In diesem Falle obliegt dem Amtsausschuss die Einteilung der Schiedsstellenbereiche.

(2) Die Gemeinden erfüllen die ihnen nach diesem Gesetz obliegenden Aufgaben im eigenen Wirkungskreis.

(3) Gemeinden im Sinne dieses Gesetzes sind die kreisangehörigen Städte und Gemeinden sowie die kreisfreien Städte.

§ 2

(1) Die Aufgaben der Schiedsstelle werden von Schiedsfrauen und Schiedsmännern (Schiedspersonen) wahrgenommen. Sie sind ehrenamtlich tätig.

(2) Für jede Schiedsperson wird eine stellvertretende Schiedsperson bestellt. Bei mehreren Schiedsstellen in der Gemeinde kann diese die Vertretung so regeln, dass die Vertretung gegenseitig erfolgt. Ist auch die stellvertretende Schiedsperson vorübergehend oder dauernd verhindert das Amt auszuüben, so kann der Direktor des Amtsgerichts im Einvernehmen mit der zuständigen Rechtsaufsichtsbehörde eine benachbarte Schiedsperson oder eine benachbarte stellvertretende Schiedsperson beauftragen, das Amt einstweilen wahrzunehmen. Schiedsperson im Sinne der folgenden Vorschriften ist auch die stellvertretende Schiedsperson.

§ 3

(1) Die Schiedsperson muss nach ihrer Persönlichkeit und ihren Fähigkeiten für das Amt geeignet sein. Sie muss das Wahlrecht besitzen.

(2) In das Amt soll nicht berufen werden

- wer nicht das fünfundzwanzigste Lebensjahr vollendet hat,
- wer nicht im Bereich der Schiedsstelle wohnt.

§ 4

(1) Die Schiedsperson wird von der Gemeindevertretung auf fünf Jahre gewählt. In den Fällen des § 1 Abs. 1 Satz 5 wird die Schiedsperson vom Amtsausschuss gewählt. Bis zu ihrem Amtsantritt bleibt die bisherige Schiedsperson tätig.

(2) Das Amt der Schiedsperson endet vorzeitig, wenn die Schiedsstelle aufgelöst wird.

§ 5

(1) Die gewählte Schiedsperson bedarf der Bestätigung durch den Direktor des Amtsgerichts, in dessen Bereich die Schiedsstelle ihren Sitz hat.

(2) Der Direktor des Amtsgerichts prüft, ob bei der Wahl der Schiedsperson die gesetzlichen Voraussetzungen gemäß § 3 Abs. 1 Satz 2 und § 3 Abs. 2 beachtet worden sind.

(3) Die Bestätigung der Schiedsperson ist dem Gewählten und dem Bürgermeister schriftlich mitzuteilen. In den Fällen des § 1 Abs. 1 Satz 5 ergeht die Mitteilung an den Amtsdirektor.

(4) Die Entscheidung, durch die die Bestätigung einer Schiedsperson versagt wird, ist zu begründen und dem Bürger sowie dem Bürgermeister schriftlich mitzuteilen. In den Fällen des § 1 Abs. 1 Satz 5 ergeht die Mitteilung an den Amtsdirektor.

§ 6

Die Schiedsperson wird vom Direktor des Amtsgerichts in ihr Amt berufen und verpflichtet, ihre Aufgaben gewissenhaft und unparteiisch zu erfüllen.

§ 7

(1) Die Berufung zur Schiedsperson kann ablehnen, wer

1. das sechzigste Lebensjahr vollendet hat,
2. infolge Krankheit auf voraussichtlich längere Zeit gehindert ist, das Amt auszuüben,
3. aus beruflichen Gründen häufig oder langdauernd von seinem Wohnort abwesend ist,
4. aus sonstigen wichtigen Gründen das Amt nicht ausüben kann.

(2) Absatz 1 Nr. 2 bis 4 gilt entsprechend für die Niederlegung des Amtes.

(3) Über die Befugnis zur Ablehnung oder Niederlegung des Amtes entscheidet der Direktor des Amtsgerichts.

§ 8

(1) Die Schiedsperson ist ihres Amtes zu entheben, wenn die Voraussetzungen ihrer Wahl gemäß § 3 dieses Gesetzes nicht mehr vorliegen. Sie kann ferner aus wichtigem Grund ihres Amtes enthoben werden. Ein wichtiger Grund liegt insbesondere vor, wenn die Schiedsperson

- ihre Pflichten gröblich verletzt hat,
- sich als unwürdig erwiesen hat,
- ihr Amt nicht mehr ordnungsgemäß ausüben kann.

(2) Über die Amtsenthebung entscheidet auf Antrag des Direktors (Präsidenten) des Amtsgerichts nach Anhörung der Schiedsperson und des Bürgermeisters der Präsident des Oberlandesgerichts. In den Fällen des § 1 Abs. 1 Satz 5 ist anstelle des Bürgermeisters der Amtsdirektor zu hören.

§ 9

(1) Die Tätigkeit der Schiedsperson im Schlichtungsverfahren wird von den Behörden der Justizverwaltung, insbesondere hinsichtlich ihrer fach- und zeitgerechten Durchführung, beaufsichtigt. Die Aufsichtsbehörden treffen die erforderlichen Maßnahmen, um die Schiedsperson zu ordnungsgemäßer und unverzögerter Führung ihrer Amtstätigkeit anzuhalten. Sie können Weisungen erteilen. Sie bearbeiten Beschwerden über die Schiedsperson.

(2) Die Schiedsperson untersteht unmittelbar der Aufsicht des Direktors des Amtsgerichts, soweit es ihre Tätigkeit im Rechtspflegebereich betrifft.

§ 10

Die Schiedsperson führt für die Schiedsstelle ein Protokollbuch und ein Kassenbuch sowie eine Sammlung der Kostenrechnungen, die spätestens mit Ablauf der Wahlperiode der Schiedsperson abzuschließen sind. Abgeschlossene Bücher und die abgeschlossene Sammlung der Kostenrechnungen hat sie unverzüglich bei dem Direktor (Präsidenten) des Amtsgerichts einzureichen.

§ 11

(1) Die Schiedsperson hat, auch nach Beendigung ihrer Amtstätigkeit, über ihre Verhandlungen und die Verhältnisse der Parteien, soweit sie ihr amtlich bekannt geworden sind, Verschwiegenheit zu wahren.

(2) Über Angelegenheiten, über die Verschwiegenheit zu wahren ist, darf die Schiedsperson nur mit Genehmigung des Direktors des Amtsgerichts aussagen.

§ 12

(1) Die Sachkosten der Schiedsstelle trägt die Gemeinde, in den Fällen des § 1 Abs. 1 Satz 5 das Amt.

(2) Zu den Kosten gehört auch der Ersatz von Sachschäden der Schiedsperson, die durch einen Unfall bei Ausübung ihres Amtes eingetreten sind, soweit die Schiedsperson diesen nicht vorsätzlich oder grob fahrlässig verursacht hat und von Dritten keinen Ersatz verlangen kann.

(3) Für Amtspflichtverletzungen der Schiedsperson im Rahmen des Schlichtungsverfahrens haftet das Land.

(4) (weggefallen)

ZWEITER ABSCHNITT
DAS SCHLICHTUNGSVERFAHREN IN BÜRGERLICHEN RECHTSSTREITIGKEITEN

§ 13

In bürgerlichen Rechtsstreitigkeiten wird das Schlichtungsverfahren über vermögensrechtliche Ansprüche sowie über nichtvermögensrechtliche Streitigkeiten wegen Verletzungen der persönlichen Ehre durchgeführt. Das Schlichtungsverfahren findet nicht statt in

1. bürgerlichen Rechtsstreitigkeiten, die in die sachliche Zuständigkeit der Familien- und Arbeitsgerichtsbarkeit fallen, und
2. Streitigkeiten wegen Verletzungen der persönlichen Ehre, die in Presse und Rundfunk begangen worden sind.

§ 14

Das Schlichtungsverfahren ist darauf gerichtet, den Rechtsstreit im Wege des Vergleiches beizulegen. Es wird aufgrund eines Antrages einer der am Rechtsstreit beteiligten Personen durchgeführt.

§ 15

(1) Zuständig ist die Schiedsstelle, in deren Bereich der Antragsgegner oder die Antragsgegnerin wohnen.

(2) Die Parteien können nach dem Entstehen der Streitigkeit schriftlich oder zu Protokoll der Schiedsstelle eines anderen Bereichs vereinbaren, dass das Schlichtungsverfahren vor dieser Schiedsstelle stattfindet.

§ 16

Das Schlichtungsverfahren wird in deutscher Sprache geführt; mit Einvernehmen der Parteien kann die Verhandlung in einer anderen Sprache geführt werden.

§ 17

Die Schiedsperson ist von der Ausübung ihres Amtes kraft Gesetzes ausgeschlossen:

- in Angelegenheiten, in denen sie selbst Partei ist oder bei denen sie zu einer Partei in dem Verhältnis einer Mitberechtigten, Mitverpflichteten oder Regresspflichtigen steht;
- in Angelegenheiten einer mit ihr druch Ehe, eingetragene Lebenspartnerschaft oder Verlöbnis verbundenen Person, auch wenn diese Verbindung nicht mehr besteht;
- in Angelegenheiten einer Person, die mit ihr in gerader Linie verwandt oder verschwägert, in der Seitenlinie bis zum dritten Grade verwandt oder bis zum zweiten Grade verschwägert ist oder war;
- in Angelegenheiten, in denen sie für eine Partei als Prozessbevollmächtigte oder Beistand bestellt oder als deren Mitarbeiter tätig ist oder war;
- in Angelegenheiten einer Person, bei der sie gegen Entgelt beschäftigt oder bei der sie als Mitglied des Vorstandes, des Aufsichtsrates oder eines gleichartigen Organs tätig ist oder war.

§ 18

(1) Die Schiedsperson wird nicht oder nicht weiter tätig, wenn

- die zu protokollierende Vereinbarung nur in notarieller Form gültig ist;
- die Parteien auch nach Unterbrechung oder Vertagung der Schlichtungsverhandlung ihre Identität nicht nachweisen;
- Bedenken gegen die Geschäftsfähigkeit oder Verfügungsfähigkeit der Parteien oder gegen die Legitimation ihrer Vertreter bestehen.

(2) Die Schiedsperson soll nicht tätig werden, wenn

- der Rechtsstreit bei Gericht anhängig ist;
- der Rechtsstreit bei einer von berufsständigen Körperschaften oder von vergleichbaren Organisationen eingerichteten Schieds-, Schlichtungs- oder Einigungsstelle anhängig ist.

§ 19

Zu einer amtlichen Tätigkeit außerhalb des Bereichs der Schiedsstelle ist die Schiedsperson nur befugt, wenn die Amtsräume außerhalb des Bereichs der Schiedsstelle liegen oder der Augenschein eingenommen werden soll.

§ 20

(1) Die Schiedsperson leitet das Schlichtungsverfahren auf Antrag einer Partei ein. Der Antrag kann zurückgenommen werden, nach Beginn der Schlichtungsverhandlung jedoch nur, wenn der Antragsgegner oder die Antragsgegnerin nicht widerspricht.

(2) Endet das Schlichtungsverfahren nicht mit einem Vergleich (§ 28), so bedarf ein erneuter Antrag in derselben Sache der schriftlichen Zustimmung des Antragsgegners oder der Antragsgegnerin. Die Zustimmung ist bei der Antragstellung vorzulegen.

§ 21

(1) Der Antrag auf Durchführung des Schlichtungsverfahrens sowie dessen Rücknahme sind bei der Schiedsstelle schriftlich einzureichen oder mündlich zu Protokoll zu erklären. Er muss Namen, Vornamen und Anschrift der Parteien, eine allgemeine Angabe des Streitgegenstandes und die Unterschrift des Antragstellers oder der Antragstellerin enthalten. Einem schriftlichen Antrag sollen die für die Zustellung erforderlichen Abschriften beigefügt werden.

(2) Wohnen die Parteien nicht im Bereich derselben Schiedsstelle, so kann der Antrag auch bei der Schiedsstelle, in deren Bereich der Antragsteller oder die Antragstellerin wohnt, zu Protokoll gegeben werden. Das Protokoll ist der zuständigen Schiedsstelle unverzüglich zu übermitteln.

§ 22

(1) Die Schiedsperson bestimmt Ort und Zeit der Schlichtungsverhandlung.

(2) Zwischen der Zustellung der Ladung und dem Tag der Schlichtungsverhandlung muss eine Frist von mindestens zwei Wochen liegen (Ladungsfrist). Die Ladungsfrist kann auf eine Woche verkürzt werden, wenn der Antragsteller oder die Antragstellerin glaubhaft macht, dass die Angelegenheit dringlich ist. Eine weitere Verkürzung der Ladungsfrist setzt die Zustimmung beider Parteien voraus.

(3) Die Schiedsperson händigt die Ladung den Parteien persönlich gegen Empfangsbekenntnis aus oder lässt sie durch ein nach § 33 des Postgesetzes beliehenes Unternehmen (Post) gegen Zustellungsurkunde oder per Einschreiben mit Rückschein zustellen; die Gegenpartei erhält mit der Ladung eine Abschrift des Antrags. Zugleich werden die Parteien auf die Pflicht, persönlich zur Schlichtungsverhandlung zu erscheinen, und auf die Folgen hingewiesen, die eine Verletzung dieser Pflicht haben kann. Hat eine Partei einen gesetzlichen Vertreter, so ist diesem die Ladung zuzustellen.

(4) Eine Partei kann ihr Ausbleiben in dem anberaumten Termin wegen Krankheit, beruflicher Verhinderung, Ortsabwesenheit oder wegen sonstiger wichtiger Gründe entschuldigen. Sie hat ihr Nichterscheinen der Schiedsperson unverzüglich anzuzeigen und dabei die Entschuldigungsgründe glaubhaft zu machen. Hebt die Schiedsperson den Termin nicht auf, so hat sie das der Partei mitzuteilen.

§ 23

(1) Die Parteien haben in dem anberaumten Termin persönlich zu erscheinen.

(2) Erscheint die antragstellende Partei nicht zu dem Termin, so ruht das Verfahren. Es kann jederzeit wieder aufgenommen werden.

(3) Steht fest, dass die gegnerische Partei der Güteverhandlung unentschuldigt ferngeblieben ist oder sich unentschuldigt vor dem Schluss der Güteverhandlung entfernt hat, vermerkt die Schiedsperson die Beendigung der Güteverhandlung. Anderenfalls beraumt sie einen neuen Termin an.

§ 24

(1) Die Verhandlung vor der Schiedsstelle ist mündlich und nicht öffentlich. Sie ist möglichst ohne Unterbrechung zu Ende zu führen; ein Termin zur Fortsetzung der Verhandlung ist sofort zu bestimmen.

(2) Die Schiedsperson erörtert mit den Parteien die Streitsache und deren Vorstellungen von einer einvernehmlichen Beilegung des Konflikts. Sie kann ihnen eigene Vergleichsvorschläge unterbreiten.

§ 25

(1) Die Vertretung natürlicher Personen durch Bevollmächtigte in der Schlichtungsverhandlung ist unzulässig, es sei denn

1. es liegt ein Fall der gesetzlichen Vertretung vor,
2. die bevollmächtigte Person ist zur Aufklärung des Sachverhalts in der Lage und zu einem Vergleichsabschluss ermächtigt.

Erfolgt die gesetzliche Vertretung durch mehrere Personen, können diese sich unter Vorlage einer schriftlichen Vollmacht gegenseitig vertreten.

(2) Handelsgesellschaften und juristische Personen werden durch ihre Organe vertreten. Absatz 1 Satz 1 Nr. 2 und Absatz 1 Satz 2 gelten entsprechend.

§ 26

Jede Partei kann in der Güteverhandlung mit einem Rechtsanwalt oder sonstigem Beistand erscheinen.

§ 27

(1) Zeugen und Sachverständige, die freiwillig erschienen sind, können gehört werden. Mit Zustimmung und in Anwesenheit der Parteien kann auch der Augenschein genommen werden.

(2) Zur Beeidigung von Zeugen und Sachverständigen, zur eidlichen Parteivernehmung sowie zur Entgegennahme von eidesstattlichen Versicherungen ist die Schiedsperson nicht befugt.

§ 28

(1) Kommt ein Vergleich zustande, so ist er zu Protokoll zu nehmen.

(2) Das Protokoll hat zu enthalten:

- den Ort und die Zeit der Verhandlung;
- die Namen und Vornamen der erschienenen Parteien, gesetzlichen Vertreter, Bevollmächtigten und Beistände sowie die Angabe, wie diese sich ausgewiesen haben;
- Angaben über den Gegenstand des Streites;
- den Wortlaut eines Vergleichs der Parteien oder die Feststellung, dass eine Vereinbarung zwischen den Parteien nicht zustande gekommen ist.

(3) Kommt ein Vergleich nicht zustande, so ist hierüber ein kurzer Vermerk aufzunehmen.

§ 29

(1) Das Protokoll ist den Parteien vorzulesen oder zur Durchsicht vorzulegen und von ihnen zu genehmigen. Dies ist in dem Protokoll zu vermerken.

(2) Das Protokoll ist von der Schiedsperson und den Parteien eigenhändig zu unterschreiben. Nach Vollzug der Unterschriften wird ein Vergleich wirksam.

(3) Erklärt eine Partei, dass sie nicht schreiben könne, so muss die Schiedsperson das Handzeichen der schreibunkundigen Person durch einen besonderen Vermerk beglaubigen.

§ 30

(1) Die Parteien oder deren Rechtsnachfolger erhalten auf Verlangen Abschriften oder Ausfertigungen des Protokolls.

(2) Die Ausfertigung besteht aus der mit dem Ausfertigungsvermerk versehenen Abschrift des Protokolls. Der Ausfertigungsvermerk muss Angaben über den Ort und die Zeit der Ausfertigung sowie die Person enthalten, für die die Ausfertigung erteilt wird, von der Schiedsperson unterschrieben und mit einem Dienstsiegel versehen werden.

(3) Die Ausfertigung wird von der Schiedsstelle erteilt, die die Urschrift des Protokolls verwahrt. Die Schiedsperson hat vor Aushändigung der Ausfertigung auf der Urschrift des Protokolls zu vermerken, wann und für wen die Ausfertigung erteilt worden ist.

(4) Befindet sich das Protokoll in der Verwahrung des Amtsgerichts, so wird die Ausfertigung von dem Urkundsbeamten der Geschäftsstelle erteilt.

§ 31

(1) Aus dem vor einer Schiedsstelle geschlossenen Vergleich findet die Zwangsvollstreckung statt.

(2) Die Vollstreckungsklausel auf der Ausfertigung erteilt das Amtsgericht, in dessen Bereich die Schiedsstelle ihren Sitz hat.

(3) Auf der Urschrift des Protokolls ist zu vermerken, wann und von wem sowie für und gegen wen die Vollstreckungsklausel erteilt worden ist. Das Amtsgericht benachrichtigt die Schiedsstelle von der Erteilung der Vollstreckungsklausel, wenn es das Protokoll nicht verwahrt.

DRITTER ABSCHNITT

DAS SCHLICHTUNGSVERFAHREN IN STRAFSACHEN DAS SÜHNEVERFAHREN VOR ERHEBUNG DER PRIVATKLAGE

§ 32

(1) Die Schiedsstelle ist die Vergleichsbehörde im Sinne des § 380 Abs. 1 Strafprozessordnung. Sie ist zuständig für die dort genannten Vergehen.

(2) Der Sühneversuch wird im Rahmen eines Schlichtungsverfahrens durchgeführt. Für dieses Verfahren gelten die Vorschriften des zweiten Abschnitts, soweit in den §§ 33 bis 36 keine abweichenden Bestimmungen getroffen sind.

§ 33

(1) Das im Falle der Erhebung der Privatklage zuständige Gericht kann auf Antrag gestatten, dass von dem Sühneversuch abgesehen wird, wenn die antragstellende Partei von der Gemeinde, in der die Verhandlung stattfinden müsste, so weit entfernt wohnt, dass ihr unter Berücksichtigung ihrer Verhältnisse und nach den Umständen des Falles nicht zugemutet werden kann, zu der Verhandlung zu erscheinen. Das Gericht kann statt dessen den Antragsteller oder die Antragstellerin ermächtigen, sich in der Schlichtungsverhandlung vertreten zu lassen; der Vertreter legt der Schiedsstelle den gerichtlichen Beschluss sowie eine schriftliche Vollmacht vor.

(2) Die Parteien können die Entscheidung des Gerichts mit der sofortigen Beschwerde nach den Vorschriften der Strafprozessordnung anfechten.

§ 34

Die Schiedsperson darf den Sühneversuch nur ablehnen, wenn die Parteien auch nach Unterbrechung oder Vertagung der Schlichtungsverhandlung ihre Identität nicht nachweisen.

§ 35

Hat der Antragsgegner oder die Antragsgegnerin einen gesetzlichen Vertreter, so stellt die Schiedsstelle auch diesem die Terminsnachricht zu. Der Vertreter ist als Beistand zur Schlichtungsverhandlung zugelassen.

§ 36

(1) Auf Antrag bescheinigt die Schiedsperson die Erfolglosigkeit des Sühneversuchs zum Zwecke der Einreichung der Klage (§ 380 Absatz 1 Satz 3 der Strafprozessordnung), wenn

1. in der Schlichtungsverhandlung eine Einigung nicht zustande gekommen ist oder
2. allein der Antragsgegner oder die Antragsgegnerin dem Schlichtungstermin unentschuldigt ferngeblieben ist oder sich vor dem Schluss der Schlichtungsverhandlung unentschuldigt entfernt hat; wohnen die Parteien in demselben Gemeindebezirk, in dem die Schlichtungsverhandlung stattzufinden hat, so tritt diese Wirkung erst dann ein, wenn die beschuldigte Partei auch in einem zweiten Termin ausbleibt.

(2) Die Bescheinigung ist von der Schiedsperson zu unterschreiben und mit einem Dienstsiegel zu versehen. Sie hat die Straftat und den Zeitpunkt ihrer Begehung, das Datum der Antragstellung sowie Ort und Datum der Ausstellung zu enthalten.

Täter-Opfer-Ausgleich in Strafsachen

§ 37

Die Schiedsstellen können den Täter-Opfer-Ausgleich in Strafsachen durchführen.

VIERTER ABSCHNITT
KOSTEN

§ 38

(1) Die Schiedsstelle erhebt für ihre Tätigkeit Kosten (Gebühren und Auslagen) nur nach diesem Gesetz.

(2) Eine Entschädigung von Zeugen und Sachverständigen findet nicht statt.

§ 39

(1) Zur Zahlung der Kosten ist derjenige verpflichtet, der die Tätigkeit der Schiedsstelle veranlasst hat; beim Täter-Opfer-Ausgleich in Strafsachen der Beschuldigte.

(2) Kostenschuldner ist ferner

1. die Gegenpartei in einer bürgerlichen Rechtsstreitigkeit, wenn allein wegen ihres unentschuldigten Ausbleibens die Schlichtungsverhandlung nicht durchgeführt werden konnte,
2. derjenige, der die Kostenschuld durch eine vor der Schiedsstelle abgegebene Erklärung oder in einem Vergleich übernommen hat,
3. derjenige, der für die Kostenschuld eines anderen kraft Gesetzes haftet,
4. hinsichtlich der Schreibauslagen derjenige, der die Erteilung von Ausfertigungen oder Abschriften beantragt hat.

(3) Haben die Parteien einen Vergleich geschlossen, ohne darin eine Vereinbarung über die Kostentragung zu treffen, trägt jede Partei die Kosten des Schlichtungsverfahrens zur Hälfte.

(4) Mehrere Kostenschuldner haften als Gesamtschuldner. Die Haftung des Kostenschuldners nach Absatz 2 Nr. 1, 2 und 4 geht der Haftung des Kostenschuldners nach Absatz 1 vor.

§ 40

(1) Gebühren werden mit der Beendigung des gebührenpflichtigen Geschäfts, Auslagen mit ihrem Entstehen fällig.

(2) Die Schiedsstelle soll ihre Tätigkeit grundsätzlich von der vorherigen Zahlung der voraussichtlich entstehenden Gebühren und Auslagen abhängig machen.

(3) Die Schiedsstelle, die den Antrag im Wege der Amtshilfe aufnimmt, hat lediglich Anspruch auf Ersatz ihrer Auslagen und fordert nur hierfür einen Vorschuss ein.

(4) Dem Kostenschuldner zu erteilende Bescheinigungen, Ausfertigungen und Abschriften sowie Urkunden, die der Kostenschuldner eingereicht hat, kann die Schiedsstelle zurückhalten, bis die in der Angelegenheit entstandenen Kosten gezahlt sind.

§ 41

(1) Die Kosten werden aufgrund einer von der Schiedsperson unterschriebenen und dem Kostenschuldner mitgeteilten Kostenrechnung eingefordert.

(2) Zahlt der Kostenschuldner nicht oder nicht vollständig innerhalb der Zahlungsfrist, werden die Kosten auf Antrag der Schiedsperson im Verwaltungswege beigetrieben.

§ 42

(1) Für das Schlichtungsverfahren wird eine Gebühr von 10 Euro erhoben; kommt ein Vergleich zustande, so beträgt die Gebühr 20 Euro.

(2) Unter Berücksichtigung der Verhältnisse des Kostenschuldners und des Umfangs und der Schwierigkeit des Falles kann die Gebühr auf höchstens 40 Euro erhöht werden.

(3) Sind auf der Seite einer Partei oder beider Parteien mehrere Personen am Schlichtungsverfahren beteiligt oder ist die antragstellende Partei zugleich Antragsgegnerin, so wird die Gebühr nur einmal erhoben.

§ 43

(1) Die Schiedsstelle erhebt

1. Dokumentenpauschalen für die Aufnahme von Anträgen, für Mitteilungen an die Parteien sowie für Ausfertigungen und Abschriften von Protokollen und Bescheinigungen; die Höhe der Dokumentenpauschalen bestimmt sich nach Nummer 31000 des Kostenverzeichnisses zum Gerichts- und Notarkostengesetz;

2. die bei der Durchführung einer Amtshandlung entstehenden notwendigen Auslagen in tatsächlicher Höhe.

(2) Die Entschädigung eines hinzugezogenen Dolmetschers zählt zu den baren Auslagen. Vor Hinzuziehung eines Dolmetschers hat die Schiedsstelle grundsätzlich einen die voraussichtlichen Kosten deckenden Vorschuss einzufordern. Wer die Kosten der Inanspruchnahme eines Dolmetschers zu tragen hat, bestimmt sich nach § 39 dieses Gesetzes. Die Höhe der Entschädigung richtet sich nach dem Justizvergütungs- und -entschädigungsgesetz. Die Entschädigung ist auf Antrag der Schiedsstelle oder des Dolmetschers von dem Amtsgericht, in dessen Bereich die Schiedsstelle ihren Sitz hat, durch richterlichen Beschluss festzusetzen; § 4 Absatz 3, 6, 8 und 9 des Justizvergütungs- und -entschädigungsgesetzes ist auf das Festsetzungsverfahren entsprechend anzuwenden.

§ 44

(1) Die Schiedsstelle kann ausnahmsweise, wenn das mit Rücksicht auf die wirtschaftlichen Verhältnisse des Zahlungspflichtigen oder sonst aus Billigkeitsgründen geboten erscheint, die Gebühren ermäßigen oder von ihrer Erhebung ganz oder teilweise absehen. Aus denselben Gründen kann von der Erhebung von Auslagen, mit Ausnahme der in § 43 Abs. 2 genannten, abgesehen werden.

(2) Den Ausfall der Schreibauslagen trägt die Schiedsstelle, während notwendige bare Auslagen von der Gemeinde als Sachkosten der Schiedsstelle zu tragen sind.

§ 45

Über Einwendungen des Kostenschuldners gegen die Kostenrechnung oder gegen Maßnahmen nach § 40 Abs. 2 und 4 entscheidet das Amtsgericht, in dessen Bereich die Schiedsstelle ihren Sitz hat, durch richterlichen Beschluss. Die Entscheidung ist nicht anfechtbar. Kosten werden nicht erhoben. Auslagen der Parteien werden nicht erstattet.

§ 46

(1) Die Gebühren stehen zu gleichen Teilen der Schiedsstelle und der Gemeinde zu.

(2) Die nach § 43 Abs. 1 Nr. 1 erhobenen Auslagen erhält die Schiedsstelle.

(3) Die Schiedsperson hat über die erhobenen Gebühren und Auslagen mindestens einmal jährlich gegenüber der Gemeinde abzurechnen.

(4) Die Gemeinde kann durch Satzung bestimmen, dass der Schiedsperson eine pauschale Aufwandsentschädigung gewährt wird.

Gesetz zur Einführung einer obligatorischen außergerichtlichen Streitschlichtung im Land Brandenburg (Brandenburgisches Schlichtungsgesetz – BbgSchlG)

vom 5. Oktober 2000 (GVBl. I S. 134), zuletzt geändert durch Gesetz vom 8. März 2018 (GVBl. I/18[Nr. 4])

§ 1
Sachlicher Anwendungsbereich

(1) Die Erhebung einer Klage vor den Amtsgerichten ist erst zulässig, nachdem von einer der in § 3 genannten Gütestellen versucht worden ist, die Streitigkeit einvernehmlich beizulegen

1. aufgehoben
2. in Streitigkeiten über Ansprüche aus dem Nachbarrecht wegen Überwuchses nach § 910 des Bürgerlichen Gesetzbuches, Hinüberfalls nach § 911 des Bürgerlichen Gesetzbuches, eines Grenzbaumes nach § 923 des Bürgerlichen Gesetzbuches und nach § 906 des Bürgerlichen Gesetzbuches sowie nach dem im Brandenburgischen Nachbarrechtsgesetz geregelten Nachbarrecht, sofern es sich nicht um Einwirkungen von einem gewerblichen Betrieb handelt;
3. in Streitigkeiten über Ansprüche wegen Verletzung der persönlichen Ehre, die nicht in Presse oder Rundfunk begangen worden sind.

(2) Absatz 1 findet keine Anwendung auf

1. Klagen nach den §§ 323, 323a, 324, 328 der Zivilprozessordnung, Widerklagen und Klagen, die binnen einer gesetzlichen oder gerichtlich angeordneten Frist zu erheben sind;
2. Streitigkeiten in Familiensachen;
3. Wiederaufnahmeverfahren;
4. Ansprüche, die im Urkunden- oder Wechselprozess geltend gemacht werden;
5. die Durchführung des streitigen Verfahrens, wenn ein Anspruch im Mahnverfahren geltend gemacht worden ist;
6. Klagen wegen vollstreckungsrechtlicher Maßnahmen, insbesondere nach dem Achten Buch der Zivilprozessordnung;
7. vermögensrechtliche Ansprüche, die im Strafverfahren gemäß den §§ 403 bis 406c der Strafprozessordnung geltend gemacht werden oder geltend gemacht worden sind.

(3) Das Erfordernis eines Einigungsversuchs vor einer der in § 3 genannten Stellen entfällt, wenn die Parteien einvernehmlich einen Einigungsversuch vor einer sonstigen Gütestelle, die Streitbeilegungen betreibt, unternommen haben. Das Einvernehmen nach Satz 1 wird unwiderleglich vermutet, wenn der Verbraucher eine branchengebundene Gütestelle, eine Gütestelle der Industrie- und Handelskammer, der Handwerkskammer oder der Innung angerufen hat.

§ 2
Räumlicher Anwendungsbereich

Ein Schlichtungsversuch nach § 1 Abs. 1 ist nur erforderlich, wenn die Parteien in demselben Landgerichtsbezirk wohnen oder ihren Sitz oder eine Niederlassung haben.

§ 3
Sachliche Zuständigkeit

Das Schlichtungsverfahren nach diesem Gesetz wird durchgeführt durch

1. die nach dem Schiedsstellengesetz eingerichteten Schiedsstellen,
2. weitere Gütestellen im Sinne des § 794 Abs. 1 Nr. 1 der Zivilprozessordnung.

§ 4
Regelung des Verfahrens

(1) Im Falle der Durchführung des Schlichtungsverfahrens vor den Schiedsstellen gelten für die örtliche Zuständigkeit, die Form und den Inhalt des Antrags sowie die Durchführung des Schlichtungsverfahrens einschließlich der Kostentragung, soweit nachfolgend nichts anderes bestimmt wird, die Vorschriften des Schiedsstellengesetzes.

(2) Für Gütestellen nach § 3 Nr. 2 gilt die jeweilige Schlichtungsordnung nach § 4 des Brandenburgischen Gütestellengesetzes.

(3) Droht die Verjährung oder das Erlöschen eines Anspruchs, so kann bei Nichterreichbarkeit der Gütestelle ein an diese gerichteter Antrag auf Einleitung des Schlichtungsverfahrens auch bei dem im Bezirk der Gütestelle gelegenen Amtsgericht oder bei dem nächstgelegenen Amtsgericht eingereicht werden. Das Amtsgericht leitet den Antrag an die angerufene Gütestelle weiter. Mit Eingang des Antrags bei dem Amtsgericht gilt der Anspruch als geltend gemacht.

§ 5
Erfolglosigkeitsbescheinigung

(1) Die Schiedsstelle erteilt von Amts wegen eine Bescheinigung über die Erfolglosigkeit der Schlichtung, wenn

1. die Güteverhandlung beendet worden ist, weil feststeht, dass die gegnerische Partei der Verhandlung unentschuldigt ferngeblieben oder sich unentschuldigt vor dem Schluss der Verhandlung wieder entfernt hat,
2. eine Vereinbarung zwischen den Parteien nicht zustande gekommen ist,
3. das Einigungsverfahren nicht innerhalb einer Frist von drei Monaten seit der ordnungsgemäßen Stellung des Antrags durchgeführt worden ist. Während des Ruhens des Verfahrens ist der Lauf der Frist gehemmt.

(2) Die Schiedsstelle versieht die Bescheinigung mit ihrer Unterschrift und dem Landessiegel. Die Bescheinigung muss

1. die Namen, Vornamen und die Anschriften der Parteien und ihrer gesetzlichen Vertreter,
2. Angaben über den Gegenstand des Streits, insbesondere die Anträge,
3. den Zeitpunkt des Antragseingangs und der Verfahrensbeendigung sowie
4. Ort und Zeit der Ausstellung enthalten.

(3) Wurde der Güteantrag bei einer weiteren Gütestelle im Sinne des § 794 Abs. 1 Nr. 1 der Zivilprozessordnung gestellt, hat der Schlichter dieser Stelle eine Bescheinigung über den gescheiterten Einigungsversuch entsprechend den Absätzen 1 und 2 auszustellen.

(4) Der Nachweis, dass ein Einigungsversuch im Sinne des § 1 Abs. 1 durchgeführt wurde, kann nur durch eine den Absätzen 1 und 2 oder Absatz 3 entsprechende Bescheinigung geführt werden.

Stichwortverzeichnis

Die Zahlen verweisen jeweils auf die einzelnen Seiten.

A

Abriss 43
Abwässer 93
Anbringung Sammeleinrichtungen 92
Anzeige 45, 66, 73, 88, 86
Aufschichtungen 71 ff.
Ausschluss des Beseitigungsanspruchs 63

B

Baumschutzverordnung 13
Beseitigung der Nachbarwand 49
Beseitigungsansprüche 83
Bodenerhöhungen 70

D

Dachtraufe 91
Drohender Gebäudeeinsturz 12
Duldung von Leitungen 86 ff.

E

Eindringende Wurzeln 13
Einfriedungspflicht 72 ff.
Einführung Nachbarrecht 9
Entschädigung 57
Erbauberechtigter 40
Errichtung einer Grenzwand 53
Ersatzanpflanzungen 84

F

Fensterrecht 61 ff.

G

Gefahrdrohende Anlage 12
Grenzabmarkung 17
Grenzabstände Anpflanzungen 79 ff.
Grenzabstände Hecken 79
Grenzabstände Sträucher 79
Grenzabstände Wald 79
Grenzbaum 18
Grenzeinrichtung 17
Grenzüberbau 15
Grenzverwirrung 17
Grenzwand 53 ff.

H

Hammerschlagsrecht 64
Hecken 79
Höherführung Lüftungsschächte 67 ff.
Höherführung Schornsteine 67 ff.

L

Leiterrecht 64 ff.
Leitungsnotweg 86 ff.
Lichtrecht 61 ff.

N

Nachbar 40
Nachbarschaftliches Gemeinschaftsverhältnis 18
Nachbarwand 42 ff.
Nachträgliche Grenzänderung 85
Niederschlagswasser 91 ff.
Notweg 16
Nutzungsentschädigung 67

O

Obligatorische Streitschlichtung 19, 113 ff.
Öffentliches Nachbarrecht 9

R

Rechtsnachfolger 41, 84
Rückschnitt 13, 84

S

Sammeleinrichtungen 92
Schadensersatz 51, 66, 76, 88, 96
Standort der Einfriedung 77
Sträucher 79 ff.

U

Überbau 15, 56

Überfall 15
Übergangsregelungen 97
Unkrautflug 80
Unterhaltung Nachbarwand 46
Unwesentliche Beeinträchtigung 10

V

Verjährung 41
Vergütung Anbau 45
Verstärkung der Nachbarwand 50
Vertiefung 13

W

Wärmedämmung 56
Wesentliche Beeinträchtigung 10
Wild abfließendes Wasser 94 ff.
Wild wachsende Pflanzen 85
Windbruchgefährdete Bäume 15